大一之道
——老子思想研究

文三生 著

中国农业出版社
北 京

目　录

引 言

大道之"象"

"言者不如知者默，此语吾闻于老君。若道老君是知者，缘何自著五千文？"

唐代诗人白居易的这首《读老子》，说出古今多少学老者的困惑与思索。

老子岂止是智者，更是圣者，他既然告诫我们"知者不言，言者不智"，为什么却又留给我们"五千言"？这不自相矛盾吗？

难道"五千言"的字里行间，还藏着什么慎言、隐言、不言之意？

记得有这样一则小故事（《列子·周穆王》）：

有位燕国人，生在北方的燕国，却是在南方的楚国长大。他长期生活在楚国，从来没见过燕国是个什么样子。

到了老年，这位燕国人决定落叶归根，回到故土燕国去。

路过晋国时，同行的人与他恶作剧，骗他说："快瞧，这就是燕国的都城！"

"瞧，你就是出生在这片里社小区！"

"瞧，那就是你的先人住过的祖屋！"

"瞧，你的祖先的墓地！"

这位燕国人信以为真，越听越激动，最后情不自禁，痛哭不止。

同行的人实在忍不住，哈哈大笑，说："算了罢，我刚才都是在骗你玩儿呢，这里是晋国呀。"

燕国人连忙止住泪，很惭愧，心里不是滋味。

等到大家终于回到燕国，亲眼见到了故乡的一切，这位燕国人反而不那么激动和悲痛了。

哦，故乡的一切，原来是这个样子啊……

"假作真时真亦假，无为有处有还无。"

学了多年"老子"，目睹过太多的真真假假、虚虚实实，也有过燕人那种"愀然""喟然""涓然""释然"的经历，好在东摸西撞，终于走进"燕国"的国都，从"道"中悟出老子的思维模式，从"德"中悟出老子的行为准则。

《老子·35》说："执大象，天下往。往而不害，安平太。"

什么是"大象"？"大象"就是"大道"之"象"，就是客观的"大一之道"在主观世界的"法象"。

若要天下归往、和谐太平，国家就要有正确的治国大法，社会就要有正确的道德总则，全民上下就要有正确的思维模式。

没有正确的思维模式，何来正确的行为准则？

走遍山山水水，阅尽人间百态，人人心中，似乎都有自己归往的"老子"，都有自己心执的"大道之'象'"。

这里，也讲一讲我们心中的"老子"。

这个"老子"，一是指"老子"其人其事；二是指《老子》这部经典，以及"老子"名下的各种"老子之言"；三是指老子学说的"大一之道"，以及由"大一之道"理论核心所引领的中国古代哲学群体。

至于有关《老子》经文的详细解读，则另见拙著《显隐〈老子〉》。

古人说："刚日读史，柔日读经。"《显隐〈老子〉》侧重读经，强调学术论证，学术性强；本书则侧重读史，强调史料挖掘，可读性强，写作风格手法各有不同，互为补充。

一部经典著作流传至今，必有其历史脉络可循，最好的办法就是按照时间提供的光谱顺序，以历史事件为节点、以人物关系为话题，信马由缰，走到哪儿说到哪儿，顺其自然，而且，重点的内容还要多视角、多重复、多强调，不怕啰唆，也许，不失为一种既清晰又明快的叙述方式吧。

第一章　谁是老子

一、"子朝奔楚"引出的"老子之谜"

1. 公卿重臣的立储之争

公元前527年，周王室的史官老子44岁。

这一年，周王室发生了两件大事，两个月内，周太子与周王后相继去世（《左传·昭公十五年》）。

立谁为太子？成了周王室的当务之急。

先王立下的老规矩，"王后无嫡，则择立长；年钧以德，德钧以卜"（《昭公二十六年》），就是说，有嫡立嫡，无嫡立长，如果年纪相若，就比较他们的德行，如果德行也相若，就用卦卜定夺。

周景王的儿子们，只有先太子是王后所生，所以，再次立储，就要从众庶子中挑选。

众庶子中，周景王本来就最看好长子王子朝，立储之事，看来并非难题。

于是，周景王找来宠臣宾孟等人商量，准备立王子朝为太子。宾孟与王子朝交好，自然竭力拥护。

不想，单穆公（单子）站出来，坚决反对，刘献公等重臣也随声附和，理由无非是王子朝德不配位。实际上，他们一向看不惯王子朝与宾孟的作为，双方矛盾很深。

一直以来，单子等人在"铸钱"与"铸钟"（《国语·周语》）等重大国策上，与景王的意见多有相左之处，常常令景王难堪，政令不行。

几年下来，双方的意见依然尖锐对立，争执不下，立储之事，久拖不决。

周景王既失望，又无奈，心中愤愤不平。

自公元前770年周平王迁都洛邑（今河南省洛阳市）以来，东周王室衰微，世卿执政。接连发生的两次立储之争，直接导致"子颓之乱（公元前676—前652年）"与"子带之乱（公元前649年—前635年）"，究其主因，无不与公卿的强势干预有关（《史记·周本纪》）。

这次单子等人执意立小王子为君，难道就没有"单氏取周"（《韩非子·说疑》）、进一步把持朝政的私心？虽说"王不立爱，公卿无私"是周王朝的古制，可是时衰鬼弄人，如今的公卿，又有几人无私？

思前想后，景王这次决心不让立储的主导权旁落，准备在一次狩猎活动中，趁乱杀掉单、刘二人，为王子朝除去后患。

谁知，天不作美，偏偏在这个关键时刻，周景王的急病发作，死在了猎场。

周景王突然去世，使得这场拖了几年的立储之争，立刻激变成大规模的刀兵相见，你死我活，不可收拾（《左传·昭公二十二年》）。

2. "成王败寇"王子朝

公元前520年，"天王崩"，"王室乱"，王城内外，一时血雨腥风，朝野大乱。

单子一方先下手为强，抢先拥立王子朝的异母弟弟王子猛为王，就是周悼王；同时，迅速派兵杀死宾孟，挟持众家王子与之结盟，试图断绝王子朝的强援。

王子朝则按兵不动，隐忍到安葬景王之后，突然发难，在一些故旧官员、失去职务的百工以及"灵王、景王之族"的拥戴下，率领兵甲，将周悼王等人赶出王城，自立为王。

一连数月，双方展开拉锯战，反复争夺王城，使王城内外多有焚毁，八位王子被杀，很多大臣与百姓死于战火。

悼王一方节节溃败，急忙向晋国求救，晋国立刻派荀跞等人率兵支援。

在晋国大军的帮助下，悼王收复了王城。

然而很不幸，年幼的悼王不堪惊吓与劳累，突然去世，使单子一方顿时乱了方寸，人心惶惶。

公元前519年，拥戴王子朝的尹氏大军趁机卷土重来，重新占领了王城。王子朝以正统的身份，高居庄宫，开始行使执政权。

晋国等诸侯国并不承认王子朝的执政地位。悼王一死，晋国立刻又在外地找到悼王的亲弟弟王子丐，立为天王，就是周敬王（约公元前536年—前475年）。

王子朝居王城，时称"西王"；周敬王居狄泉，时称"东王"，双方互不相让，竟然形成"双王并立"的奇特局面。

事有凑巧，王子朝主政才两个月，京畿地区突然发生大地震，居住在南宫的内史南宫极也死于地震（《昭公二十三年》）。

封邑在南阳附近的南宫父子，是王子朝的坚定支持者，于是流言四起，说地震正是老天抛弃王子朝的警讯，王子朝只会带来灾祸，跟随他只能败亡。

一时人心浮动，王子朝疲于应付，甚至用国宝祭祀河神，以求稳定住局面。

经过五年的争斗，诸侯联军逐渐占据优势，终于发起最后总攻，战场上节节胜利。

眼见大势已去，王子朝的手下召伯盈等人叛变，准备将王子朝逐出王城，改向周敬王效忠。

王子朝不甘称臣，便使出一招釜底抽薪之计，他率领很多拥戴他的贵族与百工，携带很多王室所藏的文献典籍及有关器物，撤离王城，组成流亡政府，到处寻找落脚点，准备另立王权（《昭公二十六年》）。

公元前516年，在诸侯联军的护送下，周敬王如愿以偿，进入王城，入主庄宫，终于取得了正统王位。

王子朝深感无力抗衡，惶惶不可终日，最后决定逃往与周王室分庭抗礼的楚国，再碰碰运气。

可惜，人算不如天算。当时，恰巧楚平王病死，政局动荡，吴国趁机偷袭楚国，又引发两国交恶，战火渐起。

王子朝等人只好暂驻南阳西鄂（今南阳市石桥镇）一带，深居简出，观望时局，等待时机。

数年的吴楚大战，楚国一败涂地，郢都也被吴国攻占。看来，楚国再也指望不上了。

公元前505年，心灰意懒、沉寂多年的王子朝，被王城派来的人暗杀（《定公五年》）。

公元前503年，王子朝的余党被彻底平定，周敬王重新入主庄宫。

至此，长达18年之久的"子朝之乱"终于落下帷幕（《定公七年》）。

取得彻底胜利的周敬王，最终在位44年，成为"春秋"与"战国"交接的见证者。

在河南南阳，王子朝之墓至今犹存（《三国志·魏志·文帝纪》）。

3. "文化下移"中的老子行踪

王子朝的悲剧命运，自有历史评说。

对于研究"老子"的学者而言，王子朝"奉周之典籍以奔楚"，才是最诱人的重点。要知道，公元前516年，老聃正值55岁。

逃亡路上，王子朝曾经洋洋洒洒写过一篇文告，到处投递，寻求各诸侯国的支援。

文告中，王子朝喋喋不休，反复强调自己继承王位的正统性。王子朝痛斥单、刘等人，不但不遵循"公卿无私"的古训，还竟敢"赞私立少"（《昭公二十六年》），实在是大逆不道。

众所周知，周王朝分西周（约公元前十一世纪—前771年）与东周。东周又分春秋时期294年（公元前770年—前476年）、战国时期254年（公元前475年—前221年）。

春秋时期，周室衰微，世卿执政，渐成格局。继而，诸侯衰微，政入私家，也已是大势所趋。

文告交到由私家大臣所掌控的各诸侯国的手中，无异于指桑骂槐，结果到处碰壁，被大臣闵马父讥为"无礼甚矣"（《昭公二十六年》）。

王子朝不愿意承认，"亲亲"的"旧礼"式微，已经开始被"贤贤"的"新礼"所取代了。

究其实，王子朝"奉周之典籍以奔楚"的举动不过是有样学样，重复着前人做过的事，后世学者称之为"文化下移"。

东周惠王时的"子颓之乱"与东周襄王时的"子带之乱"，一乱就是四十多年，导致世代掌管周史的司马氏等人逃离周王室，避难于晋国，之后，又分散到卫、赵、秦诸国（《史记·太史公自序》）。

很可能是在这段时期，原本在周王室里司礼、司乐的一批文化官吏也纷纷出逃。名叫挚的大乐师，逃到齐国；名叫干的二饭乐师，逃到楚国；名叫缭的三饭乐师，逃到蔡国；名叫缺的四饭乐师，逃到秦国；打鼓的方叔，流落到黄河之滨；摇小鼓的武，入居汉水之涯；少师阳和击磬的襄，则入居海边（《论语·微子》）。

总之，东周王朝的一些文化官吏和百工，带着原来秘藏于宫廷的典籍、文物、礼器、乐器，逃亡到四面八方，甚至隐居民间，自谋生路。

至于司马氏等人先后带走多少史官所掌管的典籍，不得而知；走了多少人，也不得而知。

与之前的"文化下移"相比，让本文更感兴趣的，就是这次"子朝奔楚"所引出的千古文化之谜。

王子朝带走的那一批周室典籍，最终花落何处？那一批周室典籍之中，究竟有没有老子的著作？跟随王子朝奔楚的那一批人里，究竟有没有老子在内？从《老子》经文之中，似乎可以察觉一丝端倪。

比如，"重为轻根，静为躁君。是以君子终日行，不离其辎重。虽有环官，燕处则昭若。奈何万乘之王，而以身轻于天下？轻则失本，躁则失君。"（《老子·26》）

周朝有制度：天子地方千里，出兵车万乘；诸侯地方百里，出兵车千乘。"万乘之国"最早指的就是周王朝，所以"万乘"又是天子的代称。

在先秦典籍中，"君子"最早多指"君王之子"或诸侯。

一段《老子》经文中，同时出现两种等级不同的称谓，实属罕见。但是，从以上史实可以判断，这段经文所记录的劝诫之辞，是不是与王子朝的身份与处境恰恰符合？

关于老子与《老子》，千百年来，什么样的猜测都有；古籍散落的无数历史碎片中，什么样的蛛丝马迹都有。

既然有了"公元前316年"这个确切的时间节点，以及"子朝奔楚"这一重大历史事件，就让我们由此为坐标出发，先去探寻一下"谁是老子"。

二、各种先秦古籍中的老子

老子究竟是谁？这个话题争论得太多太多、太久太久，只要是研究老子学说的人，又都不能不说上几句，几乎到了类似文字游戏的无聊地步。

其实，不管怎么争论，争论有多久，每个人对老子这个人都会有个基本认识。

主要有三个来源，一个是司马迁的《史记》，一个是道教等本土宗教及民间传说，还有第三个来源，就是各种先秦古籍中的只言片语。

俗话说，"有意栽花花不发，无心插柳柳成荫"。往往越是无意为之，得到的信息材料越真实；相互佐证的材料越多，得出的结论也就越接近事实。

先说说各种先秦古籍中的老子。

1."老子"事迹拼图

散见于先秦古籍中的老子其人其事，不是很多，也不是很全，出处主要有《礼记》《论语》《文子》《列子》《慎子》《庄子》《吕氏春秋》《淮南子》《韩非子》《新序》《说苑》等。

其中的几十条记载，勉强可以勾勒出这样一幅有关"老子"的拼图：

春秋时期，有一位姓老名聃的圣者，年纪稍长于孔子，以籍贯论，与孔子是宋国的同乡。

老聃又写作"老耽"，世人尊称"老子"，是《老子》经典的作者。

老聃的老师叫常枞，是一位礼官。

常枞病了，弟子老聃前去探望（《说苑·敬慎》《慎子·外篇》）。

老聃说："老师，我看您病得很重，您还有什么教诲要留给弟子的吗？"

常枞说："你就是不问，我也会对你说。"

于是，常枞问老聃："路过故乡一定要下车，你知道为什么吗？"

老聃回答说："路过故乡一定要下车，是不是在告诫自己，一定不要忘记根本呀？"

常枞笑了笑，说："嗯，你回答得对。"

常枞又问："路过乔木一定要小步快走，你知道为什么吗？"

老聃说："路过乔木一定要小步快走，是不是在告诫自己，一定要敬老呀？"

常枞笑了笑，说："嗯，你回答得对。"

常枞又张开嘴，让老聃看，然后问道："你再看看，我的舌头还在不在？"

老聃说："在。"

"我的牙齿还在不在？"

老聃说："牙快掉光啦。"

常枞问："你知道为什么吗？"

老聃想了想，说："舌头之所以还在，是不是因为它柔软？牙齿之所以掉光了，是不是因为它坚硬？"

常枞长舒一口气，说："嗯，你回答得对。你已经可以应对天下一切事物，我也没有什么可说的啦。"

常枞，又写作"常摐""商容"。"枞"，音"综"或"匆"，与"摐"同。

一般认为，"商容"不是人名，而是官名，最早是负责传授商代礼乐的官员，后作为礼官的官名（《礼记·乐记》）。"容"是"容台"之"容"，指行礼之台，后成为礼署、礼部的别称。

老聃长期生活在东周的国都，担任周王室的史官。

老聃早期负责过与"礼"有关的事务，所以孔子曾向他问过"礼"。

公元前516年，王子朝"奉周之典籍以奔楚"，离开了周王城，老聃很可能没有随行。

孔子35岁左右，到周王城向老聃求教，当时，老聃已经担任征藏史，负责征召、搜集、研究、管理天下图书。

老聃此时的工作重点，可能主要负责收集整理有关"道"与"德"的典籍，以及对"道"与"德"的理论研究，留下研究成果数千言，成为王室的"秘书"。

老聃晚年退休，返回南方故土，住在宋国的沛地。沛地就在今天的徐州下辖县沛县。

老聃的弟子很多，向他问道求教的人更多，主要有孔子、文子、关尹、杨朱、无趾、崔瞿、士成绮、柏矩、尹文先生、秦人逄氏、庚桑楚、南荣畴等人。这些人向老子求教的事迹，后面有关章节里将一一详述。

最后，老聃西游于秦，极可能逝世于秦（《庄子·养生主》）。

老聃死了，他的朋友秦佚前去吊唁，大哭三声，转身就走。

秦佚的弟子很奇怪，忙追出来，问："老聃不是您的朋友吗？"

秦佚边走边说："当然啦。"

秦佚的弟子又问："既然是朋友，那么，咱们如此吊唁，合适吗？"

秦佚说："当然合适。还没进去的时候，我以为里面那些吊客都是咱们的同道，后来一看，才知道不是，都不认识，所以不愿意多待。

"刚才我看见有的老年人在痛哭，就像哭他的儿子；有的少年人在痛哭，就像哭他的母亲，个个都像死了亲人一样。其实，他们之所以来参加老子的祭奠活动，只不过是世俗的应酬而已，他们念的那些悼词、流的那些眼泪，肯定很多都是老子不愿听到、不愿看到的。他们这样做，实际上是在违背天理，看重人情，忘记了老子受命于自然，古人管这叫做'遁天之刑'，矫情伤身。

"老子的生死，适时而来，适时而去，一切顺其自然。只有做到'安时而处顺'，无论悲哀还是欢乐，才不会影响甚至伤害自己的身心灵魂，古人管这叫做'帝之悬解'，解脱生死的束缚，回归自然的本性。"

2. 老子的生日究竟在哪一年

一般认为，老聃生于公元前571年，但在古籍中均无如此记载。那么，这个"公元前571年"之说，后人又是怎么得来的呢？

"公元前571年"之所以为人所接受，大概有这么几点原因：

第一，老聃比孔子年长，孔子生于公元前551年，所以老聃的生日应该在公元前551年之前。

胡适先生在他的《中国哲学史大纲》中，就是按照年代顺序将老子尊为中国哲学史上的第一人。据他推测，老子比孔子年长至多不过20岁，当出生于公元前570年左右。

第二，孔子在51岁（公元前500年）的时候，再次"南之沛"，去拜见老聃。

按《唐虞之道》提供的"七十而致政""退而养其生"的古制，当时老聃已经退休返乡养老。以此推算，老聃的生日不应该晚于公元前570年。

第三，老聃与宋将老佐家族应该有关。

从姓氏学考证，宋国有老姓（《竹书纪年》）。

公元前573年，楚国攻取宋国的彭城，宋国的守将老佐战死，他的族人从彭城逃亡于宋、陈之境，涡水流域（《左传·成公十六年》）。

很多学者认为，老聃"降生陈国苦县"（《庄子·养生主·疏》），"老子，陈国相人"（《庄子·天运·释文》），所以，老聃的生日应该在公元前573年之后。

综上所述，公元前573—公元前570年，应该就是老聃的生日时间段。

另外，又据有人考证，"李耳"似乎是"离耳""狸儿"的谐音，南方人管老虎叫"离耳"或"狸儿"。于是一些学者推测，公元前571年正是庚寅年，老聃应该是在公元前571年出生的，生肖属虎。不过，这种论据有些牵强。

关于孔子的出生之年，近日又有了新证。南昌西汉海昏侯墓出土的孔子屏风上，有孔子图像及生平介绍文字（《海昏侯墓孔子屏风浅释》）。

孔子屏风明确写着孔子"字中（仲）尼，姓孔，子氏"，将孔子的姓、氏、字完整记录。孔子屏风的第二列文字"鲁昭公六年，孔子盖卅矣"，记录了孔子三十岁时的准确纪年，从这一时间节点可以推算出，孔子的生年应为鲁襄公七年，也就是公元前566年。当然，这还只是孤证。

孔子屏风记载的孔子出生之年，比《春秋公羊传》和《春秋穀梁传》记载的孔子出生之年早了十四年；比《史记·孔子世家》记载的孔子出生之年早了十五年。

这样一来，老聃与孔子两个人的年龄，也就不过五六岁之差。

或认为，老聃出生于公元前600年；或认为，老聃出生于公元前604年。

以上这些有关老聃的生日年代，大多是推测之辞，没有确切的证据。

在没有实证之前，姑且可以选择在逻辑链条上较为合理的时间段，作为一个老学研究的时间参照节点，所以暂定老聃生于公元前571年。

3. 中国人的"德"与"道"

身为史官的老聃，主要负责收集整理有关"德"与"道"的典籍，以及对"德"与"道"的理论研究，所以才能留下研究成果数千言。

记载"德"与"道"的典籍，是王家典籍中的重中之重、秘中之秘，是王室的"秘书"，绝非一般人所能接触到。

什么是"德"与"道"？

在文化哲学范畴，上古先有"德"的概念，后有"道"的概念。最初的"德"与"道"，都还只是概称。

德，古作"悳"，外也，得也，外得于人、内得于己也。

"德"的本义，就是对外物得与失的价值判断与标准。大到政权、民心，小到物质财富，该不该得、如何得，对统治者来说都极为重要。不同的"得"，有不同的结果，所以有"好德"（《尚书·周书·洪范》），也有"凶德"（《左传·文公十八年》）、"昏德"（《左传·襄公十三年》）、"秽德"（《左传·昭公二十六年》）。后人称"德"，多指"好德"。

从此，古人就用"德"来衡量人的品质，成为古人最早的最高价值观。对君主的最高评判准则，就是"有德"还是"不德""无德"；直到后世，才上升为"有道"还是"不道""无道"。

"道"最早是"導"的省笔字，"道"的内涵，是指导、指引之义，后引申为"路"，最早用于"天道"，也就是"请上天指引"，引申为"上天的运行规律"。

老子之前，"德"的使用率要远远高于"道"的使用率。

先搜寻一下出土文献。

"清华简"的《厚父》篇，有"启惟后，帝亦弗鞏启之经德少，命咎繇下，为之卿士"的记载，意思就是说，夏启继承王位，上帝却并不看好他，担心夏启对"德"的执行力不足，所以命令皋陶再降人间，成为夏启的大臣。

陕西周原故地出土的大盂鼎，属于西周早期的文物，铭文记载了一段史实。

周康王二十三年九月（公元前1080年），周康王册命一位叫"盂"的贵族，其中就有"今我唯即型宪于文王正德，若文王命二（上）三正。今余唯令汝盂绍荣，敬拥《德经》，敏，朝夕入谏，享奔走"的记载，"德经"合称首见。

这句话的大意就是，我要效法文王，像文王一样，任命两三位大臣来执行政令与德行。我现在命令你，继承祖先的荣光，恭敬勤勉，用《德经》协调纲纪，授予你出入王宫、早晚入谏的权力。"绍"，是"继承"的意思；"荣"，是"光荣"的意思；"敏"，是"奋勉"的意思。

周康王给予盂以"敬拥《德经》入谏"的权力，可见当时，"德"是天子的最高核心价值标准。

陕西岐山出土的毛公鼎，铭文以西周晚期周宣王（公元前827年—前782年）的语气，叙述了他如何在即位之初，请他的叔父毛公为其治理国家政务，以及毛公如何辅佐他的事迹，还讲述了他如何奖励毛公，毛公因而铸鼎传示子孙的史实；其中就有"余唯肇经先王命，……告余先王若德"的记载。"经"与"德"同出一句之中，"经"已经可以作为"德经"的简称。其后还有一句话，"已曰及兹卿事寮，大史寮，于父即君"。

两句话的意思就是说，我谨遵先王的最高指示，……经常告诉我先王的美德。……我已对这些卿事及太史等官僚说过，叫他们归你管辖，云云。可知，毛公也是史官们的最高首长，是《德经》的掌握及诠释者。

出人意料的是，三条不同时代、不同地点出土的资料，相互比较，一个"经德"，一个"德经"，一个"经"与"德"，从中似乎可以看出"经典"之"经"字义的演变痕迹。

再搜寻一下传世文献。

《诗经》中，"德"字66处，"道"字31处。

《尚书·虞书》中，"德"字多见，"道"字不见（其中《大禹谟》为伪书，不计）。

《尚书·夏书》中，"德"字多见，"道"字4见；"导"字11见，均在《禹贡》中，"道"作"河道"讲，是其初始义。

《尚书·商书》中，"德"字多见，"道"字不见。

《尚书·周书》中，"德""道"二字，大量出现。

由此可知，在《诗》与《书》中，主要讲"德"。

修"德"之说，源于舜的理官皋陶（《尚书·虞书·皋陶谟》）。

皋陶又叫咎繇，是中国上古传说中的人物、东夷族的首领，与尧、舜、禹并称"上古四圣",曾任尧、舜、禹、启的执法官,被奉为中国司法鼻祖,被李姓家族奉为祖先。

修"道"之说,源于殷商的遗臣箕子。

箕子是殷商贵族,是殷商思想文化的代表,是商末周初著名的哲学家、政治家、史巫学家和占卜大师,专职占卜阴阳、观测天象、授时制历,并以此指导国家的农事、渔牧或者出征讨伐活动,后人称之为"箕子之术"。

后来,武王准备恢复箕子的"商容"之位,箕子不愿为周王朝服务,远走东方,受封于朝鲜。老聃身为史官,不可能没有受到箕子思想的影响。

周武王克殷,访问箕子以"天道",箕子以《洪范》陈之(《尚书·周书·洪范》《史记·周本纪》)。《洪范》记载了箕子推荐的治国之策。

"道""天道""王道"作为哲学概念,首见于《洪范》。

《周书·君奭》中,"道""德"二字第一次同时出现在一句之中,使二者第一次有了直接的联系,"我道惟宁王德延,天不庸释于文王受命",意思是,治国之道,要延续先王的美德。

《周书·康王之诰》中,"天道"之说初成其形,"(康王)王若曰:'……皇天用训厥道,付畀四方'",上天以其道教诲先王,将天下交给他治理。

《管子·五行》中,也有"昔者黄帝得蚩尤,而明于天道"的论述,将"天道"之说,直接前推至黄帝时代。

看来,在老子担任史官之前,有关记载"道"与"德"、尤其是"德"的典籍就早已存在,很可能早已有了一部名叫《德经》的重要典籍。

《列子·说符》中的一句话很能说明问题。

"尝观之《神农》《有炎》之'德',稽之虞、夏、商、周之'书',度诸法士贤人之'言',所以存亡废兴而非由此道者,未之有也。"

称之为"经"的"道德"之《经》,早已存在,很可能正是《老子·德篇》的祖本。

《老子·德篇》应该是由"古《德经》"发展而来的经、传、注本,一如《文子》之于《老子》,一如韩非所说的"解""读"之书。

《老子·德篇》的最大贡献,就是将"德"加以改造,细分为"上德"与"下德"。

"上德不(得)德,是以有德;下德不失德,是以无德。"(《老子·38》)

"上德"强调不得,强调给予、付出;"下德"强调不失,强调索取、占有。

"得"与"失",成为老子学说中有关"德"的重要命题之一。

"德"之上,还有"道","道"是老子学说的最高层次。

《管子·轻重甲》说:"《道若秘》云:'物之所生,不若其所聚。'"

"道若秘"三字，直接点出它的"秘书"性质。重视物之所聚，正符合老子"重积德"（《老子·59》）的思想。

《荀子·解蔽》说："故《道经》曰：'人心之危，道心之微。'"

《管子》所说的《道若秘》是否与《老子·道篇》有关？《荀子》所说的《道经》是古《道经》还是《老子·道篇》？

从经文的内容以及修辞风格来看，《道经》与《老子》经文（如《老子·53》）十分相近，或许就是《老子》佚文，也未可知。

《老子》佚文，古籍中多有所见，再如，《太平御览·人事》："老子曰：'得其所利，必虑其害；乐其所乐，必顾其败。'"（《老子·81》）

由此可知，老子留下的遗产，绝不仅仅只有五千言。

总之，老子"修道德"，在中国哲学思想史上占有极其重要的地位。

《韩非子·五蠹》说过，"上古竞于道德，中世逐于智谋，当今争于气力"，也就是说，"道"与"德"是治国为君的最高层次与标准。

与古经最大不同的，就是老子第一次将"德"细分为"上德"与"下德"，从而摆正了"道"与"德"的位置关系；第一次赋予"道"以新的哲学内涵，提高了"道"的哲学地位。老子对哲学之"道"的开创性理论贡献，是前人所没有的。

老子将"道"与"德"相提并论、内外呼应，使"道"与"德"第一次成为中华民族的最高核心双价值，直至今日。

三、司马迁笔下的"老子"

"老子"是谁？本来问题很简单。直到司马迁写《史记》，出现了一位叫李耳的"老子"，问题才一下子变得复杂了。

1. 因言贾祸的司马迁

《史记》是中国历史上第一部纪传体通史，有关人物部分，分类为"本纪""世家"与"列传"。

"本纪"十二篇，主要按照纪年顺序，记载历代帝王，其中包括失败的项羽。

"世家"三十篇，主要记载先秦及汉代各国诸侯、勋臣、贵戚，其中包括孔子与陈涉。

其他各类人物，都记述于"列传"七十篇，其中包括司马迁的《太史公自序》。

所谓"列传"，就是"其人行迹可序列"，"序列人臣事迹，令可传于后世"（《史记·列传第一·索隐·正义》）。

《史记》的作者司马迁，出生在陕西韩城的龙门山下。司马家族世代担任王家的史官，在他们的心目中，记史、修史，是一项神圣的事业。

父亲司马谈，始终梦想能像孔子修《春秋》一样，写一部贯通古今的史书，但是，尚未正式动笔便不幸病逝。

公元前108年，司马迁接替父亲，担任了汉武帝的太史令，同时，司马迁也决心完成父亲的未竟心愿。

工作之余，司马迁的全部精力几乎都放到中华几千年的历史中了。司马迁"绝宾客之知，忘室家之业，日夜思竭"，殚精竭虑，呕心沥血，整理资料，考证史料，几年下来，一部"究天人之际，通古今之变，成一家之言"（《汉书·司马迁传·报任安书》）的传世巨著逐渐成型。

谁知，一次意外事件，生生打断了这一切。这就是历史上有名的"李陵事件"。

公元前99年，大将李陵率五千步兵，与八万匈奴兵血战，结果全军覆没，自己也战败被擒，投降了匈奴。（《史记·李将军列传·太史公自序》《汉书·李广苏建传·司马迁传》）

对李陵的功过，后人的分析很多。

有人认为，导致失败最根本的原因，其实就是汉武帝指出的"将恶相属"，也就是将帅不和、相互掣肘。真是一针见血。

李陵的个人英雄主义，从一开始就破坏了汉武帝的大计。

李陵居功自傲，不甘人下，以致将帅不和，一盘散沙，更何况他所看不起的、不愿帮衬的统帅，还是汉武帝的大舅哥。

本来，此次战役，汉武帝委派自己的大舅哥李广利统帅三万人马，前出天山，攻击匈奴，同时，又准备派李陵负责大军的后勤保障。

李陵却坚决不同意，他说："我的手下，都是些勇士、奇才、剑客，让我们负责后勤保障，是大材小用，您还不如让我们自成一队，去兰干山南打击匈奴，没有必要与李广利的大军合兵一处。"

武帝很不高兴，说："你其实是不愿意当李广利的属下呀！不过，你要考虑清楚，我所派遣的各路大军，都已安排就绪，你想分兵，自成一队，我不可能再有骑兵给你。"

李陵一听，回答说："那算得了什么，只用我的五千步兵，我就能以少击众，攻占匈奴的都城，您等着好消息就是了。"

武帝认为，李陵的请求不至于影响大局，就勉强同意了，并且，武帝还命令强弩都尉路博德半道接应李陵，以防万一。

李陵不愿甘当李广利的属下；同样，路博德也不愿甘当李陵的属下。

于是，厄运开始一环套一环，战争的进程与结局也完全出乎李陵的意料与掌控。

"兵者，不祥之器，不得已而用之"（《老子·31》），"勇于敢则杀""战而善谋"（《老子·73》）。

李陵既无战略，又无战术，只知逞一时之勇，图一时之快，盲动躁进，不正是犯了这些兵家大忌吗？

李陵战败投降的消息传来，武帝非常愤怒，文武百官纷纷指责李陵，没有人替他辩解，谁也不愿在这个时候引火烧身。

成王败寇，墙倒众人推，本来就是官场的人之常情。

表面上看，李陵"以少击众"，虽败犹荣，即使投降了匈奴，也不至于引起武帝"怒甚"，可见，问题绝非那么简单，要复杂得多。

最后，武帝转过头，询问司马迁的意见。

不想，司马迁在大庭广众之下，竟然洋洋洒洒，说了一番冠冕堂皇的大道理，竭力为李陵开脱。

司马迁说："我平时观察李陵这个人，人品很好，既孝顺，也讲信义，温良恭俭让，常为国家着想，有国士之风。

"李陵这次赴国难，得到士兵的拥戴，以少击众，杀敌无数，立了国威，即使是古代的名将，也不过如此。

"李陵战败投降，主要是因为矢尽粮绝、救兵不至所致。

"我猜想，李陵一定是假投降，他还会找机会报答您的。

"我最恨那些站着说话不腰疼、翻云覆雨、落井下石的人。您既然问到我，这些话，我不得不说，'以广主上之意，塞睚眦之辞'，供您参考。"

这下，武帝更加气急败坏，认为司马迁说的似是而非，而且句句故意抬高李陵，就是要贬低李广利。

于是，武帝命令，将司马迁下狱问罪。

最终，司马迁赎罪免死，接受了极不人道的腐刑，得以完成修史伟业。

读到这里，很多后人对司马迁因言贾祸、因小失大的冒失行为感到不解。

既然司马迁与李陵"素非相善""趣舍异路"，相互之间更没有什么推杯换盏之类的密切交往，那么，他为什么一定要替李陵强出头呢？

汉代的太史令，职位并不高，不足以左右武帝的决策，职责所在，也应该谨言慎行，那么，司马迁不惜得罪众臣，真的是仗义执言吗？

有三处蛛丝马迹，发人深省。

其一，事后，司马迁喟然而叹，连连责怪自己，"是余之罪也夫！是余之罪也夫！"

"余之罪"，究竟司马迁责怪自己做错了什么？

其二，唐人张守节的《史记正义·注》中载："太史公举李陵，李陵降也。"

"举"在这里，是什么意思？是"举荐"之推荐，还是"称举"之颂扬？可见，司马迁与李陵的关系并不一般，绝非如司马迁说的那样。

其三，对"李陵事件"，《史记》的记载粗，《汉书》的记载详，很多细节及责任归属，《史记》大多略而不记，只是在最后说了一句意味深长的结语，"自是之后，李氏名败，而陇西之士居门下者，皆用为耻焉"。

李陵带来的李氏家族之耻，局外人司马迁为什么要为其遮羞？是否因为李陵出身的家族与"老子"李耳有最直接的关系？

《汉书·李广苏建传》对李家祖孙的评价是"三代之将，道家所忌，自广至陵，遂亡其宗，哀哉"！

"三代之将"好理解，《史记》曾经提到两家"三代之将"，秦王朝的蒙恬家与王离家，认为"为将三世者必败"（《蒙恬列传·白起王翦列传》），当然，这并非常理；但是，为什么是"道家所忌"？是否违反了"功遂身退，天之道"（《老子·9》）等教诲？却语焉不详。

看来，答案还是要从李陵身上去找。

李陵（公元前134—前74年），陇西成纪人，西汉名将李广（？—公元前119年）的长孙。

最重要的是，陇西李氏家族相传是"老子"李耳的一支，唐代李氏王朝也明言是陇西李氏李广的后代（《元和姓纂》）。

司马迁一改"亲媚于主上"的初衷，不惜得罪汉武帝，不顾李陵已经投降匈奴的事实，一再为其鸣冤叫屈，因言贾祸，主要原因很可能与司马迁尊崇老子、"论大道则先黄老而后六经"（《汉书·司马迁传》）的道家渊源有关。

爱屋及乌，为圣人讳，可能就是主因。

司马迁修史，在众多历史人物中自然少不了老子，也不可能不为老子立言。

为老子立言，由于现实的原因，司马迁不可能不与陇西李氏家族的成员打交道，收集资料。

然而，"李陵事件"一出，如何为老子立言，陇西李氏提供的资料如何使用，立刻成为司马迁无法回避的难题。

对老子的身世、行踪，记载最多的是《史记》，带来疑问与争论最多的也是《史记》。

《史记》中，记载老子人与事的文章有四篇，分别是《孔子世家》《仲尼弟子列传》《太史公自序》《老子韩非列传》。

《孔子世家》，记载了年轻的孔子向老子求教的故事。

《仲尼弟子列传》，记载了"孔子之所严事，于周则老子"的师承关系。

《太史公自序》，为李耳做出总评价，"李耳无为自化，清静自正"，于是作《老子韩非列传》（简称《老子传》）。

研究分析《老子传》，"李陵事件"是不能不考虑的重要因素之一。

下面，就逐段分析《老子韩非列传》中，有关老子的部分。

2.《老子传》的"老子八段"，说了些什么

关于老子的"列传"内容大体分为八段，段段都有曲笔和疑问。

第一段是这么说的："老子者，楚苦县厉乡曲仁里人也，姓李氏，名耳，字聃，周守藏室之史也。"意思是，有位尊称"老子"的老先生，姓李，名耳，字聃，是楚国苦县厉乡曲仁里人氏，担任周王室的史官，负责管理守藏室。

这是一段文牍档案味很浓的史料。

司马迁为我们介绍了第一位史官"老子"，也叫"李耳"或"李聃"，"老子"是对他的尊称，按现在的说法，"老子者"就是"这位尊敬的老先生"。

第二段是孔子前往周王室，拜见老子，向老子讨教有关"礼"的学问。孔子侃侃而谈。

老子仔细听完后说："你所说的这些，都是古人讲的古礼，你知道如何借鉴吗？

"古人为'士'，有两条路可走：得其时，则入世；不得其时，则出世。

"我听说，道德高深的人，无论走哪条路、干什么职业，都能做到心胸若虚，容貌若愚。

"要想做事，先学做人。你还年轻气盛，一定要先学会在气、欲、色、志四个方面努力磨炼自己；世人容易犯的坏毛病，比如骄气、多欲、态色、淫志，对你的进步都没有好处。

"我就先告诉你这些吧。"

孔子拜别归去，对弟子们说："我本来自以为无所不通，无所不能。可是今天拜见老子，老子就像一条神龙，让我不知所措，看到了自己的不足。我比老子，还差得远呢。"

司马迁为我们介绍的第二位史官"老子"，住在周王城，与孔子是同时代人，年纪要稍长于孔子。

这位"老子"的身份，司马迁虽然没有明说，既然是孔子"问礼于老子"，应该也是周王室的史官，对"礼"颇有研究。《史记·孔子世家》中也记载了这件事，内容稍有不同。

那么，这位"老子"与第一段的"老子"李耳，是同一个人吗？

这是关键问题之一。

第三段是全篇的关键段落。

司马迁记载了一位"修道德，其学以自隐无名为务"的"道德家"老子，界定了这位老子的工作与研究成果。正是这位老子，著作了"道德五千言"。

那么，这位"修道德"的老子，究竟是前面两位中的哪一位，抑或是第三位？

这是关键问题之二。

第四段说："或曰：老莱子亦楚人也，著书十五篇，言道家之用，与孔子同时云。"

老莱子与老子是同一个人吗？既然用"或曰"二字，所以肯定不是。

司马迁在《史记·仲尼弟子列传》中就明确说：孔子就学严事，"于周则老子"，"于楚，老莱子"。

既然不是同一个人，那么，司马迁为什么在这里还要提及老莱子呢？

第五段说："盖老子百有六十余岁，或言二百余岁，以其修道而养寿也。"

"盖""或言"的意思已经告诉你，这些只不过是传说而已。

这是在年龄问题上司马迁使出的障眼法，究竟哪位"老子"是长寿之人，让你自己去猜。

第六段说："自孔子死之后百二十九年，而史记周太史儋见秦献公曰：'始秦与周合，合五百岁而离，离七十岁而霸王者出焉。'或曰儋即老子，或曰非也，世莫知其然否。老子，隐君子也。"

这是司马迁为我们介绍的疑似史官"老子"，资料源于《史记》，很可能是"秦史"。

司马迁直言一位周太史儋的事迹，第一次既委婉又明确地提出自己的见解：李耳恐怕是与孔子死了129年之后的周太史儋有关，或者就是周太史儋吧？"李聃"就是"李儋"吧？

究竟谁是"老子"？唯一可以肯定的，就是"老子，隐君子也"。

第七段说："老子之子名宗，宗为魏将，封于段干。宗子注，注子宫，宫玄孙假，假仕于汉孝文帝。而假之子解为胶西王卬太傅，因家于齐焉。"

这应该是"因家于齐"的李解家族提供的族谱。

然而，据《元和姓纂》记载，李耳的曾孙李昙有两个儿子，是李崇与李玑。李崇的后代居陇西，李广是李崇的八代孙。李玑的后代居赵郡。

李解家族究竟与哪一支有关？或者本来就是居于魏国的第三支，抑或居于齐国的第四支？

第八段说："世之学《老子》者则绌儒学，儒学亦绌《老子》。'道不同不相为谋'，岂谓是邪？李耳无为自化，清静自正。"

以《老子》学与"儒学"相对应，为什么？

以"李耳"之名作结，为什么？

总之，以上八段给人的第一印象，就是资料的"碎片化"。

究竟有几位"老子"？

司马迁至少描述了三个半，"李耳老子""孔问老子""道德家老子"，还有一位疑似"老子"，就是周太史儋。

究竟哪些"老子"是同一位"老子"？

究竟哪位"老子"是司马迁心目中的"隐君子"，是《老子》的作者？

司马迁的心里虽说自有一把尺，却采取了资料罗列式的写法，有选择地提供各位"老子"明确的时间及人物参照点，让后人自行判断。

由此可见，司马迁汲取了"李陵事件"的惨痛教训，避祸手段相当高明。

下面，就用司马迁提供的各种模块，试着去拼拼图。

3. "老子"李耳与孔子问礼的"老子"是同一个人吗

"姓李名耳字聃"的"老子"与"姓老名聃"的"老子"，不是同一位人物。

两位"老子"，有没有相似之处？有，都尊称"老子"，都出生在南方，都担任过周王室的史官。

那么，不同之处呢？

（1）称谓不同

"老"既是姓氏，也是尊称，还是一种职务之称（《周礼》《礼记·曲礼》）。

职务上，家有"家老"、乡有"乡老"、国有"国老"，还有"天子之老"，等等。

"老子"对二人而言，同样是尊称，但是，内涵截然不同。

"孔子问礼于老子"的故事，先秦古籍多见，仅《礼记》中就记载了四则。在这些史料中，"老子"多与"老聃"相对应。

先秦众多古籍中，凡引用《老子》经文的地方，几乎都明言"老子曰"或"老聃曰"，足以证明，在众多古人眼中，"老子"就是"老聃"，"老聃"就是"老子"。之后，"老子"二字才成为书名。

以上这些史料证明，"老子"就是对一位"姓老名聃"之人的尊称，这符合古人称谓的转换惯例。这位"姓老名聃"的"老子"，正是《老子》的第一作者。

然而，翻遍众多先秦古籍，从不见"李耳"之名；而"李耳"之名，仅见于《史记》，你不觉得有些蹊跷吗？把先秦古籍中大量出现的"老子"这一称谓，第一次也是唯一一次与"李耳"联系到一起，你不觉得有些突兀与牵强吗？

在李耳的前面冠以"老子者"，合理的解释，它只是表达一种敬意，是对"李耳"这位李姓人物的尊号。

在古代，并非每一位年纪大的人都可以称"老子"。尊号一位不姓"老"

的人为"老子"，翻遍古籍，仅此一例。

与第一段行文体例完全相同者，《史记》还有一处，就是第一篇《五帝本纪》，"黄帝者，少典之子，姓公孙，名曰轩辕。……有土德之瑞，故号'黄帝'"。

与"老子者，楚苦县厉乡曲仁里人也，姓李氏，名耳，字聃"相比较，证明"老子"之于"李耳"或"李聃"，正如"黄帝"是对"公孙轩辕"的称号一样。

两相对照，不难猜到司马迁的深意。

还有一处佐证，唐代人林宝撰写的《元和姓纂》，记载的第一个姓就是"李"，李姓的后代尊号李耳为"老君"，是李利贞的第十一代孙。

"老君"之称，可以算是将"老子"作为尊号的佐证，只不过已经是神仙化的尊号了。

（2）姓名不同

在古代，同名、同姓、同等称谓的人不可胜数，牵强不得。

李姓与老姓有交集吗？没有。

《元和姓纂》中，以"老"字打头的姓氏一共有5个：1个单姓，4个复姓。

"老：《风俗通》云，颛顼子老童之后。《左传》，宋有老佐。《论语》老彭，即彭祖也。或云，老氏，老聃、老莱子之后。"

作为老童之后，无论是以"老"为姓而称之为"老佐""老筱"或"老彭"，还是以"彭"为姓，都是理所当然。

春秋时期，老氏家族的生活地域，大多在宋、陈之地。（《中国历史地图集》）

公元前573年，楚国攻破宋国的彭城，宋国的司马老佐死于战事，他的族人逃亡到宋国和陈国的边境生活。一般认为，老聃就是老佐的后代。

据姓氏学考证，李姓的来源很多。

《左传》中所说的里克，是晋国人，著名的"假虞伐虢"的故事就与里克有关。

里克一直想要拥戴重耳为君，后来，里克乱晋，立晋惠公为君；鲁僖公十年，被晋惠公所杀。

公元前632年（晋文公五年），曾经有位叫李离的（《史记·晋世家·循吏传》），担任晋文公重耳的理官。这个李离，应该就是里克的后人。

公元前406年，魏文侯相李悝主持变法，获得成功，对后来的法家有很大影响。

"田陈代齐"，魏文侯起了至关重要的作用（《史记·田敬仲完世家》），魏文侯的重臣李悝，很可能为此做出过重要贡献。

"老子之子名宗，宗为魏将，封于段干"，段干是魏国的地名，可见李宗一支与魏国有直接关联。

各种文献证明，老子学说最先在三晋大地流传，学老者大有人在。

如后面将要提到的晋国叔向，以及韩氏家族、赵氏家族；从"李悝""李耳"的情况分析，其中，肯定也包括李氏家族。

在魏文侯的鼎盛时代，尊称李氏家族的某位"家老"为"老子"，混称齐国所尊崇的黄老学说是他家的"老子"李耳所传，借以传播老子学说，也在情理之中，不是没有可能的事。

这也是一些学者争论"李耳应该是《老子》第二作者"的论据之一。

司马迁创作《老子传》，至少得到两份李氏家族的族谱资料，一份是李广家族的，一份是李解家族的，都称自己是李耳的后代。

李悝家族、李广家族与李解家族之间，究竟是什么关系？没有记载。

总之，翻遍古籍，有"里"与"李"相通互换的记载，没有"李"与"老"相通互换的记载。

那么，姓老的"老子"与姓李的"老子"，是同一个人吗？看来不是。

再者，核对整部《史记》，"聃"字只出现一次，就在第一段，明说李耳"字聃"，也就是说，"聃"只是李耳的"字"。至于在众多先秦典籍中频繁出现的"老聃"二字，却从未出现于《史记》。

司马迁不可能不知道《礼记》等典籍中的这些记载。

司马迁创作《老子传》，却始终只字不提"老聃"之称；同时，既回避了孔子问礼之"老子"的姓名，也回避了他的身份。这正常吗？不正常。

这种隐其姓名的手法，必有深意。

司马迁不愧是史学大家，他并没有亲口说"李耳"是否"老聃"，只是在老聃"名聃"，与李耳"字聃"二者之间，有意做一折中处理。

"姓李氏，名耳，字聃"，说得详之又详，至于李耳为什么又尊称"老子"、叫不叫"老聃"，司马迁却只字不提，只是说他"字聃"，剩下的，留给后人自己去猜想。

于是，"老聃与李耳是否同一人"这个难题，司马迁就这样轻轻摆脱了。不能不说这是司马迁的聪明之处。

（3）年龄不同

应该如何判断李耳的年龄？李解家族向司马迁提供的家谱，可供推算。

"老子之子名宗，宗为魏将，封于段干。宗子注，注子宫，宫玄孙假，假仕于汉孝文帝。而假之子解为胶西王卬太傅，因家于齐焉。"

按照家族谱系的记录规矩，"老子之子名宗"，应该是"李耳之子名宗"才对，究竟是谁人所改？不得而知。

胶西王是刘邦的孙辈，公元前154年，参与了七王之乱，名为"清君侧"，

三个月后，失败自杀。(《史记·表》《汉书·景帝纪·荆燕吴传·高五王传》)

胶西王刘印的太傅李解，与李广同朝为官，二人的生年均不详。

吴楚七国之乱时，李广任太尉周亚夫手下的骁骑都尉，很可能三十岁左右。

作为太傅的李解，命运如何？

《史记》《汉书》中，都没有明确记载，只是说，"胶西群臣或闻王谋，谏曰……"，"王不听"。事后，汉景帝下诏，认为"吴王濞等为逆，起兵相胁，诖误吏民，吏民'不得已'"，所以"皆赦之"。

看来，李解家族并未受到多大牵连，李氏宗族的势力犹存，所以司马迁才说，"因家于齐焉"，在齐地落户。

从李解倒推至"老子之子"李宗，共八代，李解应该是李耳的第9代孙。

由于"李陵事件"的影响，司马迁并未提供李广家族的家谱。好在《元和姓纂》中有。

李广的长子李当户生于公元前158年。公元前134年，李当户早死，留下遗腹子李陵。以《元和姓纂》为依据，李陵应该是李耳的第14代孙。

多少年算一代？《说文解字》说："三十年为一世。"

据统计，汉唐宋明帝王世家代差数的平均值，分别是刘姓24年、李姓22.3年、赵姓27年、朱姓26年。平均约25年一代。

为了更有说服力，就再宽泛些，李姓以25～30年为一代。

以《元和姓纂》为准，李耳应该生于公元前459年—前524年。

再假设：李解既然为太傅，公元前154年时，可能60岁左右，那么，李耳应该生于公元前414年—前454年。

两部家谱之间，出现了较大的时间差，取其最高值与最低值的均值，大概是公元前469年左右。公元前478年，楚国灭陈国，李耳的生年，正在合理范围内。

一般认为，老聃生于公元前571年。那么，至少在老聃47岁时，李耳才出生。

老聃"修道德"，是职务行为，不会因老聃退休而中止，后来接替者中，周史官李耳也不无可能。

至于"老子"的儿子李宗担任魏国将官时有多大呢？毕竟韩、赵、魏三家分晋，是在公元前453年，直到公元前403年周威烈王承认三家分晋的现实，才正式有了韩、赵、魏三家诸侯国。李宗的生年，也在合理范围内。

孔子死于公元前479年，周太史儋拜见秦献公，是在公元前374年。

李耳担任周史官、李宗担任魏国将官的时代，均与周太史儋及魏国李悝家族所处的时代相重合。

至此，身为魏将的"宗"，究竟是老聃之子老宗，还是李耳之子李宗，于情于理，不言自明。

有人说，"老子"活了160多岁，也有人说，"老子"活了200多岁。

然而，修道之人，即使再怎么养寿，能活160多岁、甚至200多岁吗？如此年纪的老人，还能生儿子吗？

答案都很清楚，不能。

（4）籍贯不同

一般认为，称某某人是哪里人，一般指其籍贯或出生地。

有几个确切的时间参照点，可以帮助我们定位分析。

春秋时期，"县"是指设置在边疆之地的行政区划。

苦县（河南鹿邑东）本来属于陈国，后属于楚国。陈国（公元前1122年—前478年）是虞舜之后，国都是株野（河南柘城）和宛丘（河南淮阳）。

公元前478年，楚国灭陈国，设置陈县。

公元前478年之前，苦县的行政归属归陈国管辖；公元前478年之后，苦县的行政归属归楚国管辖，那个时候，正是春秋末期。

李耳究竟是哪里人？答案很清楚，楚人。"楚苦县"，此时的苦县，已经归楚国管辖了。

很多先秦古籍中，说起晚年的老聃，都会提到一个地名，就是"沛"。

"沛"究竟在什么位置？

古代曾经有两个"沛"。一个是今天的沛县，在彭城（江苏徐州）的西北边，春秋战国时期属于宋国。宋国（公元前1114年—前286年）是商汤之后，国都是商丘。沛地在商丘之东。还有一个沛国，是西汉初期的封侯国。秦置相县（安徽淮北），后来，沛国的国都就设在相县，相县在彭城的西南边，和沛县不是同一个地方。（《汉书·地理志》《后汉书·郡国志》）

春秋时期，只有宋国有相邑，也就是后来的相县，是宋共公即位前的都城。（《中国历史地图集》）

《诗经·商颂·长发》里的"相土烈烈，海外有截"，说的就是夏代商族部落的首领契的孙子相土开疆裂土的故事，他的居住地就在商丘附近的相邑。

总之，春秋时期，沛地与相邑都归宋国管辖。公元前286年，齐国灭宋。

沛县、相县、苦县三地之间，究竟是什么关系？一目了然。

从东汉桓帝时开始，学界有了老子的籍贯之争。

担任东汉陈国相的边韶，对三地之间的关系不会不知道，但出于政治需要，竟在他的《老子铭》中加了"相县虚荒，今属苦"云云，硬把相县与苦县强拉在一处。

从地理位置上看，宋、陈二国以涡水为界，宋国在涡水之北，陈国在涡水之南。沛县与相县，都在涡水之北。苦县在涡水之南，处于与商丘（宋都）、淮阳（陈都）组成之等腰三角形的顶点。

正因为三地所处的地理位置，正是两国交界处，所以才有了或陈或宋之争。

在百多里的范围内，将某古人的出生地确定于某一点，古人不能，今人更不能，于学术也毫无价值可言。也由此可见，名人的籍贯之争，自古皆然。

总之，先秦古籍多认为，老聃晚年居住在宋国的沛（在职时居住在周室）；《史记》则认为，李耳出生在楚国的苦县。

从籍贯入手，司马迁轻而易举就把楚国之"苦县老子"与宋国之"沛地老子"区别开了，李耳与老聃根本不是同一个人。

一个"楚"字，留下了不易察觉的破绽。

4. 哪位"老子"是主管、编著"道德"典籍的史官

"老子修道德，其学以自隐无名为务。居周久之，见周之衰，乃遂去。至关，关令尹喜曰：'子将隐矣，彊为我著书。'于是老子乃著书上下篇，言道德之意五千余言而去，莫知其所终。"

猛地一看，第三段文字一反史家风格，最具传奇色彩、神秘色彩，最为后人津津乐道，因而也似乎最不靠谱。

问题并非那么简单。

刘向辑录的《列仙传》，其中就有"老子"条目，据称是引自"史记"。

司马迁肯定也掌握这段"史记"资料，否则，《老子传》中的第二、第三段文字，就不会与《列仙传》中有关老子的"史记"内容，相似度如此之高。

《列仙传》所引的"史记"，并非司马迁所著的《史记》。

杨恽（？—公元前54年）与刘向（公元前77年—前6年）曾同朝为官。杨恽献司马迁的《史记》，是在汉宣帝时期，当时称之为《太史公书》（《太史公自序》），或《太史公记》，或《太史公传》，或《太史公》。

仔细研读《列仙传》与《老子传》的三段资料，疑点重重，相比之下就会发现，司马迁的记载，处处暗藏玄机，大有深意。

实际上，司马迁主要是在为老子"道德五千言"的成书及内涵做出他自己心中的界定。同时，司马迁始终有意淡化老子的神化色彩，淡化作者的真身。

"老子修道德"，司马迁为我们介绍了第三位"老子"，明确了这位"老子"的具体职务行为。

这位"老子"是史官李耳吗？是史官老聃吗？还是另一位学者老子、隐者老子？他到底是什么身份？究竟谁是这位"老子"的真身？

前后两位身为史官的老子，与一位"修道德"的在野老子，同处于同时同

地，是不可想象的事。所以，这位"修道德"的"老子"，与史官"老子"之中的某一位，必定是同一个人。

乍看之下，三位"老子"似乎毫不相关，至少司马迁在第二段中就回避了孔子问礼之老子的身份与姓名。

其实不然，司马迁是在各个段落预做种种铺垫；而种种铺垫，均暗示这位"道德五千言"作者的相合度，距离李耳远，距离老聃近。

《列仙传》中，就是将"孔子问礼之老子"与本段这位"修道德"的"老子"合说，是逻辑连贯的完整一段，认为孔子问礼之老子就是"道德五千言"的作者。

这位"道德家"老子，也有其明确的时间参照点，就是与关尹同时代。

按《庄子》的说法，老子与关尹都是古真人，远离庄子时代。

按《列仙传》的说法，这位"道德家"老子不仅与关尹同时代，也与孔子同时代。

"老子修道德"，是公修其学，是职务行为，具体就是收集、整理、研修有关"道"与"德"方面的古今文献典籍及相关内容，自然也包括自己所收集的、甚至是自己的心得体会在内，以供天子研习参考。

"修"字有两种写法，主要的意思有三种，一个是"治"，一个是"习"，一个是"饰"，而老子常年所做的工作，正是这三项。

至于强调"言道德之'意'"的"意"，则主要为了突出"道德五千言"是其理论之"言"。也就是说，后世的《老子》，应该是"言道德之意"的书，所以司马迁不称之为"经"而称之为"上下篇"。

"其学以自隐无名为务"，司马迁给了老子学说以"隐学"的定位。

"学"既是学问之学，又是修学之学。

"自隐无名"四字，化用了《老子·41》的"道隐无名"。

需要保密的是什么？

在这里，作为要务重点的"自隐无名"，既指"道德五千言"，也指老子；既自隐其学，也自隐其人。

因为，这位老子对"道"与"德"的研究工作及研究成果，只对极少数人负责，很少为外人所知；同时，搜集、整理、研究、作传、注疏、保管"道"与"德"方面的典籍，是史官老子的职责，不该也不会追求自身的"立言"、自身的名分。

所以，司马迁称这位自身同样低调的"自隐无名"的"老子"为"隐君子"。

如果再将先秦古籍以及《列仙传》的相关内容放到一起，让人们综合判断，十有八九会得出"与孔子同时代的老子就是'道德五千言'作者"的结论，这位老子，名叫老聃。

"居周久之"，老子是以什么身份长期在周国居住？其时老子尚在朝、还是在野？

《唐虞之道》："古者圣人，廿而冠，卅而有家，五十而治天下，七十而致政，……退而养其生。"

古代再有德行能力的人，到了70岁，也要退休让贤。

按当时的人口管理制度，古人到晚年，多回乡居住，所以说，老子以史官的身份，长期"居周"在朝的可能性要大一些。

"见周之衰"，可以想见，老子的一生，经历过周王室的大动乱、大衰败。

"孔子行年五十有一而不闻道，乃南之沛见老聃"，应该是在老聃致仕（即70岁）之后。

"孔子行年五十有一"，应该是公元前500年，这时的老聃应当至少71岁了，时间点上，也正与周王室的王子朝作乱、最终逃于楚地的时间最接近（公元前519—前516年）。

"乃遂去"，究竟是回到南方故乡，还是西去？

退职还乡乃是常制，更何况周王室刚刚又发生动乱，日渐衰败，老子不忍多留，自然归心似箭。

"至关"的关口，究竟是什么关？这位关尹与"将隐"的老聃，究竟是什么关系？老聃为其著书的动机又是什么？都值得推敲。

从上下文的逻辑关系判断，这个"关"应该是老子返乡的必经之处。

《列仙传》说，老子"入大秦，过西关"，因此认为是以"老子西行而去"为前提的。

这种说法，未被司马迁采纳，反而有意忽略。

至于说"关"是"函谷关"，则是后人的臆测与演绎。

"子将隐"的"隐"字？应该如何理解？是"为官为显、去官为隐"的"隐"，还是如后人所说的避世之"隐"？

从行文推断，显然是去官退隐之"隐"，否则，关尹怎么会知道老子要去当隐士呢？

"您已经退休了，在您返乡之前，请把您的著作传授给我吧。"关尹的话应该如此理解。

"著书上下篇，言道德之意五千余言"，是老子的一时之作吗？不是。

老聃生前，他的"道德之意"就已完成，付诸笔端。该书分为上下两篇，内容是"言道德之意"，后人按古人称命书名的惯例，称之为《道》《德》上下篇。为了行文方便，本书于"老子之言"与完本《老子》之间，一般统称之为《道·德（老子）》。

此处的"著",不是"原著"之义,而是"著录"的意思,记载、抄录其主要学说。

"著书"并非老子出关时心血来潮的一时之作,它的母本,早已作为公书藏于秘府,否则,就不会随着几次文化下移,由他人陆续将之流传到南北东西大小各诸侯国了。

至于所谓的"五千余言",其数字很可能是司马迁参考他所见到的传世《老子》(如帛书《老子》)所得,而并非就是传世《老子》的"五千余言"。

如前所说,老子之"言",又何止五千言?

事实证明,我们所见到的"五千余言"之中,有不少战国中后期的用字、用语,是"后《老子》"的产物;所以说,此"五千余言"并非彼"五千余言",而老子当时所传的"五千余言",我们现在所能见到的经文,只是原经文"五千余言"的一部分,其他则散见于各种典籍之中,或已失传。

最后,尤其以"莫知其所终"五个字最为可疑。

神仙味十足的五字断语,如果出现在《列仙传》中,还算合情合理;然而,《列仙传》中"老子"条目下,却没有"莫知其所终"之说。

令人吃惊的是,这五个字竟然一字不差地出现在《列仙传》的"关令尹"条目中,而且是老子、关尹二人"俱游流沙,化胡",一起"莫知其所终",更像是老子、关尹二人成仙、成佛的隐语,就不能不让人起疑了。

大量的文献记载中,无论是以上哪一位"老子",都是"知其所终"的,即使是西出于秦,也是死于秦。

始终有意淡化老子神化色彩的司马迁,这里为什么又加上这一句神化色彩甚浓的"莫知其所终"呢?

我们目前所见的《史记》,并非司马迁的原版,尤其是《老子传》。

事实证明,由于种种原因,《老子传》曾经被人动过手脚。所以,当某处语句在逻辑上出现明显的不合理时,人们的第一反应,就是要怀疑是否被后人动过手脚,无论他是有意,还是无意。

如此看来,"莫知其所终"五字,极大可能是后人所妄加,与古人早已证伪的"字伯阳,外字老聃"一样。

至于"莫知其所终"五个字,究竟是不是后人直接从《列仙传》的"关令尹"条目中移花接木而来?有此可能。

关于关尹子的事迹,下章有详细论述。

5. 周太史儋与哪位"老子"有关

"自孔子死之后百二十九年,而史记周太史儋见秦献公",司马迁的这条资料,是根据某部史书的记录,与《列仙传》相参照,就是说,在司马迁之前,不知哪国或哪几国的史书，已经有了关于老子种种事迹传说的记录。

关于周太史儋见秦献公，《史记》中还有三条类似的记载。

《周本纪》："（周）烈王二年，周太史儋见秦献公，曰：'始周与秦国合而别，别五百载复合，合十七岁而霸王者出焉。'"

《秦本纪》："（秦献公）十一年，周太史儋见献公，曰：'周故与秦国合而别，别五百岁复合，合（七）十七岁而霸王出。'"

《封禅书》："后四十八年，周太史儋见秦献公，曰：'秦始与周合，合而离，五百岁当复合，合十七年而霸王出焉。'"

客观说，《史记》这四条史料的价值是有疑问的，它的传说成分明显大于历史事实。诸条史料相互比较，不难发现很多引人深思的问题。

其一，周太史儋究竟姓什么？这些史料只字未提。

从字面上看，太史儋与"老聃"或"李聃"，只是"儋"与"聃"同音，三个人又都是周天子的史官，究竟是历史巧合，还是有意为之？

其二，假定历史上确有周太史儋其人。

历史人事的各个时间节点，大都有案可查。

孔子死于公元前479年，周太史儋拜见秦献公，是在公元前374年，也就是周烈王二年、秦献公十一年，时间差为105年。

为什么司马迁却在《老子传》中，说是在"孔子死之后百二十九年"的公元前350年？两个时间基点相差24年，漏洞如此明显，司马迁是否在暗示什么？是否有意在拉大太史儋与孔子的时间距离，以印证"或曰儋即老子"的"老子"应该是指李耳？可是这样一来，不是又与李耳之子李宗生活的时间相冲突了吗？

其三，至于秦国与周王朝的关系，《老子传》中说是"合五百岁而离"，其他三条，却说是"别五百载复合"云云，"离"与"合"的顺序正相反。

而且，《老子传》中写"七十岁"，其他两条却写为"十七岁"，一条疑似误为"七十七岁"，难道又是后世的有心人对某些利己之处的不负责任的改动吗？

其四，更值得注意的是，从内容分析，周太史儋的谈话，明显是在为秦国统一天下造势。

这种预言式的史料，在史书中有很多，多半是"以'后'证'前'"，可信度都不高。而且，这种议论，既不是老子的风格，也与老子的学说思想风马牛不相及。崇尚老子学说的司马迁，却毫不犹豫地借用过来，记入《老子传》，能没有用意吗？

其五，判断周太史儋与"老子"的关系，司马迁一再"或曰""或曰"，最大的可能，就是当时早已有李姓豪门大族，将"老子"李耳认祖归宗，有了明确的族谱记录，排列有序，言之凿凿，甚至把太史儋也扯了进来，并且将这些资料一股脑提供给了司马迁。

"或曰儋即老子，或曰非也，世莫知其然否？"有人说，太史儋就是"老子"；也有人说，太史儋不是"老子"，究竟谁说得对？除了李氏家族之外，世上没有别人知道，包括我司马迁。

试想，《老子传》提出一位为先秦王朝造势的周太史儋，又以"或曰"为由，很突兀地与"老子"联系到一起，大加"是也""非也"的议论。当时的李氏权臣，不管是出身于哪支李氏家族，读到后又当作何感想？又能抓到他的什么把柄？

史官讲求严谨，以史实为依据。

司马迁这样的史学大家，明明知道收集的各种"老子"资料，充满疑问与矛盾，大都只能算是传说。但是，受到汉代李氏族谱等影响，或碍于情面，或迫于压力，作为受"李陵事件"之累的刑余罪臣，司马迁对"老子"的表述，最好的处理方式就是采取曲笔的委婉手法，"有意为之"，又"存而不论"，既可以换取史家良心上的平衡，同时也是一种无奈之举。

"自是之后，李氏名败，而陇西之士居门下者，皆用为耻焉"，世态如此，司马迁又能怎么办？

也正因为如此，才给了后人对"老子"进一步想象、造假的空间和余地。

6. 五次使用疑辞，说明了什么

司马迁除了对以上诸多明显的错误与漏洞听之任之而未加改正外，从第四段起，"或曰""或言""盖"等疑辞一共使用了五次，意思就是"据说""据传说""大概"，云云。明、暗两种笔法，司马迁运用得出神入化。

表面上看，司马迁只是对他掌握的各种资料做忠实记录，而不去理会它们之间的异同之处，似乎只是要借此明证，《老子传》是由各种来源不同的、甚至相互矛盾的资料罗列而成，充满传奇色彩；但是，深层次的原因似乎并非那么简单。

更重要的是，五处使用疑辞，全部指向第一段的李耳档案，是要借此对"老聃"与"李耳"这两位人物做一截然不同的区隔，暗示"李耳不是老聃"这一论断。

五处疑辞中，以第一处最有深意，"或曰：老莱子亦楚人也，著书十五篇，言道家之用，与孔子同时云。"

有人说，有位叫老莱子的，也是楚国人，留下15篇著作，讲道家之"道用"；这位老莱子，与孔子同时代。

如前所述，老莱子与老聃不是同一个人，但是都与孔子同时代，这一点无庸置辩。

既然不是同一个人，为什么司马迁还要在《老子传》里"或曰"这一段呢？

关键在于"亦楚人"三字，值得玩味；"与孔子同时"的界定，也值得推敲。

"老莱子亦楚人"，是在间接强调李耳的楚人身份。李耳是楚人，老莱子也是楚人，而老聃则是宋人或陈人，在这里，司马迁似乎是在暗示，李耳与老聃毫不沾边。

"与孔子同时"，是在间接强调李耳与孔子不是生活在同一个时代，这一点，在"太史儋"的段落说得更具体，"孔子死之后百二十九年"。

至于"著书十五篇，言道家之用"，则是在间接暗示不知李耳有无著作。

老莱子虽然复姓"老莱"，但也可以简称为"老子"，比如，《荀子·天论》里所说，"有见于屈，无见于伸"的"老子"，指的就是"老莱子"或"老成子"。

老子著书，言"道德之意"，讲的是"道本"；老莱子也著书，言"道家之用"，讲的是"道数"，司马迁其实已经将两个人区分得很清楚。

同时，司马迁也区分了"道德家"与"道家"的关系，这也可以算是对父亲司马谈《论六家要旨》的具体例证。（详述见后）

有一点必须注意，司马迁始终采用"春秋笔法""乱笔手法"反映其真实观点。

《史记》问世之后，某些特定人士对司马迁的这种做法很不以为然，如果不能把李耳与《老子》这部大作明确联系到一起，那还得了？！

"高远其所从来"（《淮南子·修务训》），从来就是一件让很多人士乐此不疲的大事。

既然司马迁都可以"或"来"盖"去，于是，有些人便也悄悄改动了版本中的某些要害之处，以符合某些人物或某些团体的需要。

千百年来，中国的文献典籍，都是靠着手抄的形式流传，除了技术性的失误之外，也给了后人"夹带私货"的机会。

不同版本并存于世的现象，渐渐成为常态，于是，就有了"外字老聃""号伯阳父"等诸如此类的说法出现；"外字老聃"之说，又变成了人们所需要的"字伯阳，谥曰聃"（文徵明《老子列传》），信息混乱得一塌糊涂。

"字伯阳"三字，首见于东汉边韶的《老子铭》。

其时，道教兴起并正式得到最高当局的首肯，篡改《老子传》的初衷，很可能出于有关高层人士神化老子的需要。

唐代人所做的《索隐》已经明确指出，"有本'字伯阳'，非正也。然老子号'伯阳父'，此传不称也"（《史记·索隐·正义》）。

"字伯阳"三字"非正也"，就是说这三字不是原文；至于为什么"号伯阳父"，《索隐》同样言之凿凿，也同样故作神秘，不言出处。

可以看出，早在唐代，人们就已经知道流传于世的《老子传》不是原本。

今本《老子传》肯定被后人篡改过，这个认知今天已经达成共识，拨乱反正的工作也早已在做，只是究竟改动了哪里？改动了多少？这才是争论的焦点。

所以，我们对老子的研究，不能只以曲笔的《史记·老子传》为基准，更应该与先秦文献相参照。

7. 为老子立言，为什么不在"世家"，而在"列传"的第三篇

为孔子立言，孔子列入"世家"类；为什么为老子立言，老子却列入了"列传"类？一直以来，很多学者百思不得其解。

"黄老"的经典地位，不是在汉初就已经得到皇家的确认吗？难道老子的"素王"身份还比不上孔子吗？

读懂第八段，就不难找到答案。

"世之学《老子》者则绌儒学，儒学亦绌《老子》。'道不同不相为谋'，岂谓是邪？李耳无为自化，清静自正。"

这段结语很有意思，既是司马迁发自肺腑的慨叹，也能从中发现春秋笔法的痕迹。

首先，用"学《老子》者"与"儒学"相对应，证明这里所说的"老子"，指的是《老子》经典，宽泛些，是指老子学说，而不是指"老子"其人。

其次，用"李耳无为自化，清静自正"作结，与首段"李耳档案"相呼应，说明《老子传》的第一主人公是李耳。

"无为、自化、清静、自正"八个字，脱胎于《老子·57》的经文，"我无为而民自化，我好静而民自正"，但与《老子》的本意稍有不合。

经文强调"我"与"民"的对应行为，这里却让李耳一人全占了。

司马迁不是不懂《老子》经文，而是要借此说明，"无为、自化、清静、自正"不是李耳的"言"，而是李耳的"行"；李耳不是"著《老子》者"，而是"学《老子》者"，这一点，学者自有体会。

谁是"学《老子》者"？

《老子传》中，孔子是"学《老子》者"，老莱子是"学《老子》者"，关尹是"学《老子》者"，李耳是"学《老子》者"，庄子是"学《老子》者"，申子是"学《老子》者"，韩非也是"学《老子》者"；"皆原于道德之意，而老子深远矣"。

实质上，司马迁是在为"学《老子》者"立传，与《仲尼弟子列传》《儒林列传》同类。

要想查查某位现代人物的来龙去脉，很容易，自打他一出生，就有了明确的信息记录。上古时期可就难多了，如果再有意隐之，遮遮掩掩，就更是难上加难，比如"老子"。

人们说起孔子的家世，谁都能如数家珍、头头是道，他的户籍档案一清二楚。

可是老子呢？只能靠有限的传说、靠古籍中的蛛丝马迹去推断，去猜测。

既然是传说与猜测，于是，就有了无限想象的空间，在崇敬与景仰的驱使下，道听途说、捕风捉影、三人成虎、人云亦云，再加上有心人士的有意推波助澜，老子在人间的地位早已不足道，最后不成神成仙才怪呢。如果老子地下有知，想不成神成仙都难。

"自隐无名"，这就是为老子立言的最大难题。

与孔子不同，有关老子的人与事，司马迁所掌握的史料少之又少，而且大多相互矛盾，即使想为老子立言于"世家"类，也不足以成篇。

于是，司马迁采取了折中的办法。

还记得孔子问礼于老子时，老子说的话吗？

老子曰："子所言者，其人与骨皆已朽矣，独其'言'在耳。"

既然老子"自隐无名"，那么，回避"老聃"之名、让老子藏身于其"言"之中、突出老子之"言"、为"学《老子》者"立传（如《仲尼弟子列传》《儒林列传》一样），不失为最佳方式。

所以说，《老子韩非列传》其实就是《李耳韩非列传》，就是《学〈老子〉者列传》，也由此证明，"学《老子》者"并非一家一派。

至于为什么将《老子韩非列传》记录于"列传"类的第三篇？猜测很多，或比较倾向于"三立"之义涵。

据《左传·襄公二十四年（公元前549年）》记载，古人有"三立"之说，"太上有立德，其次有立功，其次有立言，虽久不废，此之谓'不朽'。"

《史记·太史公自序》："末世争利，维彼奔义；让国饿死，天下称之。作《伯夷列传第一》。晏子俭矣，夷吾则奢；齐桓以霸，景公以治。作《管晏列传第二》。李耳无为自化，清静自正；韩非揣事情，循埶（势）理。作《老子韩非列传第三》。"

第一篇"列传"，记的是伯夷、叔齐，是"立德"的代表；"让，礼之主也"（《左传·襄公十三年》），"始教之让"（《礼记·内则》），人生自八岁开始，学的第一种"礼"就是"让"。

第二篇"列传"，记的是管仲、晏子，是"立功"的代表；在"华夏第一相"管仲的辅佐下，成就了齐桓公"五霸"之首的伟业。

第三篇"列传"，记的是"学《老子》者"，老子"既殁，其言立"，是"立言"的代表，"论大道则先黄老而后六经"。

司马迁也明确说出了这一点，"太史公曰：老子所贵道，虚无，因应变化于无为，故著书辞称微妙难识。……皆原于'道德'之意，而老子深远矣"。

有两则佐证。

其一，与后面"列传"的司马穰苴（田穰苴）、孙子、吴起、伍子胥、仲尼弟子等诸多人物相比，韩非的年龄辈分显然不够，可却偏偏后来居上，列在他们的前面，你不觉得韩非搭车的痕迹十分明显吗？

韩非为什么能与李耳一起，位列第三篇？

因为，第一个较为全面注解《老子》的人，正是韩非。所以，以"文"立"传"，韩非应该是首选。

注解《老子》第一人，本该是文子。但是，韩非确有其人，而文子至今不知何人，以致在《史记》中司马迁对这位"文子"只字未提。

《史记·太史公自序》："退而深惟曰：'……韩非囚秦，《说难》《孤愤》；《诗》三百篇，大抵贤圣发愤之所为作也。此人皆意有所郁结，不得通其道也，故述往事，思来者。'"

韩非的身上，有司马迁自己的影子，"余独悲韩子为《说难》而不能自脱耳"。

司马迁一家几代，崇尚老子学说，"论大道则先黄老而后六经"，将此篇传记列为第三篇，韩非、司马迁反倒是沾了"老子"的光。

其二，传说中，老子之所以有多个化身，追究起来，《老子传》脱不了干系，因为从某种意义上讲，李耳就是老子的最早化身。

《史记》描写人物籍贯的体例，通常是在国籍、县籍中或写其二，或写其一，如："项籍者，下相人也，字羽"；"陈胜者，阳城人也，字涉"；"李斯，楚上蔡人"；"颜回，鲁人"；"庄子，蒙人"。

《史记》中，既写国籍、县籍，又详写乡里的，只有三人。他们是：《本纪》中的刘邦，"沛丰邑中阳里"；《世家》中的孔子，"鲁昌平乡陬邑"；《列传》中的李耳，"楚苦县厉乡曲仁里"。

刘邦是汉朝的开国皇帝，地位至尊，可以理解；孔子是官方承认的"素王"，地位至尊，也可以理解；李耳呢？李耳是"老子"的化身，是"学《老子》者"的代表。

老子之"言"的背后，毕竟还有老子的真身在，将此篇传记列为第三篇，作为"老子"的化身，李耳反倒是沾了"老子"的光。

刘邦、孔子、李耳三人，一位在《本纪》、一位在《世家》、一位在《列传》，司马迁正是用这种详写户籍的手法，暗示三人都是"第一人"，具有同等历史地位。这不能不说是司马迁的聪明之处。

"世之学《老子》者则绌儒学，儒学亦绌《老子》。'道不同不相为谋'，岂谓是邪？"

儒学"绌"什么？"绌"的就是《老子》的经典地位。

"学《老子》者"尊《老子》为最高经典，儒者尊《诗》《书》等"六经"为最高经典，这就是所谓的"道不同"。然而，两套经典本身，真的"道不同""不相为谋"、甚至相互攻讦吗？答案是否定的。（详述见后）

《史记》全书三次明确记载孔子适周，向老子学习，从而证实了孔子与老子的师承关系，并且借孔子之口，赞之为"龙"，表达了对老子的称颂及崇敬之情。对孔子与老子的师承关系，既然儒、道两家最终也都承认，那么，两家又有什么好争的呢？

实质上，当世的庙堂之争，绝不是学术之争，而是仕途之争、名利之争；不相为谋的"道"，绝不是学术之"道"，而是仕途之"道"、为官之"道"，这样的现状、这样的作为，"岂谓是邪"，难道能说是对的吗！难道是老子、孔子所教导的吗？名利面前，能够不忘初心的又能有几人？

总之，《老子传》确实是一篇煞费苦心之作。

司马迁所处的时代背景，正值汉武帝的态度转变，"罢黜百家，表章《六经》"（《汉书·武帝纪》）的社会政治氛围，使得老子学说的核心部分，从显学渐退为隐学。

考虑到崇老、崇道的学术归属，以及因言获罪、劫后余生、奉旨记史的自身遭遇，也考虑到道德良心与职业操守之间的平衡，司马迁认为，采取"春秋"曲笔应该是记述"老子"的正确选择。

于是，司马迁只是将搜集到的有关老子的各种记载，如实写成这篇资料汇编式的《老子传》，留待读者去自行比较、判断。其中，极有可能并不包括李广家族提供的有关资料。

《老子传》中，既有大量相互矛盾的资料，也有司马迁的曲笔和故意漏出的破绽，还有后世有心人的有意改动，在没有新的证据之前，很难分清。

掩卷沉思，"谁是老子"真的那么重要吗？《老子》五千言是一个人写的、还是几个人写的，真的那么重要吗？能够让后人做到"校修《五经》之本末、《道德》之真伪，既明其意，而不见其人"（《新语·术事》），不是也很好吗？反正都是我们的老祖宗留下来的宝贵财富，我们好好继承发扬就是了，何必一定要见"其人"？

人事与经典相比较，最有价值的是《老子》这部经典，以及"老子"名下的各种"老子之言"。

第二章　春秋时期：从老聃之"言"
　　　　　到《道·德（老子）》

一、认识《老子》的几组时空坐标

1. 小楚墓里的大发现

公元1993年10月，湖北省荆门市郭店村发生了一件震惊中外学界的大事。

郭店村南有一座楚墓，小小的，在庞大的纪南古墓群中毫不起眼。小墓的封土早已被铲平，种上了庄稼。

一天，村民报告，有人盗墓，已经洞穿了木椁室的头箱。

荆门市博物馆得知后立刻派刘祖信等考古人员，对这座编为一号的小墓进行抢救性发掘。

铜鸟首杖、陶鼎、铜剑、带字耳杯、铜镜、木琴……没有什么新的发现，经验老到的考古人员略感失望。

"快看！"不知是谁喊了一句。东北角的淤泥里，露出一支竹片。

刘祖信的第一反应就是："小心，可能是竹简！"

人们的胃口，一下被吊了起来。

一支又一支竹简被取出、放妥。人们终于长舒一口气。

这真是"不幸中的万幸"。盗洞在头箱的南端，这堆竹简散落在东北角，得以幸存，重见天日。

对面前上百支有字的竹简，人们充满好奇与期待。

经过仔细清理，郭店一号楚墓中出土竹简804枚，有字的竹简就有730枚，内容都是先秦时期的文献，共18篇，多数文章，都是第一次面世。令人意想不到的是，其中竟有三组《老子》简书经文，后来学界称之为"简书《老子》三策"。

小楚墓里有了大发现，中国的学界，无意间获得了千年难遇的惊喜。

我们常说的古籍文献，如果细分，应该分为传世文献和出土文献两大类。传世文献在上千年的流传过程中，难免有后人传承有误之处，甚至删改、作伪，所以在学术研究时，传世文献只能算是间接证据。这些间接证据虽然很多，却是真真假假、虚虚实实、错综复杂，为后人对《老子》成书流变的研究，带来不少麻烦。

由此可知，出土文献弥足珍贵。

郭店一号楚墓，尤其是出土的简书《老子》三策，引起了人们极大的兴趣，越来越多的各界人士，从不同学科、不同角度纷纷加入研究的行列，探讨、争论至今乐此不疲。

人们首先关心的，就是墓主的下葬时期。因为对简书《老子》三策藏书年代的判断，需要的不仅仅是推测性的间接证据，更需要实物证据。

有人考证说，据《史记》记载，从公元前689年楚文王迁都于此，直到公元前278年，秦国大将白起攻打楚国，将郢都夷为平地，楚顷襄王被迫向北迁都，前后断断续续400余年，历经20余代君王。

有人补充说，在周代的诸侯国中，国都迁移最多的要属楚国。楚国究竟迁过几次都城，甚至史书都记载不清。其中最主要的、时间最长的都城，就是郢都，位置就在今天湖北江陵的古纪南城。

正是由于这种特定的历史原因，以纪南城为中心，不少楚国的王孙贵族死后均葬于此，以致春秋、战国时期的楚国墓葬群就有七片之多，仅在荆州龙山一地被列为国家重点文保单位的大型楚墓就有近500家。发现《老子》三策的郭店一号墓，就位于古纪南城南大约9公里处，它应该就是楚墓。

有人判断说，郭店墓中的楚简文字，字体笔法属于典型的楚国文字，具有楚国文字的特点，应该是秦始皇统一文字以前的六国文字之一。

有人分析说，从楚墓排队的序列、考古器物的分期、墓葬形制、随葬器物的楚文化特征判断，郭店一号墓都具有战国中期偏晚的楚墓特点，与那些公元前4世纪末期的楚墓相似，更与附近的包山二号墓的特点相近。

包山二号墓位于古纪南城北，墓中的简文明确记录，墓主是楚国左尹昭坨（本字为㢟），下葬于公元前316年。

于是有人推测说，如果以包山二号墓为参照，再以30年为一代，上下各推30年，郭店一号墓墓主下葬的时间，可能就在公元前346年至公元前286年，或者说，是在公元前316年左右。

还有人建议说，应该做"碳14"等科学检测，这样，对下葬时间的判断会更准确。

要为《老子》的成书，找到一个真实可信的时间基点或时间段，一直很难。简书《老子》三策，是我们目前所能亲见的最古老的原装抄本。

正是因为发现了这三策简书《老子》，终于可以为《老子》各集本的成书时期确定一个真实可信的时间坐标，丰富了中国古代哲学思想史。

现在，我们终于可以得出明确结论，以存于墓室的简书《老子》三策为实物证据，证明在公元前316年以前的很长一段时间，《老子》经文就已经广泛流传。所谓《老子》晚出的观点，不攻自破。

"竹简《老子》已经出现在战国中期，而且这个时候，《老子》肯定已经流行了一段时间。因为只有流行了，人们才能抄录它的一些内容来学习。这说明《老子》在春秋末年已经有了"（《道家文化研究·第十七辑》），张岱年先生的见解很中肯，也很有说服力。

古人"三十而立，四十而不惑，五十知天命"（《论语》），"卅而有家，五十而治天下"（《唐虞之道》）。

按照这个标准，老聃接手"修道德"，或当在公元前541年到公元前531年左右，老聃正值三四十岁。几年后，老子"修道德"初具规模，合情合理。

从简书《老子》三策向上推至老聃在世"修道德"，是《老子》一书实物证据的空白期，目前只能依据传世文献作间接性的了解和研究。

2."知'大道'"的楚昭王（《左传·哀公六年》《史记·楚世家·陈杞世家》）

公元前316年，前推200年，就是春秋末期的公元前516年。

还记得公元前516年"子朝奔楚"的故事吗？

王子朝既然是"奔楚"，而且简书《老子》三策又是出土于楚墓，这里就有必要再说说与之有关的楚昭王（约公元前523年—前489年）。上节提及的包山二号墓的墓主昭坨，正是楚昭王的直系后代。

公元前516年，楚平王郁郁而死，不满10岁的太子珍（壬）即位，就是楚昭王。

十余年的吴楚之战，楚国先后两次大败。到了公元前506年，吴国再次攻伐楚国，昭王被迫逃往随国，驻足近一年。

随国就是古代的曾国，始封国君叫南宫括，他跟随王子朝的内史南宫嚣，与随国贵族有着千丝万缕的联系。

公元前505年，王子朝被杀。同年，楚昭王复国，在随国等诸侯国的帮助下回到郢都（《左传·定公五年》）。近年出土的随州编钟上的铭文，忠实地记录了这段史实。

公元前504年，昭王决定迁都，从郢都向北，迁到鄀地（湖北宜城），仍称之为"郢"或"载郢"（《史记·楚世家》），以示不忘其旧。

公元前489年的春天，吴国攻打陈国，陈国向楚昭王求救。

楚昭王有病在身，依旧信守盟约，亲自率领楚国大军驻扎城父（河南许昌襄城县，一说安徽亳州城父镇），准备打仗。

昭王让卜筮人员预测战果，得出的结果是：战也不吉，退也不吉。

昭王想了想，激励众人说："那么，就让我们下定必死的决心吧。如果再被吴国打败，丢人现眼，生不如死；如果怯敌而不去援救陈国，背信弃义，同样生不如死。既然怎么都是死，只有誓死杀敌，才能闯出一条活路。"

两军对垒，楚军斗志昂扬，吴军见无机可乘，只好解围而去。

昭王终于松了一口气，只是，他的病情更加严重了。

军帐外，满天的红色云霞，就好像赤鸟一样在阳光下飞来飞去，一连三天，都是这种奇异景象。

楚昭王请来周太史，询问吉凶。

周太史说："这可是不吉之相啊，很可能应在大王您的身上。不过，如果举行除去凶灾的禜祭，就可以把灾害转移到令尹、司马他们的身上。"

大臣们一听，争相替昭王受害。

昭王不同意，说："一体相连，你们都是我的手足呀。你们想想，如果把内脏的病痛转移到手足上，又能怎么样？治好了内脏，却伤害了手足，到头来还不是伤在自身？我自认为，一生没有什么大过错，老天爷怎么忍心惩罚我呢？如果老天爷认为我有罪过，我就甘愿受罚，又何必躲躲闪闪呢？"

几天后，楚昭王病逝于军中，在位27年。

当初，昭王刚得病时，卜筮人员就曾预测说："大王的病因，是由于河神在作祟。"于是，大夫们请求祭祷黄河之神。

昭王不同意，说："能给楚人带来祸福的，是流经咱们境内的长江与汉水，如果需要祭祷的话，对象应该是它们。至于黄河之神，远在境外，我再怎么有错，也从没有得罪过它。"

孔子听到楚昭王的这些事迹，赞叹说："楚昭王知'大道'矣！其不失国也，宜哉！"云云。

楚昭王的故事，至少让我们得出三个判断。

第一，从随州的地理位置、历史渊源以及时间判断，当初，楚昭王与王子朝等人，一定有过密切交往。王子朝之所以突然被暗杀，也许就与此有关。

第二，楚昭王与周太史有过交集。这位周太史的观点偏"筮"，也许是来自王城，更可能是当初跟随王子朝出奔留在当地的原周太史。城父在南阳之北、王城之南，无论来自哪里，以其身份都有可能掌握老子的著作。

第三，"知'大道'"，《史记》作"通'大道'"，也就是说，楚昭王学习知晓老子有关"大道"的论述，融会贯通。

"大道"一词，是老子首创（《老子·18·53》），孔子最先公开使用。

什么是"大道"？

"有无相生"（《老子·2》），"三者不可至计，故混而为'一'"（《老子·14》），"字之曰'道'，吾强为之名曰'大'"（《老子·25》）。

"建之以常无有，主之以'大一'。"（《庄子·天下》）

"大道"就是"大一之道"，《庄子》对《老子》经文的浓缩表述，理解正确。

与前面的理由相对照，这里用在对楚昭王的评价上，"知'大道'"的意思极有可能是说楚昭王听过甚至读过老子有关"大道"的论述。

公元前489年，孔子62岁，老子正值82岁。

最后，就是在这一年，孔子正在陈蔡两国，楚昭王听说后，礼聘孔子前去讲学，却被反对者困于陈蔡之间，最终没能成行。（《史记·孔子世家》）

所以，孔子对楚昭王的好感可想而知；楚昭王的学习精神可想而知；楚昭王所通的"大道"，并非从孔子那里所"知"，也是可想而知。

还是老问题，王子朝当初带走的那一批周室典籍，最终花落何处？那一批周室典籍之中，究竟有没有老子的著作？跟随王子朝奔楚的那一批人里，究竟有没有老子在内？

楚昭王的故事，可能有助于解开这些谜团。

多事之秋，老聃不可能独善其身。政治观点既然秉持"执今之道，以御今之有"（《老子·14》），老聃即使不站在革新一方，也会保持中立。

较为合理的解释，就是老子并没有跟随王子朝出奔，因为王子朝的支持者，主要是"旧官、百工之丧职秩者"，老聃不当在"丧职秩者"之列。

但是，南阳地区是老子往返家乡沛地的必经之处，王子朝等人定居南阳地区多年，老子也许常与他们中的某些故交保持联系，有所交流，如老子之与关尹一样，这一点也不能排除。

王子朝带走的那批周室典籍中，老聃之"言"极有可能也在其中，甚至已粗成《道·德（老子）》之规模，否则，就很难解释偏远的古楚之地为什么会有简书《老子》三策与两部帛书《老子》的存在。

如果说，公元前489年、公元前516年老子的著述已经存在，那么，还有没有其他佐证呢？

3. "天道"与"人道"合论的郑子产 （《左传·昭公十七年·昭公十八年·昭公二十年》）

公元前524年的冬天，彗星在大火星（心宿二）的旁边出现，光芒西达银河。

几位星象学家聚到一起，运用占星术的原理研究这一异常天象。众人经过一番分析，得出一致的结论。

申须说："看这天象，诸侯各国恐怕会有火灾吧？"

鲁国的梓慎说："应该在三个月之后，到时，大火星运行到的地方将要发生火灾，肯定会波及四个诸侯国，用天象推算，恐怕就是宋、卫、陈、郑四国吧？”

郑国的裨灶听说后，便对郑国的执政者子产说：“宋、卫、陈、郑四国将要在同一天发生火灾。如果让我用公室所藏的宝器来禳祭，咱们郑国一定可以避免这场大灾难。”

子产认为裨灶危言耸听，没有答应他的请求。

第二年的夏天，大火星开始在黄昏出现。一连几天，东北风越刮越大，火灾终于发生，据说烧死好几十万人。

裨灶说：“让我不幸言中了吧？再不采纳我的意见，郑国还会发生第二次大火灾。”

郑国上下很害怕，纷纷恳求子产，一定要采纳裨灶的意见。

子产还是不同意。

子大叔是子产的接班人，当时还不太精通治国之道，平时又对裨灶很敬佩，这时便忍不住向子产请教，说：“宝物不是用来保佑百姓的吗？如果发生火灾，郑国将要受到非常大的损失，甚至会导致亡国呀。既然裨灶可以挽救危局，您又为什么舍不得这些宝物呢？”

子产开导他，说：“天道远，人道迩，非所及也，何以知之？灶焉知天道？是亦多言矣，岂不或信？”

天道深奥幽远，人道通俗浅近，如果不将“天道”与“人道”相比较，又怎么会精通“天道”与“人道”以及二者之间的关系？再者说，单襄公曾经说过，“吾非瞽史，焉知天道”（《国语·单襄公论晋有乱》）？裨灶是什么身份，在这种场合，怎么可以一再彰显自己、奢谈天道？裨灶这个人，不过是喜欢预测、爱发议论罢了，说得多了，哪能不让他蒙对一两次？

正所谓“不当家不知柴米贵”。

子产深知，人定胜天、天定胜人，遇到天灾，稳定民心、互助自救才是最重要的。

子产最终还是没有按裨灶所说的办，郑国后来也没有如裨灶所说，再发生火灾。裨灶的预测，一对一错，归零。

事后看来，子产当时所采取的应灾措施井井有条，处理得当，最大限度减少了损失。难怪两年后子产去世时，孔子流下眼泪，称赞他是“古之遗爱也”。

顺便说一句，对比孔子相隔数十年的两次评价，一次“遗爱”，一次“通大道”，可以明确看出孔子思想从“德”向“道”的演变过程。

“天道”与“人道”，是《老子》中常用的一对哲学术语，“天道”与“人道”合论，二而一，是老子首创，子产最先公开使用，或者说，这种“天道”与“人道”合论、相对而言的用法，至少在当时已经开始出现。

公元前524年，老子正值47岁。

4."天子失官，学在四夷"对孔子的启示（《左传·昭公十七年》《孔子家语》）

公元前524年的秋天，郯国的国君到鲁国朝见，鲁昭公盛情宴请郯子。

宴席上，鲁昭公向郯子求教，问道："古代的少皞氏，为什么要用鸟的名字命名百官呢？"

郯子回答说："少皞氏是我的祖先，这件事我清楚。"

于是，郯子仔细讲解了古代官制的来龙去脉。

孔子那时才27岁，听说后立刻求见郯子，向他学习古代典章制度方面的学问。

后来，孔子对人感叹说："'天子失官，学在四夷'，我听说，本来属于王室掌握的官学典籍，一旦流散，并不会消亡，在四方边远小国那里还可以学到。看来，这话还是可信的。"

孔子这里所说的"学"，主要指的就是教育。

孔子"天子失官，学在四夷"的感慨，说明了什么？时代发展，世代交替，从来都是天下大势。

"普天之下，莫非王土；率土之滨，莫非王臣"（《诗经·小雅·北山》）。学在官守，私门无书。官舍、官学、官书、教官、贵族子弟，构成唯一的国家文化教育体系。

周平王即位后的第二年，也就是公元前770年，周朝国都由镐（陕西西安西南）东迁到洛邑（河南洛阳），开始了东周的历史。

由于种种原因，东周王室需要依赖诸侯国的保护，同时，周王室又先后发生了多起争夺王位的事件，"子颓之乱""子突之乱""子朝之乱"，以致周天子的王权不断衰落。

私家势力逐渐壮大，政治权力结构重心转移，"天子失官""政在私门"，王室、公室陆续失其官守，导致中央王朝专属的中华文化一次又一次大扩散。

大扩散的结果，就是周王室的一些文化官吏失去世袭的职守，不断流落到社会各地寻找各自新的归宿，成为历史上第一批专靠教授文化知识糊口的在野"儒士"，促使私学的兴起。开办私学，正是他们的优选手段之一。

同时，原本专有的文书典籍也大量流散，造成学术上的朝野多元化，为文化学术向民间扩展提供了条件与空间。

从此，由特定官吏世袭职守而独有的图书典籍，不再为官家所垄断，民间终于可以接触到史家的经典古籍，开始有了拥有权和解释权。

从中央到地方，从官府到民间，从"学在官守，私门无书"到"政入私家，学在四夷"，再到"礼失而求诸野"（《汉书·艺文志》），后人称之为"文化下移"或"学术下移"。

"学""书""师"，从此再也不是官学的专利，"官有其器，而民无器""惟官有书，而民无书""惟官有学，而民无学"的时代，一去不复返了。

既然意识到从"学在官府"到"学在四夷"已是大势所趋，孔子最终退出仕途，专心开办私学，成为一名职业教育家。

有人说，私学始于孔子。其实不然，在他之前，私学就已经兴起了。

比如，"子产不毁乡校"（《左传·襄公三十一年》）的故事，至今为人津津乐道，被选入中学课文。这件事发生在公元前542年。这所乡校公学，已经具备了私学的性质、特征与功能。

孔子是从什么时候开办私学的？

考证《左传》中的两则史料可以判断，孔子授徒讲学，应该是在其30岁左右，"三十而立"，正当其时。

其一，公元前521年，有位名叫琴张（琴牢）的人，准备参加好朋友宗鲁的吊唁活动，被孔子所阻止（《左传·昭公二十年》）。据《孔子家语·七十二弟子解》与《孟子·尽心下》记载，琴张是孔子的弟子，很可能这时已进入孔子的私学学习，当时孔子应该是30岁。

其二，当年，鲁国的司空孟僖子（？—公元前518年）随同鲁昭公出访楚国，一路上，所到各国都不能用"礼"来处理外交事务。孟僖子深以为耻，于是发奋向懂"礼"的人学习"周礼"。

到了公元前518年，孟僖子临死时，嘱咐他的儿子孟懿子与南宫敬叔，一定要师事"达人"孔子，侍从学"礼"。（《左传·昭公七年》《史记·孔子世家》）

由此可见，孔子设教授徒，33岁时就被称为"达人"，已经有了相当高的声誉和成就。

孔子开办私学，他的学生，在朝在野的、各行各业的都有，用他的话说，就是"有教无类"（《论语·卫灵公》）。

孔子使用的教材，采取的是官方的经典与教材。这些经典与教材，浩如烟海、内容庞杂。

孔子主要从六种古代经典文书，也就是"诗、书、礼、乐、易、春秋"中，选取、整理、批注了部分文章，写出讲义和心得，教授给学生，逐步建立起自己的教学体系和教学风格，用他的话说，就是"克己复礼为'仁'"（《论语·颜渊》），"述而不作，信而好古"（《论语·述而》）。这些讲义，后世最终升格，成为供后人修习的"素王"之经典。

这六种古代经典文书，后人称之为"六经"，其中需要多说一句的是"春秋"。

一般认为，《春秋》是鲁国的史书，由史官撰写。其实，按《墨子》所说，各诸侯国的史书，都叫做《春秋》。

《孟子·滕文公下》："孔子惧，作《春秋》。""孔子成《春秋》，而乱臣贼子惧。"

后人所谓《春秋》是孔子所著作，是对《孟子》的"作"与"成"字义的误读。作，意为治也，修治之义。成，意为定也，删定之义。

当时所谓的"孔子之学"，还只是"教学"之学，而非"学问"之学、"学术"之学、"学派"之学。

由于孔子开办私学时间最长、规模最大，对中国教育的贡献最多，对后世的影响最深远，因而也就最具代表性。

"私学"教什么？谁来教？谁来学？在哪儿教？在哪儿学？都是新时代的新课题。

当时的国学与私学，如同今天的大学，只是官办、民办之分，作为教材的"书"，基本上是一样的，而且教师也是可以兼职的。

有人说，"战国前无私书"，武断了些，需要提供佐证。

公元前549年，孔丘才3岁，朝野就已经有了"三立"之说。"太上有立德，其次有立功，其次有立言"。

公元前549年，正是处在正统的礼乐开始松动崩坏的时间段，所以说，"三立"之中的"立言"之说，应该既有职务行为之"言"，也一定出现了私家之代"言"。

任何新生事物的出现，都会先有一个准备过程与草创阶段。

官学所培养的人才，无论是数量、还是质量，都远远不能满足时代的要求，于是，私学应运而生，最终形成私学盛行、学术百家争鸣的局面。

私书的产生，很可能首先是由公书（官书）流传、转换身份而来，其次才是私家新著。

最早的私书，大都是对公书的解读与注说，依附于公书而存在。

正如《韩非子·外储说左上》中所说，"说在宋人之解《书》，与梁人之读《记》也。故先王有'郢书'，而后世多'燕说'"。

至于最终成为一家之言，成为真正意义上的私书，也是很久以后的事了。

有官学，则必有官书、官师相互配套；有私学，则必有私书、私师相互配套。

于是，我们可以得出一个合乎常理的判断：在对国家体制（"礼"制）有着严格界定的时代，私学与私书的存在、确切说是合法存在，几乎是不可能的。

当时的政治土壤不会允许私学与私书的生存；只有到了"礼崩乐坏"的革新时代，才给了私学与私书兴起的机缘。

在公学与私学、公书与私书之间，必定会有一个"公器私用"的过渡阶段。

就是说，作为"公器"之一的"公书"，逐渐从史官的手中转移到臣下、四夷，甚至学士先生们的手中，为"私"所用，否则，历史的光谱就要缺失一条。

本来属于王室秘府、少为外界所知的老聃之"言"，正是出现于这个阶段，应该就在这些下移的"公书""秘书"之中。

总之，"政入私门"，直接导致权力的分散与转移，进而导致人才的需求与集中。"学术下移"，直接导致文化的扩散，进而导致文化的普及。

"政入私门"与"学术下移"的结果，使得用人原则从"亲亲"到"贤贤"的转变，顺理成章；而官学与私学、官书与私书相辅相成，正符合老子学说"二而一"的"大一之道"，终于成就了中华民族人才资源的第一次大爆发、思想个性的第一次大解放、文化知识的第一次大爆炸，为中华民族千秋万代的精英治国之路提供了范本与途径。

以上这些事例，为我们提供了认识《老子》的几组相对确切的时空坐标，逻辑链合理、连贯。

5."领校秘书"的刘向父子

作为变量，最后，我们还要再认识一对父子，因为很多先秦古籍都与他们有直接关系，他们就是西汉后期的刘向与刘歆父子。

公元前221年，秦始皇统一中国，大中华终于实现了大一统。

为了统一思想，秦始皇采纳了荀子的弟子、丞相李斯的建议，立"挟书之法"，对战国后期学术文化的"真伪纷争""纷然淆乱"的局面拨乱反正，甚至矫枉过正。

对文化教育加强管理，其直接结果，就是秦法所规定的诸多禁书在民间的公开场合几乎绝迹。

汉初，"黄老"之学盛行，在文化复兴上，官府"广开献书之路"，收集了大量散落到民间、私家的古籍甚至残篇，五经、诸子、传说应有尽有。

鉴于很多都是"书缺简脱"，需要下大气力整理，所以汉武帝下令，制定了"藏书之策"，设置了"写书之官"，修建了"秘府"，先对所有书籍，包括既有的、已收集的、正在收集的，统统做了有效管理。

到了汉成帝即位，一方面继续"求遗书于天下"，一方面打算组成强而有力的校书班子，系统整理这些宝贵的文化遗产。

谁最适合担此重任呢？汉成帝想到了皇族中的长辈刘向。

刘向（公元前77年—前5年），原名更生，是汉高祖刘邦的异母少弟、楚元王刘交的四世孙。

刘向家学渊源，父亲刘德"修黄老术"，"常持《老子》知足之计"，被汉武帝赞为"千里驹"。

刘向12岁就当上了"辇郎"。幼年时代，刘向从父亲那里看到一本专讲神仙方术的奇书，是父亲审理淮南王案时得来的，刘向一下子就迷上了，甚至向汉宣帝推荐，按照书上所说的方法冶炼黄金以充国库，结果浪费了很多钱财，以失败收场。刘向为此蹲了大狱，父亲与兄长也受到连累。

刘向最终死里逃生。他因祸得福，其聪明好学以及忠于皇室的作为，给人留下了深刻印象。

成年后，刘向钻研《易经》，后又受命专攻《谷梁春秋》。公元前51年（宣帝甘露三年），刘向有幸参加朝廷举办的《五经》研讨辩论会。会上，刘向高谈阔论，阐述见解，积极参与各项学术专题，研究今文经学，历数神仙方术之事，甚至文辞赋颂，无所不能。

汉成帝重视教育，更重视师资，即位以后，广召人才，"充博士位"。

汉成帝认为，"儒林之官"之所以称为"博士"，是因为他们"明于古今，温故知新，通达国体"，所以一定要有真才实学，"否则学者无述焉，为下所轻"，让人看不起。

于是，刘向作《洪范五行传论》，细数历代的灾异祸福，比类占验，献给成帝，深得赏识。

刘向潜心学术，又作《说老子》，对老子学说深入研究，自成一家。

几十年的砥砺，使刘向对儒、道以及诸子之学多有所得，终成西汉著名的经学家、目录学家、文学家。

校对"秘书"的工作，非同小可，既要博学洽闻、学风正派，又要不失"秘书"之真，更要维护皇家的威权，刘向正是领导校书班子的最佳人选。

《刘向传》中，多言"诏向领校中《五经》秘书""受诏与父向领校秘书""校秘书""共校经传"等。

这里需要特别解释一下："中"者，"宫中秘室"之谓，或称"中秘"。"中书"或称"中秘书"，或称"秘书"，就是"宫中秘室所藏之书"。

公元前26年（成帝河平三年），由光禄大夫刘向总负责，儿子刘歆协助，对这些"藏于秘府，伏而未发"的群书，正式开始一一校对整理，前后持续了20余年。

刘向享年72岁，"卒后十三岁而王氏代汉"。

刘向死后，儿子刘歆（公元前50年—公元23年）接班领导，终于完成这一历史伟业。

刘歆多年跟随父亲左右，学识不亚于乃父，王莽篡汉称帝，刘歆就是他的国师。

关于两父子的事迹，在《汉书》的《成帝纪》《刘向传（楚元王传）》以及

《五行志》《艺文志》(简称《汉志》)中，都有详细记载。

群书总称"七略"，也就是七大类别，计有 13 269 卷。如果按形式区分，"七略"又可以分成三大类，即检校、辑录与编著。

所谓"检校"，就是将相关专著的各种古籍版本放到一起校对、整理、勘定，如《左传》《仪礼》《管子》《文子》《列子》《荀子》等。

所谓"辑录"，就是按内容将一些残篇汇集到一起，校对、整理、勘定后成为一部新的古籍专著；如《国语》《战国策》等。

《战国策》是将战国时期各国游士的策谋集中辑录，汇编成书(刘向《战国策序奏》)。

所谓"编著"，班固称之为"序"和"著"，就是从宫中秘藏的先秦典籍中辑录编写的历史资料集，如《汉志》所说的"刘向所序六十七篇，《新序》《说苑》《世说》《列女传颂图》是也"；"采传记、行事，著《新序》《说苑》凡五十篇"(《说苑校证·说苑序奏》)。

其中，《新序》主要有两个来源，其一，"来源于《左传》《公羊传》《谷梁传》《晏子》《庄子》《荀子》《韩非子》《吕氏春秋》《韩诗外传》《国语》《战国策》《史记》等百家传记"，其二，"不少故事的结尾部分，有刘向所加的按语式文字，系原本诸书所无"(《新序校释·整理说明》)。

《说苑》的内容有三个来源：中秘之书(皇家所藏之书)，刘向所藏之书，民间所藏之书。《说苑》所选取的事迹，以"说话"为主，多为对话体，颇具故事性。也正因为如此，某些事迹中难免会掺有虚构成分，但属旁枝末节，于主干无亏。

用古人的得失成败作为镜鉴，是臣下上书言事所常用的方式之一，所以说，刘向编著这些类书的目的，是在"条别篇目"的同时借古喻今、古为今用，"言得失、陈法戒"，"助观览、补遗缺"，"以戒天子"，所以大多重"故事"而轻"史实"，考据不是重点，以致很多史实中的破绽显而易见，所以宋代的曾巩说，"令读其书者，知考而择之也"(《说苑校证·说苑序》)。这在后面的具体章节中会分别详细论述。

总之，我们引用考证先秦古籍时，这些变量因素一定要考虑在内。

老聃的时代，王室之外最早向老聃求教学习的，都是些什么人？

对目前所掌握的文史古籍资料，经过比较分析我们找出了四位与老子有关的、相对的"第一人"，叔向、孔子、关尹子、文子。

二、第一位引用老子之"言"的人士：叔向

1."政入私门"的变局与公室老臣叔向的困局

公元前 544 年，吴国的贤臣、公子季札周游列国，纵览天下大势。(《左

传·襄公二十九年》）

　　一路上，季札仔细考察了各个诸侯国的方方面面，拜访了很多重臣，对时局有了"政将在家"的惊人判断。

　　32岁的公子季札与年近七十的晋国老臣叔向是忘年交，无话不谈。

　　离开晋国之前，季札告诫叔向说："风云变幻，您一定要多加保重呀！看样子，你们晋国的政权，快要落入富有的'私家'大臣们的手中了。您为人太过率直，一定要仔细想想，如何才能自免于难。"

　　季札语重心长，叔向感触良多。

　　回想自己年轻时，晋国的君主还能牢牢掌控政权。君主用人得当，"类能而使之"，上上下下，各司其职，各负其责，"大夫不失守，其士竞于教"（《左传·襄公九年》），一切秩序井然，即使秦、楚等强国，也不能与晋国争短长。

　　然而，"祸兮福之所倚，福兮祸之所伏，孰知其极"（《老子·58》）？

　　谁能想得到，短短四十几年间，世道竟然发生了如此翻天覆地的变化。

　　公室大权旁落不止，身为公族一员的叔向，早已感到力不从心，暗伤唏嘘。

　　五年后，齐国的贤臣晏子出使晋国，老友叔向负责接待。（《左传·昭公三年》）

　　公事之余，叔向与晏子交换对时局的看法。

　　叔向问道："如今的齐国是个什么局面？"

　　晏子一声长叹，说："公室由盛转衰，已经到了'季世'了，最终是个什么结局，我也不知道。"

　　听了晏子的详细介绍，叔向深有同感，说："一点儿都不错，我国的公室，还不是同一番末代景象。"

　　叔向又说："'政在家门，民无所依'，公室当权者不知大限将至，依旧骄奢淫逸，离败亡又能有多远呢！"

　　最后，晏子问叔向："您既然是公族中的一员，那您打算怎么办呢？"

　　叔向慨叹说："唉，晋国的公族就要走到尽头了。我听说过，公室失去自己尊贵地位之前，它所属的宗族就会像枝叶一样纷纷脱落，公室这棵大树，跟着也就最终凋零了。

　　"我这一宗，有11支家族，如今只剩下羊舌氏这一支还在苟且而已。我呢，也没有个好儿子来继承我的德行。

　　"如今，公室没有任何补救的办法可行。为了维护这棵大树，我自己只能尽力而为，能够得到善终，就已经很侥幸了，难道还能指望我这一门香火不绝吗？"

　　可想而知，两位老臣的交谈，既忧国、又忧民，既沉重、又无奈。

"政在私门"的现象，同样发生在鲁国。季平子身为鲁国的正卿，却时常干出不合礼法的行为。

"八佾"是天子才有资格使用的舞蹈规格，"旅"是国君才有资格使用的祭礼，季平子却明目张胆地"八佾舞于庭"，"旅于泰山"，他的这些僭越行为，让孔子十分愤怒，直言"士可忍也，孰不可忍也"（《论语·八佾》）。

在《左传》里，诸如"政在大夫""政在侈家""晋政多门""怠礼失政，失政不立，是以乱也"等用语，频频出现。

如此看来，历史已经走进大变革的时代。

春秋时期，随着诸侯国的势力越来越大，周天子几乎成了虚位之君。

到了春秋中后期，各路诸侯也渐渐大权旁落，国家的实权与人、财、物，开始转移到少数"私家"公卿大臣的手上。

从"大夫不失守"到"政将在家"，再到"政入私门"，以及几次大规模的"学术下移"，是春秋战国时期的大势之所趋、历史之必然。

面对公族向私家交权的现实，让很多士大夫不知向谁效忠才好。

2. 什么是"士"

本来，周朝的等级制度是这样的：天子—诸侯—卿—大夫—士。

天子是天下的共主，是所有臣下效忠的对象。

诸侯由天子分封建国，既是天子的臣下，又是诸侯国的国君，是卿、大夫、士效忠的对象。

天子的宗族，称之为"王室"或"王族"，很多诸侯都是王室中的一员。

诸侯国君的宗族，又称之为"国族"或"公族"，很多卿、大夫的宗族，既是公族中的一员，同时又可以独立祭祀，称之为"卿族""家族"或"私家"。

这就是"国家"一词的由来及其政治意涵。

一般情况下，周天子以嫡长子的身份为"王"，众兄弟为"诸侯"。

诸侯也是以嫡长子继位，众兄弟为"大夫"。

诸大夫同样是以嫡长子继位，众兄弟为"士"。

"士"，最早是对青壮年男子的通称，如《诗经·郑风·女曰鸡鸣》："女曰'鸡鸣'，士曰'昧旦'。"

"士"曾经是古代诸侯属下的一个官阶，是统治阶级中的一个等级，如《礼记·王制》："王者之制禄爵：公、侯、伯、子、男凡五等。诸侯之上大夫卿、下大夫、上士、中士、下士，凡五等。"这里的"士"，指的就是周代官僚体制中的中级、低级职位。

与夏、商两代不同的是，周代开始多了一个中间阶层，也就是以"四民"

百姓为代表的平民阶层。"四民"指士、农、工、商，其中的"士"，既是低级贵族，又是"四民"之首，也就是说，"士"若被授予官职，就是士大夫；没有官职，就是士庶、百姓。

由于贵族人士在朝、在野的身份转换得很频繁，所以实际上，无论哪一级的贵族，只要是在野的，都可以称之为"士"。

平民阶层的子弟，也可以接受官学教育，所以，"士"又是没有官职的读书人的称谓，今天多叫做知识分子。

总之，"士"是一个很特殊的阶层，成分复杂，称谓的使用也很宽泛，在朝、在野，都可以称"士"。或者说，在朝时称"官"、在野时称"士"，"士"是"官"的备胎。

一部国家机器，既需要大量的主官，更需要大量的办事人员。这些办事人员，主要就是由"士"来担任。

所以，《说文解字》解释说，"士，事也"，用的就是引申义。

当初公子季札周游列国时，对时局的大变革提出"君子务在择人"的建议，正是季札看到"士"的重要性。

什么最重要？人才最重要。

"私家"当政，就是对权力的占有。对权力的争夺，首先是对人才的争夺。

人有所需，必有所求。

于是，勇于改革的人才，成了稀缺资源；对人才的培养，尤其是对改革人才的培养，也成了当务之急。饱学之"士"，游走于各诸侯国之间，炙手可热。

如果以公元前544年季札与叔向议论"政将在家"之时为两个时代转折的起点，其时，老聃正值27岁。

按常理，老聃已经可以担任史官之职，学术上也当有所建树。事实也的确如此，传世文献中，叔向就是第一位证人。

3. 叔向与老聃之"言"

叔向的生卒年代，史书记载不详，只能靠推测，按他自己的说法，至少活了80岁，算得上是一位老寿星。

以80岁为其寿命的下限，保守估计，叔向的年龄应该比老聃大了近30岁，比孔子大了近50岁，老聃与孔丘都是他的晚辈。

叔向是春秋时期晋国的一位著名历史人物，复姓羊舌，名肸，字叔向，又称作叔肸、杨肸，是晋国的公族。

叔向历任晋国的上大夫、太傅，与晋国的执政重臣赵文子、韩宣子等人，共事近50年，历事晋悼公、晋平公、晋昭公三代君主。

在目前所能见到的古籍文献中，直接引用《老子》经文的古人很多，第一则事例记在了叔向的名下。

认为叔向是第一位明确引用"老聃之'言'"的人，是基于《说苑·敬慎》中的一条史料。这条史料是这么记载的：

晋国的韩（平）子向叔向讨教，问道："刚与柔比较，哪个坚硬？"

叔向回答说："你看，我已经八十岁了，牙齿一再脱落，可是我的舌头仍然存在。

"记得老聃说过，'天下最柔弱的东西，会在天下最坚硬的东西中随便穿梭。水滴石穿'（《老子·43》）。

"老聃还说过，'人一生下来，身体是柔弱的，一旦死去，身体就会变得僵硬；万物中的草木，初生时也都是脆弱的，一旦死了以后，就会干枯。由此看来，坚硬之属的前途是尽路，快到尽头了；柔弱之属的前途是进路，前途无量'（《老子·76》）。

"老聃的意思就是说，有生命力的事物，即使毁掉也会恢复；没有生命力的事物，一旦残破就会灭亡。我因此知道了'柔之属'比'刚之属'要坚强的道理。"

韩子点点头，说："好啊！既然如此，那么您的行为准备按哪一类属性去做呢？"

叔向回答，说："我当然也是主张'柔'，怎么会主张'刚'呢？"

韩子又问："'柔'的东西，难道不怕'脆'吗？"

叔向说："'柔'的东西，即使随意扭曲，也不会折断，即使有棱有角，也不会残缺，怎么谈得上'脆'呢？

"'二而一'之道的运用，往往是二者之中'小'的一方最终取得主导地位，这是客观规律。所以说，两军对阵，如果实力相当，大多是'柔'的一方获胜；对手争夺利益，大多是'弱'的一方最终得利。

"再者说，《易经》的谦卦有这么四句解释：'天道的规律，是亏损自满者、补益谦虚者；地道的规律，是变易自满者、充实谦虚者；鬼神的规律，是威害自满者、施福谦虚者；人道的规律，是憎恶自满者、喜爱谦虚者。'只要常怀谦虚退让之心、居损余不足之位、处柔弱微小之势，就会得到'四道'的相助，又有什么是做不到的呢？"

听完叔向的这番话，韩子频频点头称善。

很多学者对《说苑·敬慎》的这条资料并不太重视，认为是刘向的托古之言。

其实不然，既然刘向是以皇族的身份，奉旨率领众多臣工完成这一浩大的国家工程，就很难有弄虚作假的空间。

1973年，河北定县40号汉墓出土了一批竹简，其中有先秦古籍《儒家者言》，许多内容见于《说苑》，足以说明，《说苑》很多内容真实可信。

然而，这条史料的内容有没有可疑之处、可议之处呢？有。

比如，"韩平子问叔向"的合理性。

韩平子是谁？韩平子是晋国正卿韩宣子韩起的儿子韩须。

叔向晚年，一直与当权者韩宣子（？—公元前514年）合作。韩宣子执政27年。叔向死后13年，韩宣子才去世，由他的儿子韩平子接掌执政。平子在位不到一年便去世了，由简子即位。

既然如此，叔向与韩平子对话，合理吗？其时，韩宣子尚在世，韩须不是尚未称之为"韩平子"吗？

如前所说，《说苑》所选取的事迹，颇具故事性，难免会掺有虚构成分，所以要"知考而择之"。

在《说苑》中，提及晋平公的资料有11条之多，近一半是与叔向对谈，而提及韩平子的仅此一处；再从谈话内容分析，不能排除"韩平子"很可能是"晋平公"之误。

《太平御览》中，也曾引用过《说苑》的这条史料，不同之处，就是写为"韩子问叔向曰"（《太平御览·人事·舌》）。

相较之下，"韩平子"或是"韩子"之误，代指他的父亲"韩宣子"似更合理。

至于那段《易·谦·彖》，《说苑·敬慎》中出现两次，一次由周公引用，一次由叔向引用，史实的可信度明显不高，很可能是学者的演绎。

不过，所谓"四道"，即天道、地道、鬼神、人道，与老子学说相合（《老子·25》）。称"鬼神"而不称之为"鬼道"，也说明这条释卦之辞不是晚出。

总之，虽说《说苑》提供的这条史料内容疑点重重，但是，既然是与叔向这个人挂上钩，而不是别的古人，似乎也并非空穴来风、无中生有。

毕竟与后面要说的关尹、文子不同，历史上确有叔向其人，而且与老聃、孔子同时代。

对叔向的最后记载，见于《左传·鲁哀公十七年》："冬十月，晋复伐卫，入其郛。将入城，简子曰：'止。叔向有言曰，怙乱灭国者无后。'"

"叔向有'言'"，可见叔向也留下了自己的著作。据《韩非子》说，晋平公敬重叔向，坐得腿痛脚麻也不敢违礼，于是晋国"辞仕托慕"叔向，依附叔向，跟他学习的人，竟然占到晋国官员的一半（《外储说左上》）。

《说苑·敬慎》中的这条事迹，以及其他几条与叔向有关的史料，很可能都与叔向的遗作有关。

所以，从叔向的身上入手，仔仔细细地研究研究叔向这个人，看看是否有所发现、有所突破，倒也不失为一种尝试。

4. 从叔向的事迹看老子生活的时代背景

有关叔向的生平事迹，除了《说苑》之外，我们主要从《左传》《国语》《韩非子》《史记》中，汇集了有关叔向其人其事的史料60余则，对叔向这个人有了一个比较全面的认识。

根据对诸条史料的分析研究，进而对老子学说的产生背景、《老子》五千言的成书过程，也有了一个较为清晰的时空判断，有了一个较为清晰的轮廓与认知。

《左传》对叔向的记载首见于《鲁襄公十一年》："晋侯使叔肸告于诸侯。"

公元前558年，50岁左右的叔向，继续担任晋平公（公元前557—532年）的太傅（《左传·襄公十六年》），在晋平公姬彪还是太子的时候，叔向就已经是他的师傅了。

太傅位列三公，始于西周，位尊职虚，是君王及太子的辅佐大臣与老师，掌管礼法的制定与颁行，处于核心位置，是天子统治天下的高级代言人。

叔向究竟凭借什么资格担任如此重任呢？在《国语·司马侯荐叔向》中有明确的答案。

当初，年仅29岁的晋悼公（公元前573—前558年）与大臣司马侯一起登上高台眺望。

晋悼公说："你让我开阔眼界，真是快乐啊！"

司马侯说："哪里？享受居高临下、眺望景色的快乐，的确是快乐。不过，'德义'带来的快乐，却还说不上。"

悼公问道："什么叫做'德义'？"

司马侯说："天天在国君的旁边，帮助国君行善戒恶，这就叫'德义'。"

悼公追问："谁能做到呢？"

司马侯说："叔向精通史书典籍，他能。"

于是，晋悼公召见了叔向，叫他辅导太子姬彪，做他的老师。

由此可见，熟读历史、习于"春秋"，尤其是其中有关"德义"的典籍，正是叔向的特长。

还有一点值得注意，就是推荐叔向的人，名字叫做司马侯。

据司马迁自述，他的祖先司马氏，"世典周史，惠、襄之间（公元前676—前619年），司马氏去周适晋"。

那么，这位司马侯是否就是"世典周史"的周太史司马氏之后？如果是的话，那就更加证明，叔向与"习于'春秋'"的司马世家，有着非同一般的亲密关系。

不仅如此，向家老、耆老以及史官等人征求意见，也是叔向的多年习惯。

在《国语·羊舌胖聘于周》里，叔向对"单之'老'"也曾提及，"昔史佚有言曰：'动莫若敬，居莫若俭，德莫若让，事莫若咨'"，借"史佚之言"夸赞单子的盛德，可见叔向对史官们的著述同样深感兴趣，因为这也是太傅职责的一部分。

以上事例相互印证，不难看出，叔向能够接触到同样身为史官的老聃之"言"，并且研修不辍、加以引用，也就在情理之中了。

《左传》中最后一次记载叔向的生前活动，是在《鲁昭公十五年》。

公元前527年12月，晋国派使臣到成周，参加安葬穆后的葬礼，大臣荀跞担任正使，籍谈担任副使。

葬礼完毕，周景王立刻宴请晋国使臣。

宴席上，景王举着鲁国进贡的酒壶，问道："无论同姓还是异姓诸侯，参加葬礼都带来贡品，为什么唯独晋国没有呢？"

荀跞不知如何回答，便请籍谈回答。

籍谈的回答很勉强，结果让景王好一顿驳斥。最后，景王又指桑骂槐，借籍谈世掌典籍的出身，嘲笑籍谈是个"数典忘祖"之人，同时也讥讽晋国数典忘祖。

籍谈回国后，把这件事告诉了叔向。

率直的叔向说："大王恐怕不得善终呀。"

叔向认为，国家一年当中有两次国丧，这才是最值得担忧的。守丧三年是周礼，大王不遵守倒也罢了，国丧刚刚结束，大王就又是宾宴，又是索礼，这是"非礼"。

"言以考典，典以志经，忘经而多言举典，将焉用之"？比"数典忘祖"更可怕的，是"数典忘经"。

叔向不幸而言中，七年后，周王室爆发了"子朝之乱"。

籍谈是在该年12月赴成周参加葬礼的，也许是当月即归，也许是第二年才归。按时间推算，无论籍谈是当月回国还是之后回国，都应该是公元前526年的事了。

《国语》中，最后一次记载叔向的生前活动是在《叔向对赵简子》一文。赵简子就是赵鞅。

公元前525年，年轻的赵鞅代父上朝，担任晋国六卿之末的下军佐一职。

赵鞅说："鲁国的孟献子有五位勇士辅佐，我怎么连一位也没有呢？"

叔向打趣说："那有什么难的。你现在是不想要，要是想要，我老头子正等着给你当勇士呢。"

虽说叔向说的只是一句玩笑话，但更可见他对赵简子的爱护与器重。

这段对话，可能发生在赵简子担任下军佐之初，更可能发生在赵简子即将担任下军佐之前，所以叔向才有了"子不欲也"的说法，不在其位，不谋其政嘛。

一老一少，一个是年轻气盛、意气风发、摩拳擦掌、求贤若渴；一个是垂暮之年、老当益壮、谈吐风趣、舐犊情深，以致叔向死后多年，赵简子还念念不忘叔向的教诲。

值得注意的，也正是这位赵简子，曾经在公元前510年向晋国太史史墨讨教。

史墨有"物生有两，有三，……"之言、"各有配耦"（《左传·昭公三十二年》）之说，间接证明，引数字为术语，入哲学之表述，其时已见，绝非偶然。

由此可证，老聃之"大道"，此时已具雏形，老聃的哲学表述，或已成熟。此时的老聃，正值61岁。

总之，叔向何时去世？以上提供了三个可供参照的时间点，公元前527年、公元前526年和公元前525年；以此判断，叔向卒于公元前526年左右的三年之间，应该是较为合理的推测。

在此之时或之前，叔向已有"老聃有'言'"之说。

据此，以公元前526年或公元前527年为《道·德（老子）》成型之上限，已经留有较宽松的余地，也应该是较为合理的推测。其时，老子正值45岁左右。

在此期间，老聃之"言"，已经形成文字并开始流传，至少是在晋国流传。三家分晋前的韩家、魏家甚至赵家，也可能多有所学。

综上所述，虽说晋国叔向直接引用"老聃之'言'"的资料确实有可议之处，但是，从他的年纪、言行以及交往的种种迹象表明，叔向的晚年，"老聃之'言'"已经形成文字，开始流传于各国上层贵族，为人所知了。

三、向老子求教之记载次数最多的人士：孔子

1. 孔子多次见老子，学到了什么

孔子与老子，以及与老子之"言"，有没有关系呢？有。

"孔子拜见老子"的故事在汉代流传很广，以此为题材的汉画像石也很普遍，其中，多出土于山东地域，以嘉祥县出土的最为有名。

这向我们透露了什么信息呢？

在儒家学者长期把持官方主要话语权的年代，尤其是在儒家的大本营山东，对"孔子拜见老子"的故事却极少有质疑之声，看来，孔子向老子求教的真实性，最终得到儒家主流的认可。

其实，在传世文献的诸多记载中，孔子向之求教者，不仅仅是老子，有名

有姓的，就有十余人之多，甚至还有少年人项托。(《战国策·秦策·文信侯欲攻赵》《吕氏春秋·当染》《淮南子·修务训》《史记·仲尼弟子列传》)

后世学者承认事实、尊重事实，反而更加突出了孔子"敏而好学"的学习精神，更加突出了孔子"三人行，必有我师"的谦虚品德。

那么，孔子究竟从老子那里学到了什么呢？在各种传世文献的记载中，"孔子拜见老子"的故事，不下16条之多，主要见于《礼记》《文子》《庄子》《史记》《说苑》等典籍。

下面，逐条分析一下老子与孔子二人的交往，以及二人所议论的内容。

第1、2、3、4条，见《礼记·曾子问》

传世的《礼记》，是一部资料汇编性质的书，是孔子为弟子讲述礼乐之学的讲义，由孔门七十子后学者和汉代学者所记。众弟子根据各自的记录，整理成书，后散佚。

汉初，戴德、戴圣以学官的身份分别整理成书。

戴德的《礼记》，后世称之为《大戴礼》；戴圣的《礼记》，后世称之为《小戴礼》，也就是我们常说的《礼记》。其中某些篇章，明显出自后人之手。

四条内容，都是孔子对曾子讲述他当年如何向老聃学习葬礼的故事。

孔子年轻时跟随老子"助葬于乡党"，向老子学习到不少有关葬礼的知识。

第1条，讲国家祭礼制度。

第2条，讲葬礼之送葬制度。

第3条，讲葬礼之下葬制度。

第4条，讲葬礼之守葬制度。

如此看来，这四条史料很可能说的是同一件事。

"昔者吾从老聃助葬于巷党"，也就是说，孔子不但曾向老聃学习有关葬礼的知识，也曾跟随老聃"助葬"，实习实践。

孔子称老子为"老聃"，老聃称孔子为"丘"。

"巷党"就是"乡党"，犹"乡里""老乡"，今天的陕西关中地区还保留着这种称呼。也就是说，孔子与老聃是老乡。孔子的祖籍是宋，由此推断，老聃也应该是宋人，这也是认为"老子是宋人"一派的主要论据之一。

这里所说的"老聃"，是否就是著作《道德经》的老子？这点最初争论很大，尤其以儒家的基本教义派观点最为激烈。

他们认为，"老聃"是"古寿考者之称"，甚至断言，"此老聃，非作五千言者"，这种不讲道理的武断之论，足以反映出气急改坏又无可奈何的心态。

以上四条说明，老聃作为史官，曾对诸"礼"有过深刻研究。

"六经皆史"(《校雠通义·原道》)，所以，以上四条史料的可信度较高。

《老子》经文也证明，老子从不反"礼"，至于"夫礼者：忠信之薄而乱之首"(《老子·38》)，也并非是对"礼"的批判，而是后人对经文的误读，经文应该是"失礼者：忠信之薄而乱之首"(《显隐老子》)。

第5条，见《文子·道原》

孔子问道，老子解答，其中引用了"明白四达，能无知乎"(《老子·11》)的经文。

这里的"孔"问"老"答，应该是行文的一种修辞方式，借题发挥，并非真有其事。

第6条，见《庄子·天地》

"夫子问于老聃曰：……"

"夫子"指谁？其说不一，有的说是指"孔子"，有的说是指"庄子"。

本段是以"老聃"为名、借"老聃"之口对公孙龙等名家的批判，明显是寓言，并非真有其事。

第7条，见《庄子·天道》

孔子西行，想把自己研修的十二经书收藏于周王室。可是，自己并没有修史者的身份及正当性，不知如何是好。

弟子子路给他出主意，说："我听说，征藏史中有位叫老聃的，正管藏书的事。老聃现在已经下班，正在家，咱们何不去拜访他，请托他走走门路，帮帮忙。"

孔子说："这倒是个好主意。"

于是，孔子前往老聃的私宅拜见，结果，老聃一口回绝，孔子碰了个软钉子。

孔子不死心，就请老子审阅自己的著作，详细介绍自己的研究成果。

听了几句，老聃便打断孔子的话，说："你说得太啰唆，能不能简单扼要一点儿？"

孔子想了想，说："我的学术核心，就是'仁义'二字。"

老聃说："请问，'仁义'是人的本性吗？"

孔子说："那当然。这还有什么疑问吗？"

老聃说："那么，你说说，什么叫'仁义'？"

孔子说："若为君子，就要做到'兼爱'与'无私'，以自己的一颗忠诚之心，让天下万物都安乐。"

老聃不以为然，批评说："噫，你的解释，简直是胡说八道，私下里说说都不上档次！你所谓的'兼爱'，不过是一厢情愿的迂腐之辞，做得到吗？你所谓的'无私'，它的背后不正是你的私情吗？难道你打算以你为中心，让天下万物丢掉各自的本性，都去迎合你的矫情吗？

"本来，天下万物各有各的'道'、各有各的'德'，各有所养、各有所成，一切只要'放德而行，循道而趋'就够了。

"你的研究重点，应该弄懂什么是它们的'德'、什么是它们的'道'，你为什么非要大肆宣扬什么浅层次的'仁义'呢！这不就好像敲着锣、打着鼓，去抓捕逃跑的人一样吗？要知道，'仁义'并非人的本性。噫，你的理论，只能'乱人之性'呀！"

"道德"之论的确符合老子学说，语气却像庄周的语气。

至于"仁义"之说，应该是孟子的学术发挥而非孔子的学术观点；本则故事与其说是对孔子的教诲，不如说是对孟子学说的批判。

这里顺便说一句，对《天道》中"免而归居"四个字的理解，多有谬误。从整体的语言逻辑来看，其时老聃尚在其职，并非已告老退休，既不是如某些人所说的"被罢免而回老家"，也不是"晚年时期，主动告老回家"。"免"是"晚"的省笔字，这里说的意思是，"时辰已晚"，老聃"已回居处"，用现在的话说，就是"下班回家"，而孔子则是"登家门而请托"，所以老聃"不许"以避嫌。如果真的已退休回家（且不说家在南方），不在其位，不谋其政，"欲藏书"的孔子还有必要去"因"这位已经无职无权的老聃吗？

第8条，见《庄子·天运》

孔子51岁时，还是没有理解与掌握"道"的真谛。

于是，孔子长途跋涉，前往南方的沛地，拜见老聃，请教有关"道"的学问。

老聃欢迎说："你来啦，我听说，你在北方，是以贤者著称。那么，你也懂得'道'的真谛吗？"

孔子忙说："先生，我还没弄懂呢。"

老聃问："你说说，你过去是怎么研究的？"

孔子说："我研究'度数'，研究了5年，没弄懂。"

老聃又问："然后呢？"

孔子说："我研究'阴阳'，研究了12年，同样没弄懂。"

老聃点点头，说："噢，原来是这样。"

于是，老子告诉孔子，你的研究还只是停留在"道"的"道数"层面。

其中，"度数"只能告诉你如何认识构成"物"的各个"小一"，"阴阳"

只能告诉你如何认识各个"小一"之间，有显有隐、孰显孰隐。

"道"的最高层面，应该是"大一"之"道本"。

你要记住两个字，一个是"主"，一个是"匹"，"中无'主'而不止，外无'匹'而不行"。

什么意思呢？

第一，要有"主"。两个"小一"之间，必定有"主"有"从"、有"显"有"隐"，这样才能达到平衡，"自外至者，无主不止"（《公羊传·宣公三年》）。

第二，要有"匹"。匹，意思是合也，配也，二也。"匹"就是"二而一"。两个"小一"，缺一不可，只有相辅相成，相互配合，才能运用自如，"自内出者，无匹不行"（《公羊传·宣公三年》）。

比如，圣人既可以以"出"为主，也可以以"隐"为主。"出"，则行政于天下；"隐"，则可以逍遥，做"采真之游"。

然而，世上很多人，只能称之为"天之戮民"，为什么？

因为"以富为'是'者，不能让禄；以显为'是'者，不能让名；亲权者，不能与人柄"，他们只知"得"、不知"失"，只知有"己"、不知有"人"，从来不给别人留有余地，甚至根本无视别人的存在，也就是所谓的"无匹"。

什么是"匹"？

举个例子吧，"怨、恩，取、与，谏、教，生、杀，八者，匹之器也"。

怨与恩、取与与、谏与教、生与杀，这四对具体的"小一"组成四组"匹"。四组"匹"之中，谁为"主"、谁为"从"？要"循大变"；如何"匹"？要"无所湮"，"湮"就是"消灭"的意思，哪一个"小一"都不能忽视，更不能丢掉。

最后，老聃总结说，总之，"匹"是正道，不懂得其中的奥妙，"天门弗开矣"（《老子·10》）。

以上论述，完全符合老子学说，只是在论述"出""隐"二者时，更似强调逍遥之"隐"，这应该是庄子偏爱的态度。

第9条，见《庄子·天运》

"孔子见老聃而语仁义。"

本则故事是老聃对"仁义"的进一步批判，与前一条应该是同一件事，是同一件事的补充。

老聃的教诲中，最著名的比喻就是："泉涸，鱼相处于陆，相呴以湿，相濡以沫，不若相忘于江湖！"

孔子听得心服口服。回来后，三天没有说话。

弟子们很纳闷，问道："您去见老聃，究竟是怎么用'仁义'规劝他的呀？"

孔子说："你们都在说些什么？！我去拜见的，可是一条龙啊！规劝？我崇拜还来不及呢！"

子贡不服，打着孔子的旗号求见老聃，大谈特谈三皇五帝治天下的"同"与"不同"。结果被老聃教训得哑口无言，手足无措。

最后，老聃对孔子说，要想掌握"道"的诀窍，不懂得运用"自化"是不行的。

孔子躲在家里，反复琢磨"自化"之术。

三个月后，孔子再次拜见老聃，说："我懂了，长期以来，我不懂得'自化'，所以始终成不了'完人'。不能'自化'，又怎么能够教化别人！"

老聃笑了，说："说得对。看来，你是真的懂了。"

《老子·57》："我无为而民自化。"

第10条，见《庄子·田子方》

老聃刚刚沐浴完，一副披头散发的模样，孔子乍一见，很吃惊。

老聃不在意，告诉他，我正在"游心于物之初"，紧接着，又讲了一番"至人之游"的妙处，以及"游心"的方法。

所谓"两者交通，成'和'而物生"，"行小变而不失其大常"，就是说，"两者"之中的每个"小一"，都不会单独存在，都要"交通"于"二而一"的"大一"之中，经过"和"的作用，最终才能成为"具物"。"交通"之路既有"修"，也有"游"。

所谓"小一"变而"大一"不变，依然保持其常态，就好比一个人的品质修养，经过"小变"，潜移默化，得到改变；人还是这个人，却已焕然一新。

至于说，"至人之于德也，不修而物不能离焉，若天之自高，地之自厚，日月之自明，夫何修焉"，就是要明白，"游心"不等于"修心"。

"游心"是"悟"的一种，"至人""与造物者游"，可以不用修"德"，因为"物不能离"，他已经与万物一体了。

孔子出来以后，很是感叹，对颜回说："对于'道'的领悟，我一直就像关在酒瓮的小酒虫，要不是今天夫子为我掀开了盖子，我还不知道什么是'天地之大全'呢。"

孔子多年研究的是"入世"的学问，很少接触"出世"的学问，所以长期以来不能进退自如，不能算是"全"。

既要"修心"，也要"游心"，相辅相成，才是"大全"，"'大一'之全"。

主要观点倒是老子的观点，语气更像是庄周的语气，其中的"至人"之论，似乎是借老聃、孔子之名分，舒庄子胸中之志。

第11条，见《庄子·知北游》

孔子向老子求教什么是"至道"，老子的回答是，"夫道，窅然难言哉！将为汝言其崖略"。于是，老子洋洋洒洒、海阔天空，发表了一大段议论。

这段议论，更近似庄子的"谬悠之说，荒唐之言，无端崖之辞"，语不惊人死不休，虽然两次下了"此其道与"的结论，但是其中的内涵，却还是难于言表。

勉强总结一下，这段议论的大意就是，万物皆有各自的本形与精神。有形生于无形，"形本生于'精'"，也就是生于无限小之"物"。"精神生于'道'"，"终则复始"，"往资焉而不匮"，一切都按照自身的规律产生、运行、相辅相成、永不匮竭、永不停歇。

以上观点，基本符合老子学说。

之后的两大段，直抒对人生的感叹，什么"中国有人焉，非阴非阳"，什么"须臾之说也，奚足以为尧、桀之是非"，什么"人生天地之间，若白驹之过郄，忽然而已"，却很有些庄子玩世不恭的意味了。

不过，中间所说的"调而应之，德也；偶而应之，道也；帝之所兴，王之所起也"意思是，"德"的要求，是要和谐；"道"的要求，是要对"二而一"作"耦处理"（《显隐老子》），最后归之于"大得"，也就是老子所说的"得一"（《老子·39》），这些表述，再次回归到老子的学说。

第12条，见《史记·老子韩非列传》

见第一章。

第13条，见《史记·孔子世家》

鲁国的南宫敬叔，陪同孔子前往周室拜见老子，向老子讨教了有关"礼"的学问。

事毕返鲁，老子送行，对孔子有四句忠告，核心就是"慎言"和"谦退"。《孔子家语》中，也有类似记载，甚至尊老聃为师。

《孔子家语》，三国魏晋时期王肃所集注，是一部有关孔子逸事以及孔子解释若干经籍问题的杂记，内容主要是从《左传》《国语》《荀子》《孟子》等书中选取的。

一般认为，《孔子家语》是伪书。不过，古书之所谓"伪"，多指作者或年代。随着众多出土文献面世，已证明其为先秦古籍之汇编。如1973年河北定县八角廊出土的命名为《儒家者言》的竹书，等等。

与《左传》相参照，这件事应该发生在孔子33岁以后（《史记·孔子世家·索隐》）。

从老子对孔子说的两段话来分析，都是教孔子这位青年教师如何做人，"未学艺、先学礼"，前后呼应、一气呵成，正是对一位已经步入而立时期的年轻人循循善诱、谆谆教诲的口吻，以致孔子颇受其益，"自周反于鲁，弟子稍益进焉"。

《史记》中记载的这两次孔子见老子，很可能是同一件事。

第14条，见《说苑·反质》

孔子问老聃，当今之时，"道"为什么难行？

老子回答说，还不是因为当今"说者"和"言者"太多，个个捕风捉影、道听途说、能言善辩、胡说八道的缘故。

这里的"孔"问"老"答，应该是行文的一种修辞方式，借题发挥，并非真有其事，与第5条同。

第15条

还有一则故事，将孔子与《道·德（老子）》经文直接联系到一起，它就是"孔子进周太庙见'金人铭'"，与前面《史记》所记载的极有可能发生在同一时间段。

孔子到周王室的太庙瞻仰，看到右侧的台阶前立着一尊金人雕像，嘴上被贴了三张封条，背上还刻有铭文，写的全是对"慎言"的告诫。

孔子仔细读了以后，回过头来，对随行的弟子们说："这些铭文一定要记在心里，全是些实实在在、真真切切的至理名言呀。《诗经》说：'战战兢兢，如临深渊，如履薄冰。'说的就是我们一定要小心谨慎行事。既然行为做事都要谨慎，我们又怎么能随随便便地让祸从口出呢！"

这则故事，《说苑·敬慎》《孔子家语·观周》《古诗归》中都有记载，内容稍有不同；刘勰的《文心雕龙·铭箴》里，也有"周公慎言于金人，仲尼革容于欹器"之说。

值得一提的是，宋代的类书《太平御览》有一段注文："引《孙卿子·金人铭》曰：……据此，则本书之文，本于《荀子》，而今《荀子》佚之。"（《太平御览·卷三百九十》）

由此可知，这则有关"金人铭"的故事，应该首见于《荀子》。因为《荀子》曾经散失，我们今天所见的《荀子》，是经过刘向整理、校勘的，所以，"首见于《荀子》"之说，可信度很高。

仔细分析铭文内容，不难看出，很多文字，是引用或化用《老子》经文。

其中，还有两句周武王的座右铭，就是席前左端之铭"安乐必敬（警）"与席前右端之铭"无行可悔",只是在《金人铭》中稍有不同,写作"安乐必戒,无行所悔"。

在《大戴礼记·武王践阼》里,铭文又叫"戒书",竟有17条之多,甚至在弓、矛之上,也都刻有铭文,可见古人对戒书的重视程度。

有些学者,自然而然联想到《汉志》所提及的已经亡佚的"黄帝六铭",于是如获至宝,武断认为《金人铭》就是"黄帝六铭"之一,甚至推断为西周早中期的"古逸"。其实,这是"高远其所从来"的观念在作祟,经不起推敲的,后面还会谈到。

在"高远其祖"者的眼里,《金人铭》与《老子》相比较究竟谁前谁后,关系到《老子》的成书年代,众说纷纭,听听就好。

有些学者则要清醒得多,因为他们看到,除了武王的两句铭文以外,无论是引用还是化用,其他铭文大都与《老子》经文高度契合,整个是一篇学"老"心得。所以,有的学者说:"此道家附会之辞,伪迹显然,不可信。"当然,"不可信"的是"高远其祖"的做法,而不是"学老心得"的内容。

第16条

最后,《论语》中疑似记录老子人事的有一条,就是《述而》的"子曰:'述而不作,信而好古,窃比于我老彭'"。

谁是"老彭"?历来争论很大。

或认为是一个人,"老"是彭祖的姓氏。

或认为是两个人,"老"指老子,"彭"指彭祖。

但是,《子路》中又说:"樊迟请学稼。子曰:'吾不如老农。'请学为圃。曰:'吾不如老圃。'"

与"老农""老圃"相参照,"老"似乎是对年长者的尊称,第二种认知的说服力,似乎又有些不足,而且在其他古文献中,孔子多称老子为"老聃"。

"彭祖"既是人名,也是部族或诸侯国的称谓。

"彭",就是今天的徐州地区,古彭祖氏(大彭氏)的居地。春秋时期,彭城属宋国管辖,也是沛的所在地。

古有彭祖国,从建国到灭国,共800余年,后人附会彭祖为某人,活了800余年,于是就以"彭祖"作为长寿之人的代称。

或认为,"老彭"应该是"彭祖"的别称,因为彭祖是老童的后代,以"老"为其姓氏,合情合理。这也是认为老聃是宋国人的旁证之一。

以上16条史料,有寓言,有史实。

可以肯定的是,孔子的确数次求教于老子,其中,即使是寓言,也是在史实及老子学说基础上的演绎。

基本可以判断，这些言论多与老子学说相符合，对研读《老子》有很大帮助。

但是很难判断，这些言论究竟哪些是老聃对孔子所说，因为其中某些言论，更像文子与庄子们对老子学说的解读与借题发挥。

那么，《礼记》与《论语》的某些"子曰"中，还有没有线索呢？

2.《礼记》中与《老子》有关的主要线索

（1）"大道"

《礼记·礼运》中，孔子三次提及"大道"，也就是后人常常引用的"大道之行也，天下为公"，"大道既隐，天下为家"。

"大道之行也，天下为公"，称之为"大同"；"大道既隐，天下为家"，称之为"小康"。

如果《礼运》对孔子言行的记载属实，那么，"大道"一词，应该是老子首创，孔子最先公开使用；孔子更明确表示，"行大道"是自己的志向。

然而有意思的是，有人并不认同，如《礼运·题注》就明确指出，本篇篇首的"大同""小康"之说，都不是孔子所言。

有位石梁王氏说得更具体，他认为，"大同""小康"之说，"有老氏意"，是源于老子的观点，不是儒者的观点，并且引用《老子·38》的"礼"为"忠信之薄"作证；至于所谓"孔子曰"，也不过是文章作者的假借之辞。

还记得"知'大道'"吗？孔子对楚昭王"知'大道'"的评价，记载于《左传》与《史记》，应该是孔子言"大道"最有力的佐证。

某些儒家人士的反对之辞，恰恰坐实了孔子与老子在学术上的继承关系。

（2）"大一"

《礼记·礼运》中，孔子提及"大一"一次。"是故夫'礼'，必本于'大一'"，这正是老子学说的观点。

《老子·38》认为，"道、德、仁、义、礼"这五个层次中，"道"是本，"礼"是末、是"道之华"。"失道而后德；失德而后仁；失仁而后义；失义而后礼；失礼者，忠信之薄而乱之首"，简言之，就是"失礼而后乱"。

"大一"这一哲学表述出自老子的哲学思想，只是在《老子》中尚未联用。

"有无相生"，"三者不可至计，故混而为'一'"，"字之曰'道'，吾强为之名曰'大'"，有"大"有"一"有"道"，"异名同谓"。

以《礼记·礼运》判断，"大一"似应是孔子首先公开使用的。

还是那位石梁王氏，又有不同意见，他认为，"大一"或"太一"一词是从《易》中的"太极"一词变化而来，属于"诸子语"，而非孔子所言，所谓"礼家见《易》有'太极'字，翻出一个'太一'，仍是诸子语"。

然而，他似乎有意无意混淆了《易》与《易传》的区别。"太极"之说，源于《易传》，而《易传》与老子学说的传承关系，后面将有详细论述。

（3）"执两"与"用冲"

《论语》中，孔子提到"中庸"一次，"中庸之为德也，其至矣乎！民鲜久矣"（《论语·雍也》）。

《礼记》中，专有"中庸"一章，其中，孔子多次提到"中庸"二字。

《中庸》是孔子的孙子子思所著，是后世儒家哲学思想的根本所在。

什么叫做"中庸"？"子曰：'舜其大知也与！舜好问而好察迩言，隐恶而扬善，执其两端，用其中（冲）于民，其斯以为舜乎！'"

庸，用也。"中庸"就是"用'中'"，也就是孔子所说的"用其冲"，宋代的朱熹称之为"孔门心法"（《礼记·中庸·朱序》）。

"道：冲而用之，又不盈。"（《老子·4》）"万物负阴而抱阳，冲气以为和。"（《老子·42》）

阴与阳二而一，经过"冲"，达到"和"为"大一"的境界。

二者相较，孔子的"用其冲"，正是对老子"冲气以为和"的正确理解，道之用，就在盅与盈两端之间。《老子》中，"中"与"冲"常常混用。"中"在这里，应该是"冲"的省笔字。

"执"什么，"用"什么？如何"执"，如何"用"？

子思认为，"天地之道，可一言而尽也：其为物不贰（二），则其生物不测"。

"为物"要"二"，就是"大一"，这就是所要"执"的，《老子》称之为"执一"。"物"之"生"，要靠内部的"二"来"测"，这就是所要"用"的，《老子》称之为"混而为一"。

子思进一步解释说："喜怒哀乐之未发，谓之'中'；发而皆中节，谓之'和'。'中'也者，天下之大本也；'和'也者，天下之达道也。致中和，天地位焉，万物育焉。"

就是说，"中"就是"大本"，指的就是万物万事的本质，也就是老子学说的"大一之道"，要靠"致中和"来完成。

"喜怒哀乐之未发，谓之'中'"，子思这里所说的"中"，是与"和"对应而言，已经含有引申义"内涵""本质"的意思。明白了"大本"之义，也就明白了这句话的主要含义。据此，有人将"中庸"理解为"中和"，由"中"到"和"，核心意思不变。

子思所说的"中和"，也是从"冲和"引申而来，"发而皆中节"，正是

"冲气以为和"的另类表述。"中节"就是现在常说的"合拍"。

孔子与子思的理解，基本契合老子"大道"的"道本"及"道用"之术，认识到"二而一"的本质及其内部关系。

然而，自从朱熹将"中庸"一章从《礼记》中剥离出来，成为"四书"之一，"中庸"二字才开始变了味道。也正是因为"中"字有各种不同的字义，或强调动作，或强调位置等，才给了后世儒家学者做手脚的空间。

后世儒家学者对"中庸"的理解，受"程朱道学"（或称之为"程朱理学"）的影响，明显不同。

程颐、朱熹等人或认为，"中"就是不偏不倚、无过不及的"中间"之"中"，所谓"不偏谓之'中'，不易谓之'庸'"；或认为，"庸"就是"平常"的意思；甚至强解为，"庸"就是"天下之定理"。

两相对照，后世儒家学者对"中庸"的理解，似乎是在揣着明白装糊涂。

与孔子、子思的表述相比较，程朱们的解释与发挥别出心裁，过于机械，既不符合孔子的本意，也不符合子思的理解，其主要目的更像是在有意规避"孔门心法"的真正内涵与由来。

朱熹这样解释说，孔子所说的"君子而时中"（《中庸》），就是"执中"的意思。而所谓"执中"呢，应该源自"允执厥中"（《尚书·大禹谟》），是尧传授给舜的四字真言。也就是说，"执中"之说，孔子是直接从舜帝那里学来的。

这时的"用冲"，经过"时中"，继而"随时以处中"，已经悄悄置换为"执中"、曲解的"执中"了。这时的这个"中"，已与老子学说的"中"不同，不是"大一"之"中"，而是不偏不倚的"中"，四平八稳，一副老学究的模样，呼之欲出。

有意思的是，朱熹在此之后，又加了一句："则吾道之所寄，不越乎言语文字之间，而异端之说日新月盛，以至于老、佛之徒出，则弥近理而大乱真矣"，一本正经地抢占学术高地，义正词严地批判老、佛之徒，虽"近理"、却"乱真"，竭力撇清与老子学说的继承关系，可惜越描越黑，以致两种截然不同的解释赫然并列，表述混乱，前后理解冲突，无法自圆其说，底气明显不足。

创建"道论"的，不是孔子而是老子。至于《大禹谟》是后世的伪作，也早有定论。指鹿为马、鱼目混珠的做法，似乎是朱熹之类所谓儒家之大家者之流的通病。大可不必。

3.《论语》中与《老子》有关的主要线索

孔子的著作，除了《庄子·天道》所说的"十二经"以外，他的言论也散见于很多传世文献，最主要的，就是他的弟子们整理的《论语》（《汉志》）。

《论语》是一部记录孔子的言行及其弟子言行的书。作者群体中，既有孔子的弟子，又有他的再传弟子。

孔子逝世于公元前479年。公元前475年，东周进入战国时期，《论语》的写作，可能始于孔子逝世以后的春秋末期，最终成书，应该在战国初年。

孔子的弟子众多，很多弟子及其再传弟子，后来大都从政，掌握话语权，导致在大量的传世文献中，"子曰"如何如何，随处可见，留下的孔子言论非常多，真假难辨。

不过，后人以《论语》作为孔子思想的总代表，应该是千百年来的共识。

《论语》中，有这么几处，应该多少与老子之"言"，有某些关联。

（1）"无为而治"

《卫灵公》："子曰：'无为而治者，其舜也与？夫何为哉？恭己正南面而已矣。'"

作为哲学术语，"无为"是老子首创，《老子》中先后使用12次，如《老子·2》的"是以圣人处无为之事，行不言之教"，《老子·63》的"为无为"等。

《论语》中的"无为而治"，完全化用《老子》经文，可视为《老子》之后的首次使用。

（2）"以德报怨"

《宪问》："或曰：'以德报怨，何如？'子曰：'何以报德？以直报怨，以德报德。'"

《老子·79·63》："和大怨，必有余怨，可以为善。""报怨以德。"

受朱熹的误导，千百年来很多国人认为，孔子提倡"以直报怨"，而对老子的"报怨以德"，孔子似持批判态度。

然而，孔子的"以直报怨"，是否就是对老子的"报怨以德"的批判？不同的认知，直接影响到我们对中华民族道德价值观的判断与选择。

朱熹的理据是什么？

他认为，爱憎取舍至公无私，就叫做"直"。如果以德报"怨"，那么，对方的"德"，"又将何以报之"？如果出于"有意之私"来处理怨或德，那么，"怨、德之报"都得不到公平处理。所以说，"二者之报，各得其所"（《论语集注·宪问·注》）。

后人接受朱熹的观点，理解这句话为"拿公平正直来回答怨恨，拿恩惠来酬答恩惠"（《论语译注》）。

然而，对这些传统释解，总让人感觉怪怪的，像是在隔靴搔痒。所以，对孔子这句话的真正内涵，古今一直存在争论。

问题究竟出在哪里？有四点。

其一，朱熹最大的障眼法，就是将"德"的字义限缩为"恩惠"，否则，他的一切推论都不成立。然而，"恩惠"之义从何而来？朱熹却没有合理的解释。即使像朱熹这样，将这里"德"的内涵限缩，"直"就能与"恩惠"相对立吗？

将处理怨与德的标准，归之于有没有私心，不过是朱熹的强词夺理，整段注解经不住推敲，最后只好以一句"学者所宜详玩也"（《论语集注·宪问·注》）轻轻带过，让学者自己去玩味，理解对错，都没他什么事。

其二，"直"是"德"之一，"三德：一曰正直，二曰刚克，三曰柔克"（《书经集传·洪范》），朱熹编注"四书五经"，对此不会不知道。将"直"与"德"对立，本身就犯逻辑错误。

既然"直"是"德"之一，那么，老子的"以德报怨"，就说得没有错，与孔子的"以直报怨"，就没有冲突。

《论语》中，"直"字一共使用22次，主要有三种意思：坦白爽快，正直之人，公平正直。

"子曰：'直哉史鱼'"（《卫灵公》），好一位刚直不屈的史鱼！

"仲尼曰：'叔向，古之遗直也'"（《左传·鲁昭公十四年》），孔子说，叔向是古代有名的正直不屈的人。

瞧，表述明确，理解无误。

那么，人们为什么会对"以直报怨"的理解心存疑窦呢？

因为，孔子对"直"的使用，一直很谨慎。所谓"六言六蔽"，包括"直"在内的六种品德，各有其明显的弊端，"好直不好学，其蔽也绞"（《阳货》）。所以子贡"恶讦以为直者"（《阳货》），他憎恶揭发别人的隐私，却又自我标榜为直率的人。

其三，对"直"字的认知有误。

"德"，古作"惪"。

对照《老子》不同版本的几处经文，都是"直"与"惪"相对应（《显隐老子》第41、49章"版本对照"）。由此可见，这里的"直"，很大的可能是"惪"的省笔。这种省笔写法，在古文中多见，《说文解字》称之为"省"，前面所说的"敬"与"警"同，就是其中一例。

其四，语气不同，理解则不同。这也是中国语言修辞的特色之一。

说这句话，可以有两种语气，一是反问"何以报德"，是对前句表示否定，如朱熹的理解；二是正问"何以报德"，是对前句表示肯定，再作递进思考。

或认为，这里应该是第二种语气。

有人问孔子："（老子所教）'以德报怨'的做法，对不对呢？"

孔子是持肯定态度的，所以他才会循循善诱，深入探讨说："（对'怨'，我们要用'德'来化解，这有什么可怀疑的呢？）你再想想，报'德'，我们又是如何做的呢？（难道能用'怨'吗？不是也用'德'吗？）要记住，报怨、报德，都要用'德'。"

这正是《老子·49》所说的"善者，善之；不善者，亦善之：得善也"的观点。

孔子的这句话应该是："或曰：'以德报怨，何如？'子曰：'何以报德？以悳报怨，以德报德。'"

人们常常遇到的不是一种"报"，而是两种"报"，报"怨"与报"德"。

"报"的方式也很多，不只是一种。"直"只是"德"的"之一"，而不是全部。报怨需要"直"，报德难道就不需要"直"吗？

所以说，无论是报怨，还是报德，都要做到"得善"。"得善"的本质，就是"大得"，就是"得一"，就是老子的"大一之道"。

两个"德"字用不同写法，或许与文本的传承有关，或是在有意强调，两种报德的处理方式，应该有所区别。而且，多次出现在同一段落中的同一个字，有时会有不同的写法，这种现象，在古文中同样多见。

（3）"知"与"愚"

《阳货》："子曰：'唯上知与下愚不移。'"《泰伯》："子曰：'民可使由之，不可使知之。'"

历来对孔子"上知"与"下愚"的争议，同样很多，颇有异说。

其实，孔子是化用《老子·65》的"为道者，非以明民，将以愚之。民之难治，以其知多"，说的是"为上者"要"明""为下者"要"昧"的意思。

知：明也。"知常：'明'也"（《老子·16》），"自知者明"（《老子·33》），"见小曰'明'"（《老子·52》），"知和曰'明'"（《老子·55》）。

"明"与"不明（愚）"相对应，不应该使民"明"其道，应该"隐"其道而使民"不明"，也就是《老子·36》所说的"国之利器不可以示人"。为了政权的巩固，"国之利器不可以示人"是古代统治者最为看重的大事。

"愚"字有两层意思：昧也，厚也。

老子将"明"与"愚"相对应，从"德"的角度讲，"精明"与"淳厚"相对应，不明民而厚民；从"治"的角度讲，如果有些情况打算让百姓"知之"，就要让他们"明之"，如果不想让百姓知道，就要"昧之"。

孔子把"明"换作"知"，与"愚"相对应，本义虽然没有改变，却容易被后世曲解为"聪明"与"愚蠢"之义。

就实际情况而言，民众的智商各异，智多者能有几人？所以，这里主要说的不只是百姓聪明智慧的"智"，更是百姓知其所当知与不当知的"知"。

统治者无法掌控众庶才智的高下，而信息则是可以掌控的。

所以说，"知"不是问题，"知多"才是问题。所谓"愚民之术"，实质上就是要做到"上"与"下"的信息不对称，而绝非使人变得愚蠢。

（4）"和"与"同"

《论语·子路》："子曰：'君子和而不同，小人同而不和。'"

由于《论语》引用的孔子之言，多缺乏语言背景，只言片语居多，所以很容易导致后人对某一句经文的多种理解，甚至误解。这句也是如此。

对孔子这句话的理解，后人多上升到道德层面，认为，"和者，无乖戾之心。同者，有阿比之意。"

后人引申说，君子要有独立见解，从不随大流；小人只会阿谀盲从，没有自己的主见。

"和"与"同"是春秋时期常用的音乐术语。

小到一种乐器，大到一组乐队，如果一首乐曲用不同音阶奏出，称之为"和"，众音相和。如果奏出的是相同的音阶，称之为"同"，众音相同。所谓"若以水济水，谁能食之？若琴瑟之专一，谁能听之？同之不可也如是"（《左传·昭公二十年》）。

总之，"和"与"同"之间，相互否定，要"和"就不能"同"，若"同"则无法"和"。"君子和而不同，小人同而不和"，是对"和"的肯定、对"同"的否定。

这种理解，停留在音乐术语的"道数"层面，属于"小一"思维。

正是由于后人的这种片面理解，才出现了一大批"文死谏、武死战"的所谓"诤臣"，只顾一味强调自己的"和而不同"，忘记了整体的"大同"原则。

按照老子学说，"和而不同"还是"同而不和"，不应该以"君子"或"小人"来区分，不应该用"君子"或"小人"来限定。

《老子·56》说："和其光、同其尘，是谓'玄同'。"

《老子》的"和"与"同"已经上升到"道本"层面，上升为哲学术语，内涵更丰富了。"和光同尘"也早已成为古今常用的成语了。

"和"与"同"之间，既有否定，也有肯定，"二而一"，合于"大一之道"，老子称之为"玄同"。

就像不同的乐器，既有奏出不同音阶的，也有奏出相同音阶的；不同音阶之中，也有相同音色的；相同音阶之中，也有不同音色的。如此组成的音乐，是不是更丰富、更全面？这时，究竟算是"和而不同"呢，抑或算是"同而不和"呢？其中，既有"和而不同"，也有"同而不和"，就整体而言，是"玄同"，是"大同"。

"玄"是"道"的又一种称谓。所谓"玄同"，就是说，两个"小一"各不相同的同时，又都要与"二而一"的"大一"相同，这就是"同于道"。

所以《老子》经文紧接着又说，就像"亲"与"疏"、"利"与"害"、

"贵"与"贱",这三对"小一"之间,绝不可重视一方而忽视另一方,更不可肯定一方而否定另一方,一定要处理好二者之间的关系。

按照老子学说,就社会整体而言,"君子"与"小人"相辅相成,都是社会中的一员,角色也会互换,这应该是理解孔子这句话的大前提。

无论"君子"还是"小人",都要既"和"且"同";所区别的,只是"君子"以"和"为主、"小人"以"同"为主而已。

"君子"既要有独立见解,把握大方向,也要从善如流,虚心听取别人的意见,"以百姓之心为心"(《老子·49》);"小人"既要服从集体意志,也要敢于提出自己的不同见解,供领导者参考,不能事不关己,高高挂起,"成事遂功,而百姓皆曰'我自然'也"(《老子·17》)。

《论语》中,常常"君子"与"小人"对说,两种人多指社会地位,也有代指道德高下的。不同的社会地位,各有各自的本分与作为,无所谓对与错。

对"君子和而不同,小人同而不和"作如此理解,可能更符合孔子的本意。

(5)"仁"与"不仁"

有人说,孔子的思想核心是"仁",似是而非。

反问一句,"子曰:'参乎!吾道一以贯之。'曾子曰:'唯。'子出,门人问曰:'何谓也?'曾子曰:'夫子之道,忠恕而已矣'"(《论语·里仁》),那么,"忠恕"岂不是比"仁"更重要?

所以,用"孔子贵'仁'"来概括孔子的思想核心过于简单。

孔子的"仁者安仁"(《论语·里仁》),是"道不远人"(《中庸》)的"人之道"。

《老子·5》称"天地不仁""圣人不仁",是"天人合一"高度之下的"天之道"与"人之道"。

孔子的"仁",孟子认为强调的是"仁者爱人"(《孟子·离娄下》)。

老子的"不仁",强调的是"道法:自然","道,理之者也"。

或强调"人情",或强调"天理",各有侧重。

仁与不仁二而"一",人之道与天之道二而'一',就是天人合一的"大一之道"。

"道德"二字,本质上就是"天人合一"的核心表述(《老子·38》)。

以《论语》为例,除了"仁"(104次),孔子也强调"德"(38次)、"善"(36次)、"义"(24次)、"忠"(18次)、"恕"(2次)、"礼"(74次)。

与哲学术语有关的用字在孔子著作里很多,再以《论语》为例,"道"(60次)、"一"(31次)、"中"(25次)、"命"(21次)、"和"(8次)、"同"(9次)等在其中多次使用。

4. 孔子与老子的哲学之异

以上所述，就是要理顺孔子与老子之间的传承关系。

老子、孔子所处的时代，正是从"公器公用"向"公器私用"转化的时代，有私学、有讲义而无私书，所教的还是"公器"之经书，尚未有什么学、什么派，不能自成一家之言。

后世道家尊崇老子，并不等于老子就是道家学派，因为信奉《老子》为经典的，不只道家一家。

后世儒家尊崇孔子，不等于孔子就是儒家学派。汉代大儒董仲舒提倡"推明孔氏"，《汉书》称赞汉武帝"表章《六经》"，就是为了把孔子之学与儒家学派区别看待。

有人说，儒家学派自孔子始，似是而非。

孔子之学，称之为"孔子之术""儒者之学"，是"学经"之学，不是"学派"之学。

《诗》《书》等经典，是国家经典，不是儒家经典。儒家经典与儒家教授国家经典，是两个截然不同的概念，不能头尾嫁接、混为一谈。

纵观孔子一生，他大部分时间所从事的就是"经"与"艺"的教学工作，所研究的课题就是如何"用'德'"，以及"道不远人"的"人之道"。

老子之"言"，有"经"有"传"；孔子之"言"，也有"经"有"传"。二者的区别，只不过是各人所"传"之"经"，内涵层次不同而已。

受"述而不作，信而好古"的教学思想所限，孔子教学使用的教材，选取的全部是国家的古典，同时代的老子之"言"，自然不包括在内；而古代经典中，多言"德"而极少言"道"，所以，孔子的前半生，都是在"德"字上下功夫。

"六经"的实质是什么？

"六经皆史"，"六经"是历史的真实记录，是国家经典，并非孔子的著作，这一点，一定要有清醒的认识。

什么是《论语》的核心？

《论语》开篇第一章第一句，就是"学而时习之，不亦说乎"（《学而》），《论语》最后一章的最后一句，就是"不知命，无以为君子也；不知礼，无以立也；不知言，无以知人也"（《尧曰》）。

这就是《论语》的首语与结语，是孔子对人生提出的、贯穿全书始终的至理名言，就是"学习"与"四知"，"知命""知礼""知言""知人"。

在"学"与"知"之中，孔子强调得最多的，是如何掌握"德用"之术，也就是如何"入世"，如何成为"君子"，如何立足于社会，如何与人相处。

这同时也是孔子教学多年的唯一心结。

不掌握"大道",看问题就永远不深刻、不全面。

孔子一生,多次向老子求教学习,或在周、或在沛。从初为"达人"到终成"圣人",始终不忘向老子求教,从老子那里学到了"礼""德"与"道"的精髓。古今很多学者不愿承认这一点,说孔子之学与老子学说无关,但这确实是事实。

年轻时,孔子曾经拜见老子,学习"礼"与"德"。

孔子对"道"也做过研究,却长期受到"道不远人"的思想局限,结果使他对"道"的理论研究,一直停留在"道数"层面上。

"夫子之文章,可得而闻也;夫子之言性与天道,不可得而闻也。"(《论语·公冶长》)

比如《论语》中,"道"的使用有60次之多,而明言"天道"的,却只有1次。

以"大一之道"为核心的"道论",是老子的首创,必然有一个较长的累积与成熟过程。所以,孔子从老子那里学"大道",已经是孔子50岁以后的事。

晚年的孔子,全盘接受了老子的"大一"学说,明白了既有"小一"之学的"道数"之学;也有"大一"之学的"道本"之学,即"大道"。

如果强调对错,拒绝包容,排斥"二而一",就是唯我的"小一"之术;如果强调主从,讲究包容,共建"二而一",就是合作的"大一"之道。这就是"小一"之术与"大一"之道的最大区别。

"大一之道"的运动规律,就是"其无正"而并非"无正",是在一定条件下,主、从互易,显、隐互易,多、少互易,与所谓的"相对论",风马牛不相及。

孔子一生,主要是从"德"、从"人道"的"小一"侧面,为"大一"之道张目,在实践中丰富、充实、发展老子学说。

与老子相比较,对"道"的理解,孔子要慢一拍历史节奏、谦退一个学术档次。

于是有人说,孔子最大的遗憾,就是过分推崇"述而不作"的古训,没有建立起自己的哲学理论体系,所以为后世的某些中外人士所轻。

比如,有人就认为,《论语》中确实充满人生的宝贵经验,可以用来指导人生之行为;然而,这部巨著只能算是格言学,而非哲学。

德国哲学大师黑格尔(公元1770年—1831年)甚至称之为"道德哲学""常识道德","是毫无出色之点的东西","在他那里,思辨的哲学是一点也没有的",因此孔子只能算是"实际的世间智者"(《哲学史演讲录·第一卷》)。

这些中外学者，大多不是真的了解中华文化传统的精髓，所以说话多少有失偏颇。

老子所建立的哲学体系，以“大一之道”为理论核心，既然为孔子所接受，所以，他只要“述而不作”，照方抓药，丰富充实，又何必叠梁架屋？难道还能有比老子学说更高的哲学理论体系吗？

“君子之道，或出或处，或默或语，二人同心，其利断金。”（《系辞上》）

老子与孔子的身份，有所不同。

老子是思想家、指导者，孔子是教育家、宣传家。

“盖仲尼之术兴于文，文以治情；老氏之术本于质，质以复性。性情之极，圣人所不能异；文质之变，万世所不能一也。”（《太上老君混元上德皇帝实录·卷三》）

传播《老子》的本意，主要是提供一部给“为上者”读的书，讲得最多的，是“为上者”应该如何去做，才能“君人南面”。

辑录《论语》的本意，主要是提供一部给“为下者”读的书，讲得最多的，是“为下者”应该如何去做，才能做好“为下者”，甚至成为“上者”。

“南面”二字的解释，并不是仅仅指天子、君王。古人认为，坐北朝南的方向最好，所以，这个朝向的位置最尊贵，无论天子、诸侯、卿大夫，以及圣人，甚至尊者等，只要是具有“第一把手”或“至尊”的身份，都是南面而坐的。

比如，孔子既说过舜帝“恭己正南面”，也说过“雍也，可以使南面”，意思就是仲弓这个人，可以做首长。

《汉志》所说的“君人南面之术”，应该是指那些有资格南面而坐的人所要研习的“道本、道用之术”，并非专指天子一人之术。（《论语·卫灵公》《庄子·庚桑楚》）

总之，老子的学说，为中华民族思想理论核心的建设做出了最大贡献。孔子的学说，为中华民族政治制度与教育制度的建设做出了最大贡献。

一个是理论、一个是实践，一个简而精、一个繁而博，老子与孔子，二人功不可没。

今天在世界范围内，孔子学院到处开花结果，可喜可贺；以“孔子”命名而非“老子”，实至名归。

四、最早得到老子著作的人士：关尹子

1. 一则故事的三种结局

有关“关尹”其人的记载很少，主要见于先秦的《庄子》《列子》《吕氏春秋》，以及汉代的《史记》《列仙传》与《汉书》，多很简略。

周朝有位大夫，叫尹喜，是西关的最高主管。当时很少有人知道，这位尹喜擅长神仙方术，深藏不露。

那一年，老子西游，路过西关。

尹喜察觉天象有异，知道将要有位真人路过，便守住关口，望气辨人，终于等到了慕名已久的老子。

老子也早就知道有这么一位奇人，于是便写了一部书，传授给尹喜。

后来，尹喜陪伴老子，一同远游西域流沙，教化胡人。

老子与尹喜常年服用黑色的胡麻籽，健体长寿。没有人知道，二人到底活了多久、最终的归宿是哪里。

"《关尹子》九篇。名喜，为关吏，老子过关，喜去吏而从之。"《汉志》所记，是对《列仙传》中某些记载的简要复述。

有关《列仙传》提及的老子所著之书，《史记·老子传》里写得很具体："老子修道德，其学以自隐无名为务。居周久之，见周之衰，乃遂去。至关，关令尹喜曰：'子将隐矣，彊为我著书。'于是老子乃著书上下篇，言道德之意五千余言而去，莫知其所终。"

一则故事，三种结局。

《史记》认为，老子著书之后，只身离关而去，不知所终。

《列仙传》认为，老子著书之后，偕关尹离关而去，二人西行化胡，之后，不知所终。

《汉书》认为，关尹辞职离关，跟从老子而去。

鲁迅先生当年也曾以此为素材，创作了一篇名叫《出关》的小说，用的同样不是史家笔法。

但是有一点可以肯定，就是老子"著书"授予关尹。由此可知，在传世文献记载中，"关尹"应该是亲手得到老子著作的第一人。

《列子·力命》记载了二人唯一一次学术交流。

老聃曾对关尹说："天之所恶，孰知其故？"

这句话正是《老子·73》的经文，是否间接证明，司马迁所说"言道德之意五千余言"的"上下篇"，就是传世《老子》的母本？

2."关尹"是谁

至于"关尹"究竟是谁，始终是一本糊涂账。

《庄子》称之为"关尹"。

《列子》称之为"关尹""关尹喜"，又称"关尹子""尹子"。

《列仙传》称之为"关令尹喜""尹喜"。

《汉志》回避了他的姓氏，只说他叫"喜"，是位关吏。

《史记》的"关令尹喜曰"，与《列仙传》的"关令尹喜者"，"关令尹喜"四字相同，后人有多种解读。

或认为，"关令"是边关职官的名称，这位官员姓尹名喜。

或认为，"令"是官称，姓关名尹喜。

或认为，"令"与"尹"都是官称，《说文解字》说："令：发号也，号令者。""尹：治也，握事者也。"所谓"关令尹"，其实是将"关令"与"关尹"合为一词，所以《列仙传》称其书为《关令子》，《汉志》称其书为《关尹子》。

或认为，"令尹"是官称，在这里，"关令尹"指的就是边关的最高首长，名叫"喜"。楚国称最高行政首长为"令尹"。

更有人认为，"关尹"与"尹喜"，其实是两个人，一位姓"关"，一位姓"尹"。与老聃交往的是"关尹"，与太史儋交往的是"尹喜"。

后世的《风俗通》与《元和姓纂》，都说"关"姓是"关令尹喜"之后，至于这四字之间究竟是什么关系，则一带而过，存而不论。

既然各种推测都缺乏有力的佐证，还是"述而不作"的好。

有意思的是，近年来，有人考证佛经，认为"关尹子"后来成了"阿差末菩萨"，并由此推断，老子就是四川峨嵋的"普贤如来"，是阿差末菩萨的宗师。注意，是"普贤如来"，不是"普贤菩萨"。

这里摘录"天涯论坛"上几句有关文字，以供有兴趣者参考：

"佛经三藏十二部中的'大集部'有《阿差末菩萨经》，与别的经籍不同，这部经不是记述释迦牟尼宣说的佛法，而是将一位客座思想家的讲座记录整理而成，显然一向排斥'外道'的佛教对于这一思想流派给予了较高的重视和礼遇。主讲者是佛门以外思想流派的关尹，'阿差末'的汉语意思'法性无尽'，与'道'相同，'道'作为本体的基本特点是遍一切时一切域。由此，笔者开始推究经中的关尹是否是老子唯一学生关尹子？"

《阿差末菩萨经》："佛告舍利弗：有一菩萨名阿差末，从东方来。与六十亿菩萨俱。""时，舍利弗问阿差末：仁族姓子，所从来处去此远近？其佛所号？世界云何？""犹族姓子，关尹主者，应得推问出入往反。""为分别说所从来处？去此远近？如来国土号字云何？""于彼佛土，天上天下适等无异，舍于世业以法为土则无王者，唯以如来普贤至真而为法王。""普贤如来，其所颁宣初无二言。""阿差末寻问舍利弗：贤者欲见不眴国土普贤如来乎？舍利弗报：唯欲见之。""所入三昧其号名曰遍见诸佛土，使诸会者及舍利弗，皆得尽见不眴佛国普贤如来，莫不欣然为未曾有，咸共起住，佥为彼佛稽首作礼。"云云。

3. 先秦典籍中的关尹学术思想与《老子》

《庄子》中，有关"关尹"的段落共2处，分别见于《达生》与《天下》。

《列子》中，有关"关尹"的段落共6处，分别见于《黄帝》《仲尼》《力命》《杨朱》《说符》。

《吕氏春秋》中，有关"关尹"的段落共2处，分别见于《审己》与《不二》。

列子初学射箭，偶然射中靶心，很高兴，便跑去向老师关尹子汇报，希望得到老师的夸奖。

关尹子问道："你知道为什么会射中吗？"

列子一愣，说："不知道，没想过。"

关尹子一笑，说："那哪行？你离百发百中还差得远呢。练习的时候，多想想罢。"

列子若有所悟，便告别老师，苦练三年，终于掌握了射箭的技巧，又去向关尹子汇报。

关尹子问道："你知道为什么会射中吗？"

列子很有信心地说："知道。"

关尹子说："很好。你所掌握的道理，自己要永远记在心里。"

《审己》中讲述这则故事的人，最后总结说，并非"习射"有其道理在，大到国家的存亡，小到自身的贤与不肖，同样有其道理在。所以，圣人研究事物的重点，不在事物的表面现象，而在事物的内在道理；不在事物发展的结果，而在事物发展的内因，也就是"圣人不察存亡、贤不肖，而察其所以也"。

《说符》中也讲述了这则故事，不过认为，最后这段议论，应该也是关尹的话，内容大同小异，结论是"圣人不察存亡，而察其所以然"。

老子的学说，正是"察其所以然"的学说。

所以，关尹论"射"，让列子体悟的正是"先知之理"。

如何得到"先知之理"？就是论"射"前面一段所说的，要"慎言""慎行"，要持后，仔细忖度与稽查，"见出以知入，观往以知来"，然后才能知晓其内在道理。

从哪里"度"与"稽"？"观之《神农》《有炎》之德，稽之虞、夏、商、周之书，度诸法士贤人之言"（《列子·说符》），其中，自然也包括老子之"言"。

《天下》评价老聃与关尹的道本、道术特点，引用了老聃的两句话、关尹的五句话，从中可以看出二者的区别。

老聃的观点是，"知其雄，守其雌，为天下谿；知其白，守其辱，为天下谷"（《老子·28》）。

《天下》认为，老聃着眼于"天下"，站在"道本"的高度看问题，强调"二而一"的统一性、整体的不可分割性，强调"无分"中的"有分"，以及老聃在"道术"处理时所提倡的主从关系，并且举出各种具体事例，说明老聃与众人的世俗观念反其道而行之的逆向思维。

关尹的观点是，如何处理己、物、道三者之间的关系，关键在于"在己无居，形物自著"，要尊重客观，顺其自然，不抱主观成见，不以主观意志为转移，这就是对"道术"运用的总原则。

因为万物各有其"道"，各自按照各自的规律运行，"若水""若镜""若响""若亡""若清"。"同焉者和，得焉者失"，"己"同其"道"者，必"和"其"物"；"己"居（得）其"物"者，必失其"道"，所以在己、物、道三者之间，要持后，仔细忖度与稽查，然后达到"与'道'同、与'物'和"的境界。

对关尹的这些观点，《仲尼》作了补充，要点就是"物自违道，道不违物"，强调对"道"的追求，不要被"物"所束缚。"善若道者，亦不用耳，亦不用目，亦不用力，亦不用心"，"唯默而得之而性成之者得之"，得"道"只能靠"默"与"性"；只有做到"知而忘情，能而不为"，才是"真知真能"，否则，"虽无为而非理也"，即使做到"无为"，也不合"道"理。

与《天下》所表达的关尹观点不同，《仲尼》的补充，跳过"物"这一环节，"澹然独与神明居"，越来越偏于"神"、偏于"幻"，强调的是至人之学、真人之学、神仙之学，与老子学说的理论核心并不相合。

《达生》与《黄帝》里还有这样一段对话。

子列子问关尹："'至人'在水里潜行，不会憋死；踩踏烈火，不会烫伤；能在万物之上自由飞翔，一点儿都不害怕。请问，'至人'为什么能做到这些常人所不能做到的事呢？"

关尹用"纯气之守"四个字来回答，并讲了一番道理。

关尹告诉列子，要"神全"，要"不开人之天，而开天之天"，要生而知之，不要学而知之，就能做到像"至人"一样了。

如何得到"神全"？要"得全"，就要"壹其性，养其气，合其德，以通乎物之所造"，与"造物者"相通，这样，"外物"就不能侵入而伤"神"。

关尹得书于老聃，必然相互有所借鉴；但是，二人的师承关系却很难判断。

可以看出，从"道"出发，二人走的道路截然不同。老子走向"人"，关尹走向"神"，最终风马牛不相及。

《不二》称之为"关尹贵清"，已经"清"得近乎不食人间烟火了。

与诸子百家一样，关尹自立门户，创一家之言，应该是神仙之学的宗师，尹文子、列子、庄子都受到他的影响。

列子"说符"而关尹论"符"，"列子问关尹"，"关尹谓子列子"，列子"请于关尹子"，由此可见，列子学派应该源于关尹。

4.《关尹子》的"道性"论

《关尹子》是一部道学著作，人们对该书产生的年代以及学术内涵有不同的看法。

道教称《关尹子》为"文始真经"，后世一般称之为"道书"，是一部托名"关尹"的战国诸子百家的中晚期之作。

《关尹子》的论述，主要是围绕"九字真言"展开的，这九个字就是"宇、柱、极、符、鉴、匕、釜、筹、药"。

"宇者，道也。""柱者，建天地也。""极者，尊圣人也。""符者，精神魂魄也。""鉴者，心也。""匕者，食也；食者，形也。""釜者，化也。""筹者，物也。""药者，杂治也。"

《关尹子》的内容以及服务的重心，由此一目了然。

感兴趣的，是《关尹子》的第一句："宇者，道也。关尹子曰：非有道不可言，不可言即道，非有道不可思，不可思即道。"

这让人第一时间便想起传世《老子》的第一句："道可道，非常道；名可名，非常名。"

唐代诗人白居易的《读老子》，曾经提出一个发人深思的问题。

"言者不如知者默，此语吾闻于老君。若道老君是知者，缘何自著五千文？"（《白氏长庆集》）

《老子·56》经文是这样说的："知之者不言，言之者不智。"

《列子·仲尼》中，关尹曾说："唯默而得之而性成之者得之。知而忘情，能而不为，真知真能也。"

从前后多处对照可知，认为"道"是不可言说的，应该是关尹子，而不是老子。所谓"喻道者不言"，"言道者如言梦"。

"道可道，非常道；名可名，非常名。"

经过考证研究，《老子》这句经文晚出，更合理的训读应该是："道何道也？非恒道也？名何名也？非恒名也？"（《显隐老子》）

《关尹子》讲"道性"，强调精神层面，在对"道本"的理解上，与老子"同而异"。

老子强调的是客观之道、物质之道，"物不离道，道不离物"，以及主观之道之于客观之道的"法象"关系。

《关尹子》强调的是主观之道、精神之道，"道独于己"，"物自违道，道不违物"。

老子认为，"道"是"有物混成""三者不可至计，故混而为'一'""字之曰'道'，吾强为之名曰'大'"，是"有无相生"之"二而一"的"大一"

之道。

《关尹子》则认为，"道"是天、命、神、元，四者"合曰'道'"，是"道本至无"之"以无为本"的"小一"之术。

至于"物"与"道"关系，也就是客观之道与主观之道、物质之道与精神之道的关系，《关尹子》的认知游移不定，含糊其辞。

《关尹子》时而称之为"心一、物一、道一；三者又合为一"，时而称之为"物亡而道何在"，时而又称之为"知心无物，则知物无物；知物无物，则知道无物"，"以道寓物者，是物非道"。

试问《关尹子》一句，"'天地'寓，'万物'寓，'我'寓，'道'寓，苟离于'寓'，'道'亦不立"（《关尹子》），那么，"道"又究竟"寓"于何处？

"'道'无方，以'道'寓'物'者，是'物'非'道'。圣人竟不能出'道'以示人"（《关尹子》），看来，就连《关尹子》自己也回答不了。

于是，《关尹子》得出结论，"是'道'也，能见精神而久生，能忘精神而超生"，"圣人能神神而不神于神"，"其心寂然"，统统归之于"心"，归之于精神层面。

然而，不是"'道'无鬼神，独往独来"吗？《关尹子》却告诉你，那是黄帝说的。

通篇《关尹子》中，唯一出现的人物名字，竟然不是老子，而是黄帝，而且，只字不见老子经文的内容，甚至化用经文都没有，是否这也印证了该书为晚出、与《老子》少有关联？

五、最早注解老子著作的人士：文子

1.《文子》与《老子》

《文子》是一部解读老子学说的书，一般认为成书于战国末年。

虽然汉以后的很多朝代，都把《老子》与《文子》等四部经书并列为官家的教科书（"官学"与"道举"），也称文子为"圣"、为"真人"，但是多少年来，还是有不少学者固执地认为，《文子》是部伪书；直到1973年，这种错误认知才算被打破。

《文子》的真伪，从来就是学术争论的话题，因为它曾经几次散失，又几次复得，所以不能不引起人们的猜疑。

关于《文子》一书之真伪的争论，发端于汉，源于《汉志》中的论断："《文子》九篇。老子弟子，与孔子并时，而称'周平王问'，似依托者也。"

班固自注中，所谓的"似依托者也"，历来有两种认知。

一种认为，是指"周平王问""似依托者也"，是对"周平王"的"周"字产生的疑问。

一种认为，是指《文子》之书"似依托者也"，以至《文子》被后人判为伪书，连带文子也成了问题人物。

事实果真如此吗？不尽然。

《文子·道德》中，有"平王问文子曰：吾闻子得道于老聃"一段论述，这位平王，指的是楚平王。

另外，元代的杜道坚也进一步解释说："楚平王不用文子之言，遂有鞭尸之祸。"

由此可知，所谓的"周平王"，实际上是"楚平王"之误。

公元前770年—前720年，周平王在位，是东周的第一位天子。公元前528年—前515年，楚平王在位。以时间推断，文子生活的时代不辩自明。

1973年，河北定县40号西汉中山怀王刘修（公元前69年—前54年）墓中，出土了大量竹简，其中就有《文子》的残简，与《淮南子》中的有关内容相比较，证明其确为先秦典籍（《文物》1981年第8期、1995年第12期）。

由此可见，今本《文子》，至少有部分内容不是伪作。

唐代的柳宗元曾专门写了一篇《辩文子》，提出疑问，"不知人之增益欤？或者众为聚敛以成其书欤？"最后称之为"驳书"，也就是真伪参半的意思。

柳宗元之说，应该是持平之论。从它的内容判断，《文子》可能正如柳宗元所言，是部"驳书"。

《荀子》《吕氏春秋》《淮南子》《韩非子·外储·内储》，对《文子》都有所征引，可见《文子》至少在战国中期以前，就已经流行。

由此推断，稷下之宫复盛之前，五千余言之《道·德（老子）》已然传世，《文子》很可能也是稷下百家之作，与《关尹子》一样，是最早的学老专著之一，采取的方式，正是韩非所谓的"说本"或"解本"。

古来学者多认为，《文子》是《道·德（老子）》的"传"与"注"，或"义"与"疏"。

今本《文子》与今本《老子》相比较，其中明确引用《老子》经文或用语者，共有《老子》中的67个篇章，占了八成多。

除了直接指称"老子曰"、引用《老子》经文外，更多的做法，是化《老子》经文的只言片语于行文之中。

《文子》以议论为主，故事不多。举几个例子。

文子问老聃："请问先生，王道有几种？"

老子回答说："只有一种。"

文子很奇怪，又问："在古代，有以道德为王的，也有靠武力为王的，您怎么说只有一种呢？"

老子说："以道为王的，你知道是靠'德'；你却不知道，以武力征服天下而称王的，也要靠'德'呀，所以说，王道只有一种。

"你想想，是不是有五种用兵之道？有义兵，有应兵，有忿兵，有贪兵，有骄兵，各有各的含义。

"不是五种用兵之道都可以称王。用义兵，可以称王；用应兵，可以胜利；如果用忿兵、贪兵、骄兵，必然失败，必然灭亡。这就是天道。"（《文子·道德》）

老子说："一个人，如果品德不足却受到宠爱，一定会被人们讥讽；如果才能低下却身居高位，一定会时刻身处险境；如果没有立大功，却接受高额俸禄，一定会很快衰败，这都叫德不配位、才不配位，所以，'物或益之而损，或损之而益'（《老子·42》），说的就是这个道理。"（《文子·符言》）

老子又说："人有三种羡慕嫉妒恨：爵位高了，人们就会嫉妒你；官做大了，人们就会厌恶你；俸禄丰厚，人们就会怨恨你。要记住，爵位越高，越要关注百姓；官位越大，越要谦卑小心；俸禄越丰厚，越要乐善好施。炼好这三种修行，什么怨恨都不会找上门。所以，'贵以贱为本，高以下为基'（《老子·39》），说的就是这个道理。"（《文子·符言》）

2. "文子"是谁

"文子"是谁？至今也没有个定论，是一个论述起来有些困难的话题。

学界一般认为，《文子》的作者是老子的弟子计然。

计然，又叫计倪，宋国葵丘濮上（河南商丘民权县，一说山东临淄）人，姓辛，名妍，字文子，号计然；他的先祖是从晋国逃亡到宋国的落难贵族。

计然曾经南游越国，收越国大夫范蠡为徒，授其"七策"以帮助越王复国。

至于计然是否老子的弟子，《史记》却只字未提。（《货殖列传》）

计然的生卒年不详，而范蠡、文仲则是有案可查的。

公元前536年—前448年，范蠡在世。公元前535年—前472年，文仲在世。孔子逝于公元前479年。由此看来，"文子"与"与孔子并时"之说，应该是合理的推断。

不过，令人困惑的是，当时叫"文子"的人很多，在《左》《国》《策》中，称为"文子"的人不下八九位，不只有计然一人，那么，究竟是哪位"文子"？为什么一定是"计文子"呢？抑或不在其中？

既然尚无实证可查，各种认定就都缺乏说服力。更何况，以计然的"文子"为"子书"之名，于体例也不合。

所以，有人以古人称谓规则为依据，认为老子的弟子文子应该姓文，如其他诸子一样，是对文姓之人的尊称，甚至有人认为他就是文仲。

越王勾践"十年生聚、十年教育",复兴越国,全靠着"三绝"人物,就是文种、范蠡与计然。

文种主政务,有伐吴七术(《越绝书》);范蠡主军事;计然主经济。

三人究竟有什么学术之间的师承关系?或者说,他们三人中,究竟谁是《文子》的作者?由于各种典籍的记载相互矛盾,还真有点儿说不清。考虑到三人之间的关系,《文子》为三人合著,也说不定。

值得注意的是,简书《文子》中的"文子曰",今本《文子》都改成了"老子曰",证明《文子》在流传过程中,的确存在后人有意改动的行为。这种改动,是否为了坐实老子与文子的师承关系?不得而知。

汉代的王充说,"老子、文子,似天地者也"(《论衡·自然》),认为文子是老子亲传的大弟子;老子似天,文子似地。

《隋书·经籍志》接受《汉书》的观点,认为"《文子》十二卷。文子,老子弟子"。

虽说这些认知,只是后人的随声附和,无法作为实证,但是有一点可以确定,就是《文子》一书的内容直接继承了老子学说,是第一部较全面地解读《道·德(老子)》的专著。

六、得到老子亲传的其他同时代人士

得到老子亲传的还有一些人,主要记录于《庄子》与《列子》。

他们就是无趾、杨朱、崔瞿、士成绮、庚桑楚、南荣趎、柏矩、尹文先生和秦人逢氏。

这些真真假假、虚虚实实的弟子们,究竟从老子那里学到了什么呢?或者说,众多以"老子"为名的议论,都反映出老子的哪些观点呢?

1. 无趾见老聃(《庄子·德充符》)

鲁国有位叫无趾的人,受过刑罚。

一天,他去见孔子,受到孔子的奚落。

无趾不卑不亢,一番话让孔子哑口无言,不得不向他认错。

无趾出来后,去见老聃,说:"孔丘比起'至人'来,差得远了,他又何必时不时地装出一副道貌岸然的模样,以为自己就是位多知多懂的大学问家。难道他就不知道,'至人'是把'自以为是'看作是桎梏的吗?"

老聃说:"'死'与'生'二而'一'、'可'与'不可'二而'一',你何不告诉他'一条'与'一贯'的道理,帮助他解脱束缚思想的桎梏,让他全面看问题。难道你不可以这样做吗?"

无趾说:"天刑之,安可解!"

无趾认为，解铃还需系铃人，解脱只能靠自己，别人帮不上忙。

老聃之"言"，体现出他的"大一之道"；而无趾回答的，也正是老子"以'自'为'然'"的运用。

这应该是一则寓言故事。

2. 崔瞿见老聃（《庄子·在宥》）

崔瞿的问题是，"不治天下，安藏（臧）人心"？意思是，治天下，是否先要处理好人之心？

老聃回答的要点是，"治心"一定要慎重，因为最难于处理、最容易扰乱的就是"人之心"，符合《老子·13》的要义。

但是之后的发挥，大发议论，却"执偏"太远，脱离了老子学说，成了对上自黄帝、尧、舜以及三王，中至曾、史、儒、墨，下到桀、跖的不分青红皂白的大批判，总之就是世上没有好人，很多所谓的"治天下"，结果都导致天下大乱，所有错误就在"撄人心"三字上，结论就是要"绝圣弃知而天下大治"。

出土文献《老子》已经证明，"绝圣弃知"（《老子·19》）并非老子所说，而是庄子学派的改造。

3. 士成绮见老聃（《庄子·天道》）

士成绮费了好大的劲儿来见老子，身心疲惫、气喘吁吁。

乍见之下，很失望，认为老子不是圣人。

因为士成绮坐了很久，老子始终对他漠然不应，气氛很尴尬。

士成绮一时冲动，指责老子没有圣人的作为。

第二天，士成绮又去见老子，惭愧地说："我昨天对您说的怪话，今天怎么都不见了？"

老子并没有怪他昨天的失言，而是给他讲解了一番"名"与"实"的关系，以及如何"修身"的道理。

别人认为我是谁，并不重要；管我叫什么，也不重要。

重要的是，我自己要知道我是谁。

"苟有其实，人与之名而弗受，再受其殃"，别人叫我什么，我都不会介意，既不会为虚名所累，也不会为争名而再次受殃，总之，好坏之名，都与我无关（脱焉）。

有句"名者，实之宾"的名言，见于《庄子·逍遥游》，为许由所引用。

巧的是，在《列子·杨朱》里，却明说是"《老子》曰：'名者，实之宾'"。

看来，"名者，实之宾"，应该是《老子》佚文，这里的对话，正是对"名者，实之宾"的具体发挥。

4. 庚桑楚与老聃（《庄子·庚桑楚》《列子·仲尼》）

庚桑楚又称亢桑子、亢仓子，陈国人，是老子的弟子，被陈国尊为圣人。庚桑楚向老子学习的事迹不详。

据《仲尼》记载：

有位陈国的大夫到鲁国去，私下里会见叔孙氏。

叔孙氏夸耀说："我们鲁国有位圣人，叫孔丘，能'废心而用形'。"

陈国大夫也夸耀说："我们陈国也有位圣人，是老子的弟子，叫亢仓子，能'耳视而目听'，用耳朵看，用眼睛听。"

鲁国国君听到后，大吃一惊，连忙派人去请亢仓子，打算许以高官厚禄重用他。

亢仓子来了以后，说："什么用耳朵看、用眼睛听，那是传话的人在胡说八道。我可以做到不用耳目去视、去听，却做不到改变耳目的功用。"

鲁侯更加吃惊，一定要让亢仓子讲讲到底是怎么回事儿。

于是，亢仓子说了一番道理，结论是，"我体合于心，心合于气，气合于神，神合于无"，"自知而已"。

如何做到"自知"？就是要"知常"；时时处处遵循"二而一"的原理，在每一个"大一"之中，始终成为其中的一个"小一"。只有站在"大一"的高度看问题，才能既看清"大一"，又看清自己。

鲁侯听了，很高兴。

后来，鲁侯又把这件事告诉了孔子，孔子却笑而不答。

是啊，不知人，焉能自知？不自知，焉能知人？

其实，亢仓子说的，就是对"不出于户，以知天下；不窥于牖，以知天道"（《老子·47》）的具体发挥，是对"知人者智，自知者明"（《老子·33》）的具体运用。

根据下一条资料的记载判断，庚桑楚赴鲁之后，应该是留在鲁国传播、实践老子的学说，这时老聃应该仍然健在。

5. 南荣趎见老聃（《庄子·庚桑楚》《文子·精诚》《淮南子·修务训》《新书·劝学》）

这是一则非常重要的资料，一篇非常精彩的议论文。

老聃有位入室弟子，叫庚桑楚，是陈国人，学到了老子学说的真传。

后来，他到鲁国一个叫"畏垒"的地方去实践。

短短三年，庚桑楚便将畏垒治理得井井有条。当地百姓丰衣足食，生活美满。百姓们感激涕零，尊崇庚桑楚是圣人，要为他建生祠，像神一样供奉。

庚桑楚听说后，很失落，不停地自责，检讨自己没有做好"为腹"之"修己"，"先善与利"，却没有重视对百姓内心的道德教育，这是因为自己没有真正学到老子学说的真谛。

弟子们不以为然，认为他当之无愧。

于是，庚桑楚就说了一大段话，分析了自己不足以被"称扬"的道理。

有一位叫南荣趎的老学生，插话问道："那么，我们又该怎么做，才能得到老子的真传呢？"

师徒二人一番议论后，庚桑楚说道："今吾才小，不足以化子。子胡不南见老子？"让他去南方拜见老子，向老子求教。

七天后，南荣趎见到了老子，提出自己的疑问："不知乎？人谓我朱（侏）愚；知乎？反愁我躯。不仁则害人，仁则反愁我身；不义则伤彼，义则反愁我己，我安逃此而可？"

南荣趎的心中，最想问的是如何解脱自身的"三愁"。到底应该如何处理"知与不知""仁与不仁""义与不义"这三对"小一"的关系呢？

经过多天的交流，老子终于教给南荣趎用于修身养生的"卫生之经"，也就是著名的"卫生九问"。

老子又以第九问"能儿子乎"为例，做出详细的解释，云云。

总之，六个"小一"若单独处理，都处理不好，因为它们不是绝对的、孤立存在的，而是相对的、相辅相成的。

所以，正确的处理方法，就是将六个"小一"合为三对，作"二而一"的耦处理。

"卫生之经"就是"养生之道"。

"卫生九问"所揭示的九大要点，完全符合老子学说的要旨，在《老子》中都可以找到对应经文，与第10章的"卫生六问"内容也大致相同，只是更口语化一些。

"卫生九问"中，最重要的第一问"能抱'一'乎"，直指问题的本质。

所谓"抱'一'（执'一'）"，就是要正确认识、掌握和运用客观世界的"二而一"之道，或称之为"大一"之道，这是"一切"的根本。

除了《庄子》以外，这则故事在《文子》《淮南子》《新书》中也有记载，相互比较，有繁有简、大同小异。

与《庄子》不同的是，其他典籍主要强调南荣趎的学习精神，生怕没有学到老子的真传而从自己这里失传。

"南荣趎"，"趎"音"除"，或写作"南荣畴"，或写作"南荣跦"，灌县人，都是指同一个人。

6. 柏矩见老聃 （《庄子·则阳》）

鲁国人柏矩跟随老聃学习。

一天，柏矩对老子说："先生，我想去游学天下。"

老聃不以为然，说："算了罢，哪儿还不都一样。"

柏矩不听劝，还是想先到齐国去。

刚到齐国，就见到一具被处死的罪人的尸体，于是柏矩借题发挥，大骂齐国的统治者干的全都是些盗窃之事，根本不配"君人"，必须给予最严厉的谴责，云云。

这则故事，应该是庄子的弟子后学们以寓言说事，借老子的弟子之口表达出对齐国的不满。其实，称这位"柏矩"是庄子的弟子、把"老聃"改为"庄子"，倒更恰当。

为什么？这里必须要知道一段时代背景。

庄周是宋国人，宋国于公元前286年被齐国所灭，而庄周逝世于公元前286年（一说公元前275年），对庄周和他的弟子们来说，亡国之痛时刻铭记在心。

齐国灭宋国的结果，直接导致五国伐齐，两年之后，齐国险些灭亡。

《则阳》是《庄子》"杂篇"中的一篇，一般认为是庄子的弟子所写。在这种时代大背景下，借柏矩之口替自己的老师抒发一下亡国之恨，骂一顿本来就是"窃国大盗"的田齐之君，实在与老子学说没有什么关系。

7. 尹文先生见老聃 (《列子·周穆王》)

有位叫做老成子的，向尹文先生学习，一连三年都没学到什么，于是向尹文先生辞行，并询问自己究竟做错了什么。

尹文先生很有礼貌地将老成子请进秘室，悄悄对他说："当年老聃西去时，曾经对我讲过幻化之术，'知幻化之不异生死也，始可与学幻'。"

只有懂得了所谓的"幻化"，与生死并没有什么本质区别，才可以学习幻化之术。

我和你之间，也是"幻"的关系，"奚须学哉"，还需要学吗？不是我不教你，而是的确没有什么可教的。

于是老成子深思三月，终于学成幻术，只不过没有著书立说，"故世莫传焉"。

"幻化之术"说白了，就是"神仙术"，这是《列子》在为"幻化"学派造势，与关尹学说有关，与老子学说无关。

老成子是宋国的贤人，姓老成，《中国姓氏大全》说他是宋戴公之孙，以邑为姓，或简姓"老"。

尹文先生是否就是尹文子？似乎不像。尹文子是战国时齐国人，是稷下人物。两个人不是一个时代的人，相差了几百年。

尹文先生说，老聃曾经亲口对他讲过"幻术"，是真的吗？如果是真的，不是说明稷下时期老子还活在世上吗？史书中哪里有这样的记载？而且"幻术"也不是老子的学说内容。

8. 秦人逢氏见老聃（《列子·周穆王》）

秦国有位姓逢的人，有个儿子，小的时候很聪明，长大以后却得了神经错乱的病。他得到别人的指点，去鲁国讨教病因。

路过陈国时，他遇见了老聃，于是向老聃请教。

老聃说了一番话，大意就是，你怎么知道你的儿子就是精神病？天下之人，是非分不清、利害辨不明的太多了，都像是犯神经一样，你怎么才能知道谁迷谁醒？谁又能认得准、说得清？云云。

从"孰能正之"四字可以看出，这则寓言，是将《老子·58》的经文故事化，但在理解或表述上出了问题，成了无对错、无是非的相对论了。

这又是一例由于"人之迷"所造成的"小一"之术对"大一"之道的"执偏"之误。

"祸"就是"祸"，只不过祸中藏福；"福"就是"福"，只不过福中藏祸；是"祸"、是"福"，还是分得清的，这才是真正的"大一"之道、也就是"二而一"之道。

有些人总是喜欢说"坏事变好事"，同理，坏事是"变"不成好事的，坏中藏好，好中藏坏，只不过是处理问题得当，使二者之间的主客易位、显隐易位而已。

现在越来越多的人，开始使用"转坏为好"与"转危为机"等表述了。

这也正是老子辩证法的高明之处，也是与一般所认识的辩证法的本质区别。

判断其遵循的究竟是"大一"之道，还是"小一"之术，主要指标就是看其对"二而一"的某一个侧面是否以偏概全、是否绝对化。

秦人路过陈国，遇到老聃，一个"过"、一个"遇"，是否说明二人是在陈国境内的途中相遇？秦人逢氏之父与老聃相熟，那么逢氏之父究竟是谁？与老子什么关系？

老聃曾西游于秦，另一处又称之为"徂西"，即西行，证明老聃确实到过秦国，自然与不少秦人相熟。

9. 杨朱两见老聃（《庄子·应帝王·山木·寓言》《列子·黄帝·杨朱》）

最后谈一谈杨朱。

杨朱（公元前450年—前370年，一说公元前395年—前335年），字子居，秦国（一说魏国、卫国）人。各种资料中，还有阳子居、杨子居、杨子取、阳生、杨子等称谓。

杨朱与老聃之间，至少有过两次谈话。

有一次，杨朱向老聃请教明王圣主之治。老聃告诉他，要点就是，要能正确处理与运用"有"与"无"的"二而一"之道。

还有一次，杨朱"南之沛"，在路上遇见老子，可能有些不恭敬，引起老子的不满。

二人到了旅舍，杨朱执弟子礼，请老子教训。

于是，老子教给他两句话，"而睢睢盱盱，而谁与居？大白若辱，盛德若不足"（《老子·41》），意思就是，你总是一副飞扬跋扈的样子，谁还愿意与你相处？你一定要知道如何运用"大一"之道。白与黑二而"一"；要以白为主为隐，却显之以黑。要内蕴盛德，却外显似不足，也就是要大智若愚，揣着明白装糊涂，要以智为主为隐，却显之以愚。

杨朱谨记在心，决心改正。

来的时候，杨朱即使在旅舍这种场合，也要摆出一副高高在上、盛气凌人的模样。等到返家以后，杨朱已经能够做到不分尊卑，与众庶打成一片了。

杨朱向老子问道，有一个时间问题。

杨朱见到老聃时，像当年的孔子一样，年轻气盛。就算当时他有20岁，按照所提供的两种年代分别计算，如果老聃还活着的话，老聃也应该有141岁，甚至196岁了，似乎二人不大可能有所交集。

在《列子·杨朱》里，记载了这样一段杨朱所说的话："田氏之相齐也，君盈则已降，君敛则已施。民皆归之，因有齐国；子孙享之，至今不绝。"似可证明杨朱的生活时代已到战国（参见下一章），而"遇老子"云云，更像是寓言故事。

但是有一点可以肯定，两次老子所教的，的确都是与《老子》相符合的老子学说；杨朱之学，肯定源于老子学说。

杨朱受教于老子，注重自我修养，养生存性，但是做得"过"了，最终走向极端，成了只关注自我的个人主义者，既不会为天下拔自己之一毛，而且天下之物，只要不是我的，我也不要，所以人们说，杨朱"贵己""重生"。

杨朱创杨朱学派，自成一家，成为当时的第一显学，风头甚至超过儒、墨。究其实质，就是因为杨朱的学说崇尚自我，追求个性解放，时代大变革之初，最能引起有志之士的共鸣与欢迎。

长期以来，杨朱的学说受到孟子、庄子等诸家学派激烈而持久的抨击，必欲取代而后快。

随着变革的深入，后辈学者开始望而却步，杨朱学说渐行渐疏，其人其说，最终散见于《列子》《庄子》《孟子》《荀子》《韩非子》《吕氏春秋》《淮南子》等先秦古籍之中，为人所轻。

总之，"见老子"的故事，有真有假，或真或假，并非都是空穴来风，至少证明，当时，老子学说已在各诸侯国广泛流传，诸家学派的产生，多少都与老子学说有关。

第三章　战国时期：
《道·德（老子）》与百家争鸣

一、谁是战国变法革新的第一君、第一臣

众所周知，自公元前475年（周元王元年）起，也就是孔子去世后四年，东周王朝从春秋时期，进入了战国时期。

这是一个政治改革与文化改革的大时代。

谁是战国时期变法革新的第一君、第一臣？是魏国的魏文侯（公元前472年—前396年）与李悝（公元前455年—前395年）。

1. 魏文侯与李悝变法

战国初期发生的第一件大事，就是"三家分晋"。

公元前453年，晋国大夫赵襄子、韩康子与魏桓子三家合谋，灭掉旧势力的代表智伯家族。

公元前403年，韩、赵、魏三家正式被周威烈王册封为诸侯，三分晋国。

因为北宋司马光编著的《资治通鉴》是从公元前403年写起，所以有些史书，也以这一年为战国时期的开端。

韩、赵、魏三家立国之初，以魏国的国力最弱，条件最差，财力上不如韩国，军力上不如赵国。

然而，短短数年后，魏国却后来居上，"始大于三晋"（《资治通鉴·周纪一》），国力最强。究其原因，主要得力于一位君、一位臣，那就是魏文侯与李悝。

魏文侯魏斯在位之时，李悝担任过魏文侯相。公元前406年，在魏文侯的支持下，李悝主持变法革新，获得成功。

李悝，嬴姓，李氏，名悝，魏国安邑人。有的古籍写作季充或李兑。《史记·魏世家》中，写作李克。《汉书》则认为，李悝与李克是两个人，一位法家，一位儒家。《吕氏春秋》对李悝、李子，或李克，均有记载。

魏国是战国时期最早实行变法革新的诸侯国。正是李悝领导的大改革，使魏国一跃而成为战国第一雄，也使得魏文侯在位50年，称雄于诸侯50年。

李悝变法，主要做了四件事：

第一，根据能力选拔官吏，用人原则从"亲亲"变为"贤贤"，云集了大量人才。

第二，执行了"尽地力之教"（《史记·平准书》《汉书·食货志》）的土地政策与税收政策，增强了国力。

第三，汇集各国刑典，著作《法经》一书（《晋书·刑法志》），以法律的形式，肯定与保护了变法的成果。

第四，改革军事制度，确立"武卒"制（《荀子·议兵》），使魏国拥有了一支战国初期最强大的军队。

《史记》中，对李悝的变法着墨不多，所津津乐道的，竟是李悝的"识人五法"（《魏世家》）。司马迁的春秋笔法中，折射出李悝的为人与才能，以及李悝变法取得成功的根本原因。

一次，魏文侯选相国，有两位候选人，比来比去，究竟选谁，一时拿不定主意。于是，魏文侯找来李悝，想听听他的意见。

李悝只是向魏文侯提供了"五视"之论，作为选人的标准；至于大主意，还是请魏文侯自己拿。

最后，魏文侯运用"识人五法"，做出了正确的选择。

"居，视其所亲；富，视其所与；达，视其所举；穷，视其所不为；贫，视其所不取。"

就是说，判断一个人的道德品质高下，主要看他：闲居时，喜欢和什么样的人交往；富有时，如何支配自己的钱财；有权时，如何选拔人才；失势时，如何坚持原则，有所不为；贫穷时，如何安贫而乐道，有所不取。

总之，就是看一个人在人、财、物上，如何处理"得"与"失"。

2. 秦孝公与商鞅变法

继魏文侯的李悝变法之后，又有楚悼公的吴起变法（公元前386年—前381年）、齐威王的邹忌变法（公元前360年前后）、韩昭侯的申不害变法（公元前351年）、秦孝公的商鞅变法（公元前356年和公元前350年）、赵烈侯的公仲变法、燕昭王的乐毅变法（公元前284年前后），等等。战国的变法，绵延不绝，贯穿了战国的始终。

李悝是战国时期的第一位变法革新者。李悝变法，是战国时期第一次成功的变法，对后来的变法革新者，尤其是吴起、商鞅等人，都有很大影响。

"革新"之说，源于《易经·杂卦》，"《革》，去故也。《鼎》，取新也"。

"变法"之说，源于《商君书·更法》的"今吾欲变法以治"。

在一场有关秦国变法与否的大辩论中，商鞅对"变法革新"的定义，说得很到位：

"前世不同教，何古之法？帝王不相复，何礼之循？"所以，"三代不同礼而王，五霸不同法而霸"。既然如此，就应该"治世不一道，便国不必法古"（《商君书·更法》）。

这些观点，正是对"执今之道，以御今之有"的具体发挥。

商鞅（约公元前395年—前338年），又叫卫鞅、公孙鞅，从小喜欢法律，立志学李悝，先在魏国为官，不得志，于是"受之以相秦"，先后向秦孝公推荐了"帝道""王道"与"霸道"三策。

谁知，秦孝公"其智不开悟"，缺乏战略眼光，不懂得"大一"之道，不懂得以"礼"为主则"王"、以"法"为主则"霸"的区别，不懂得"三道"之间的关系，不懂得"二而一"模式中的每个"小一"，都不是"唯一"，而是为"主"的"杂之"原理。

秦孝公的要求很简单，说："推行帝道、王道，太费时间，我等不了。而且，你们辅佐我，不也是为了尽快名扬天下嘛，你我怎么能等上数十年甚至上百年，才能实现帝王之业呢？"

商鞅自知这样做的结果，"难以比'德'于殷周"（《史记·商君列传》），但势不由人，只能投孝公之所好，急功近利，速成强国。

商鞅最终拘于"小一"之术，心不甘、情不愿地成为"不肖者"。

得到秦孝公的重用后，商鞅推行变法，却走向极端，他更多是将李悝的《法经》奉为利器，专用"霸道"，一切以"法"为准绳。

长期以来，商鞅在人们心目中的形象，多是"天资刻薄"（《史记·商君列传》），冷血寡情，执法严酷，重刑厚赏，非常重视"法"的功能，甚至强调"民弱国强"（《商君书·弱民》），似乎成了后世所谓"法家"的"形象大使"。

可是，细心的研究者却又发现，在《商君书》中，多次出现"自治"一词，仅《定分》篇中就有三次之多。

要知道，所谓"自治"，正是源于老子的"自化"等"以'自'为'然'"之说，只不过在特定环境下，加上了一个具体的法制框架，这对今天的民主、自由与法制关系的理解，有积极的借鉴意义。仅就这一点而言，对商鞅的变法，应该还有进一步探讨的空间。

后人将李悝、商鞅这些变法革新的"变法家"，简称为"法家"，在学术上并不严谨。

"刑法"之用，既非自李悝等人始，亦非至李悝等人止，更非战国变法之全部，"卒受恶名于秦，有以也夫"（《史记·商君列传》），不过是历史的误会罢了。

二、无中生有的"依托之书":"黄帝"类书

1. 新兴势力的"三宝"之一:"高远其祖"

有一条铁律,中国人大多熟知,就是"穷则思变",它的出处源于《系辞》"易穷则变,变则通,通则久"。

时代需要革新,变法推进历史。

没有变法革新,就没有社会进步,手段激烈一点儿的,叫"革命"。

"变法革新"不是问题,因为它是客观规律,所遵循的"道本"原理,始终一致,无论承认也好、否认也罢,主动也好、被动也罢,用今天的话说,就是"改革永远在路上"。

至于"变法革新"的内涵,才是问题的关键,因为"变法革新"是"道用"之术,不同时期,有不同内涵。

作为春秋变法的最大文化保障,就是《道·德(老子)》的问世,就是尊《道·德(老子)》为经典的学术百家的兴起。

作为春秋变法的最大文化加持,就是对人文始祖"黄帝"的血缘认同。

(1)从"祀五帝"到"黄帝"至尊

众所周知,两周的祖先是后稷,别姓姬氏,名弃,担任过帝尧的农师,后来,帝舜封弃于邰(《史记·周本纪》)。

公元前1046年,周武王联合八百诸侯,出兵伐商,奔袭商朝都城朝歌。

据说当年牧野之战,血流漂杵,武王取得决定性胜利。

大军开进朝歌,武王还没有下车,便迫不及待做了一件大事(《礼记·乐记》《史记·周本纪》)。

武王褒封神农的后代做焦国国君、黄帝的后代做蓟国国君、帝尧的后代做祝国国君、帝舜的后代做陈国国君。

下车以后,武王又接着褒封大禹的后代做杞国国君,封投诚的殷商之后做宋国国君。

如此看来,两周之初,历代天子及诸侯对自己祖先的认知,还是实事求是的。

直到春秋时期,黄帝的至尊地位才渐渐突显出来。

寻根问祖是中国人的特性。每个民族,都要有自己的"始";每个人,都要有自己的祖先、自己的"根",即使想方设法,也必须要找出一位来。

中国人对祖先的崇拜、对"根"的追寻,既执着,又模糊。

五六千年前,中华大地上生存着成千上万群氏族部落。为了生存,为了得失,大大小小的部落之间,有战争,有和平,有杀戮,有通婚,分分合合,逐渐在不同的地域形成几组不同特色的部落联盟。

这些部落联盟之间，同样为了生存，为了得失，有战争，有和平，有杀戮，有通婚，分分合合，最终"咸来宾从"，认同天下一统，推出"共主"，或称之为"盟主"。

传说，初具国家形态的古中国，第一位共主就是黄帝（《史记·五帝本纪》）。

人们对中华民族的始祖认知，有一个过程。对黄帝的认知定型，也有一个从神到人、再从人到神的过程。

对黄帝的崇拜，究竟始于何时？

据记载，周人视"五帝"（《礼记·月令》《周礼》）为神。

"五帝"是指人格化的五位上帝，又称"五方上帝"，有"后天五帝"与"先天五帝"之分。

"后天五帝"指的是人间的帝王，人们相信他们生前及死后都是天神，也就是"先天五帝"，辅佐昊天上帝，统治东西南北中五个方位。

长期以来，"祀五帝"是两周的传统，至于五帝之间，并无厚此薄彼之分，都是昊天上帝的辅佐。

司马迁作《五帝本纪》，居《史记》之首篇，"学者多称五帝，尚矣"。

后人对上古帝王世系以及"五帝"历来说法不一，但多包括黄帝，而且大都将黄帝居于首位。

比如，东周王朝的太子晋，也就是传说吹笙成仙的王子乔就曾说过，很多诸侯国"皆黄、炎之后"。

鲁国的展禽，也就是柳下惠，就有过关于祭祀黄帝等人的论述。

晋国重耳迎娶秦怀嬴的故事中，谈论家谱，就是从黄帝、炎帝说起的，而且在文献中，第一次说黄帝与炎帝是亲兄弟（《国语》）。

春秋战国之交，新老诸侯国，更是纷纷尊崇黄帝为自己的始祖，"世之所高，莫若黄帝"（《庄子·盗跖》）。

公元280年左右，也就是西晋武帝时期，有位叫不准的汲郡人，盗掘了战国时期魏王的古墓，得到竹简数十车，其中，最有价值的，就是《竹书纪年》，史称"汲冢书"（《晋书·列传·束皙》《隋书·经籍志》）。

《竹书纪年》是魏国的史书，是一部编年体通史，共分十三篇，叙述夏、商、西周与春秋、战国的历史，按年编次。

《竹书纪年》的第1卷，就是以黄帝为首，追记黄帝、颛顼、帝喾三帝的史事，并且都有明确的在位年数，所记载的很多内容与《春秋》有所不同。

《竹书纪年》告诉我们，黄帝元年，即公元前2394年。

《汉志》记载的史书《世本》，比《竹书纪年》要晚六七十年，是将黄帝作为华夏始祖看待的。

《世本》以黄帝、帝颛顼、帝喾、帝尧、帝舜为五帝，认为五帝同出一族，黄帝为其始祖。

从此，黄帝以"五帝之祖"的身份，成为中华民族的血脉始祖与人文始祖。

"中华民族的始祖是黄帝"，也成为对中华民族血缘关系的正统认知，自古及今，已经得到普遍认同。

然而，在春秋时期以前，不是这个样子的。

当初，《世本》等史书并没有将周王朝的世系上溯到黄帝，符合西周王朝的初衷，"后稷之兴，在陶唐、虞、夏之际，皆有令德"（《史记·周本纪》）。

那么，为什么新兴诸侯以及学术百家又都热衷于"言黄帝"呢？

一言以蔽之，是新时代的新需要、新政权的新需要。

因为，无论是"三家分晋"，还是后来的"田陈代齐"，得到周天子的册封，还都仅仅是确立政权的第一步。如果没有文化上的道统、法统的支撑与加持，又如何能够彻底"洗白"，如何实现家国的"长生久视之道"（《老子·59》）？

于是，"高远其所从来"，便成了各国变法革新势力纷纷继承的第一件法宝。

忽然想起鲁迅《阿Q正传》中阿Q的一句话："我们先前——比你阔的多啦！你算是什么东西！"看来，"高远其所从来"，的确可以作为一种利器来使用。

（2）顺势而为的"田陈代齐"

"田陈代齐"，是战国初期发生的第二件大事。

与魏国等国的自立门户不同，田齐的情况则要复杂得多。

当年，齐国有位大臣叫陈完，因为"陈"与"田"读音相同，所以又叫做田完。陈完本来是陈国的公族，是陈厉公的儿子，后来为了避祸，投奔齐国，成了齐国的臣子。

经过一代又一代的努力，陈氏家族渐渐控制了齐国国政，终于在第八代时，上演了一出"田陈代齐"的历史大剧。

齐国的君主本来是姜太公的后代，称之为"姜齐"。田和身为姜氏齐国的"太公摄政"，请求魏文侯举荐他成为诸侯。

公元前402年，魏文侯正式向周天子提出请求，立田和为诸侯，几经周折，最终得到天子的首肯。

公元前386年，周天子正式立田和为齐侯，列于周室，纪元年。

"田齐"代"姜齐"，采取的是和平演变的方式，直到周天子正式批准，前后用了近二十年时间，既合理又合法，"田齐"用不着因为其正名而大伤脑筋。

即便如此，到了齐宣王时代，庄周等人还是不以为然，仍然以此为例，称

"田齐"为"盗其国",并毫不客气地拿"田齐"与盗跖相比,说出"窃钩者诛,窃国者为诸侯"(《庄子·胠箧》)这句振聋发聩的名言。

田和是田氏齐国的第一代侯王。三年后,田和去世。

公元前374年,田和的次子田午,杀死在位的长兄一家,篡位称"君",尊为"齐桓公(齐桓侯)"。历史上,前后共有过两位齐桓公,一位是姜齐的小白,一位就是田齐的田午。

与田和相比,齐桓公田午就不同了,他是杀了其兄齐侯田剡一家子,篡位自立的,于"周礼"来说,这可是最严重的篡弑行为。

虽说齐桓公政绩卓著,后来又得到"桓"的谥号,甚至与"姜齐"的齐桓公使用同一个谥号,却也因其篡位之实,一直为史上所诟病,以至于《史记》等书对他的行事,或略而不记,或语焉不详,年限也模糊不清。

"名不正,则言不顺;言不顺,则事不成"(《论语·子路》),为此,如何"正名",便一直成为田齐三代侯王,尤其是齐桓侯的心病。

"高远其所从来",是他们首先想到的"正名"之法。

既然要"高远其所从来",就要发挥到极致,直接从"黄帝"说起,自称"黄帝之后",借此强调其取代并执掌齐国的正统性,只有这样,才能在诸侯国之间,做到后来居上,至少能平起平坐。

田氏来自陈国,本是"舜帝之后",要想移植为"黄帝之后",必须要费一番功夫。既要"高远其祖",又不能"数典忘祖",在这一点上,田齐政权的所作所为,确实突出,引人注目。

据《中华姓氏通史·陈姓》介绍,1976年3月,陕西临潼县零口乡西段村出土的西周"陈侯簋",可以作为证实陈国姓氏的出土文物。

铭文的大意是:"陈文公圉,为周王的妫妃,置办的嫁妆较多,供她万年永远珍用。"既然是由陈文公(侯)置办嫁妆,那么周王这位姓妫的妃子,必然是陈国人。

又据《左传·隐公八年》记载,公元前715年,郑国的公子姬忽,到陈国去迎娶妫姓女子为妻。周代的贵族女子称"姓",男子称"氏",由此可证,陈国公族的女子姓妫,国君及公子公孙等男子姓陈,的确是舜帝的后代。

然而,近年出土的齐威王《陈侯因齐簋》,竟然有了"其唯因齐扬皇考,绍踵高祖黄帝"的铭文,也就是说,到了齐桓公的儿子齐威王因齐之时,公开宣称黄帝是田氏的高祖,已经成为田齐君主炫耀正统的一张王牌。

最终,齐威王如愿以偿。公元前334年,徐州会盟时,齐威王大出风头,由魏国领头,尊奉齐侯因齐为"王",同时,齐威王也承认魏侯为"王",史称"徐州相王"。

顺便说一句,齐威王还有一个时代标志,就是改"侯"称"王"。

《老子》中所谓"侯王"之称，很可能与此有关；同时也证明，《老子》并非一时之作，其中肯定有后学者之增益。

如果说，对齐威王们的具体作为，目前尚无更多文献记载的话，那么，看看他们的后世宗亲王莽是如何做的，同样能够达到镜鉴的效果。

后汉时代的王莽，不愧是大儒，他照方抓药，有样学样，在篡权上做了同一件事。

王莽尊黄帝为远祖、尊舜帝为始祖，"五帝同祖"，雨露均沾。

王莽组织写作班子，编写了"其文尔雅、依托"（《汉书·王莽传》）的《符命》四十二篇，作舆论造势，总之就是一句话，王莽接替西汉王朝是天意。

注意"依托"二字，是不是深得要领？《符命》42篇今安在哉？不过是王莽的"刍狗"而已。这一点，与大批"黄帝"类书的失传何其相似。

2. 应运而生的新"经典"

前期的百家子书，大多化虚为实，以"黄帝"或《道·德（老子）》为原点，采取抄袭、借鉴、化用等诸多手法，创作、挖掘出与老子学说多少有关的"依托之书"。

这些类书，大多为无名氏所著，这也是前期百家子书的最大特点。

对人文始祖的认知，要有一个"经典化"的过程；而对"经典化"的要求，最直接的结果，就是一大批"黄帝"类书的出现，以满足对"黄帝"认同的强烈需要。

是否可以设想一下，革新家们的逻辑思路，大概是这样的：

旧势力尊尧、舜，只言"德（礼）"，奉《诗》《书》等"六经"为经典。

新势力尊黄帝，言"道"与"德"，在不否定"六经"的前提下，更奉《道·德（老子）》为经典。同时，新势力以《道·德（老子）》为范本，甚至不惜造作一批托名于"黄帝"的类书，内容如《庄子》所说，"其要本归于老子之言"，壮大新经典的阵容。

新旧势力相比较，深浅高下，不言自明。

前面已经说到，在《尚书·虞书·夏书·商书》中，"德"字多见，"道"字基本不见，只是在《夏书·禹贡》中，"道"字出现4次，还是作"河道"讲。直到《周书》，作为哲学概念的"道"字，才与"德"字一样大量出现。

在战国群雄改革大潮中，为了抢占道德至高点，讲"德"已经不新鲜，所以自然要在"道"字上另辟蹊径。

而老子学说的核心之一，就是将"道"在哲学层面上理论化、系统化，变法者们又怎么能不采取"拿来主义"呢？

抬出"黄帝"与"老子"这一对重量级人物，打出正统、权威的大旗，使革新派们有了属于自己的经典，与旧的经典分庭抗礼，肯定能够扳回一城，甚至拔得头筹，执学术之牛耳。

事实证明，棋高一招，步步登高。

然而，"百家言黄帝，其文不雅驯"（《史记·五帝本纪》），又是众所周知的事实。

对所谓的"黄帝"类书，司马迁早就有所质疑，对此，他有过一段精辟的论述，是这么说的:

春秋战国时期的学者，多爱称道以黄帝为首的"五帝"。然而，"五帝"的时代，距离我们太久远太久远了。

《尚书》的文字记载，是从帝尧开始的。而诸子百家所说的"黄帝"，都只是各种传说而已，这就让教书的儒家先生们，无所适从，无法判断哪句是真、哪句是假。

到了汉代，即使出现了以孔子为旗号的《五帝德》及《帝系姓》，儒家学者认为，这两篇文章都不是"正经"，还是断然拒绝传习。

作者做过实地考察，黄帝等帝王确有其人，百家所说的很多，也确有其事，只是《尚书》中的记载，有所缺失罢了。

所以，作者对这些传说资料做了筛选，编写成《五帝本纪》，作为《史记》的第一篇。云云。

司马迁还说过，对神农以前的事迹，他一无所知，因为自虞舜、夏禹以来，才有了文字记录，如《诗》与《书》。（《史记·货殖列传》）

儒家"祖述尧、舜"，也是因为传世文献《尚书》的记载是从《尧典》开始的，尧、舜、禹时代以前的历史记载，几乎空白，只有传说。

既然如此，为什么还要承认"黄帝"类书的存在与地位呢?

《淮南子·修务训》说得好:"世俗之人，多尊古而贱今，故为道者，必托之于神农、黄帝，而后能入说。乱世暗主，高远其所从来，因而贵之。"

于是人们便认为:"战国时期百家争鸣，为了高尚自己的学说，称到文武周公还远远不够，把更早的神农、黄帝抬出来，此俗是春秋战国时期兴起的，司马迁不过是客观的反映。"（《中国老学史》）

其实不尽然。事是那么回事，理却不是那么个理。

旧的经典不适应新的形势需要，于是才会有对新经典的需求。这才是问题的实质。

战国初期，无论魏文侯，还是齐桓公，在旧势力的眼中，都是篡位之"乱世暗主"的代表。"乱世暗主"欲正其名，只有"高远其所从来，因而贵之"一条路可走。

《虞书》中，帝尧有《尧典》，帝舜有《舜典》。既然黄帝是我们公认的始祖，又怎么可能没有为后人留下一些文化遗产呢？

于是，"拾遗补缺"式地造作一大批以"黄帝"为名的书籍，自然成了时代的需要。

《道·德（老子）》的出世，恰逢其时。就其实质而言，对抗旧势力最有力的"经典"武器，是《道·德（老子）》，它似乎成了"黄帝"类书的样本。

《道·德（老子）》提供了母本依托，成为造作"黄帝"类书内容的重要依据与参照物；而《道·德（老子）》的横空出世，必然、也必须要给它一个合理的定位。

《道·德（老子）》中多处提及"圣人"，多处提及"圣人之言""圣人之治"等"圣人"之言行，那么，改革势力将经文泛指的"圣人"移植、具化到"黄帝"的身上，既符合改革势力的心理预期，也轻而易举、言之成理。

老聃之"言"中，很多就是引自"黄帝之'言'"，这也是件很难辩驳的事。这一点，《列子·天瑞》不是可以证明吗？

"《黄帝书》曰：'谷神不死，是谓玄牝。玄牝之门，是谓天地之根。绵绵若存，用之不勤'"，与《老子·6》的经文完全相同。

另外，"《黄帝》曰：'精神入其门，骨骸反其根，我尚何存？'"这句经文在《文子》中，归于"老子曰"。

与此同时，再为《道·德（老子）》配合一大批以"黄帝"为名的生力军，难道不也是一件顺理成章的事？

至于"暗主"们所抬举的"为学者"们，诸如"稷下先生"之流，他们"蔽于论而尊其所闻，相与危坐而称之，正领而诵之"（《淮南子·修务训》），为报君恩，以"闻"为"文"，伪托于"黄帝"之名而出书，既配合了侯王们"高祖黄帝"的造势宣传，又着重强调"道生法"的变法理论，用以对抗"唯礼可以已之"（《左传·昭公二十六年》）的周、鲁、姜齐等旧势力，也就不足为怪了。

无可置疑，《老子》经文中的"圣人"，肯定是指代先王圣主（内圣外王）。至于究竟是一位还是数位，都有可能，但这已经不是问题的重点。

当然，这点小把戏，聪明人看得很清楚。这层窗户纸，其实早就让《隋书》捅破了。

《隋书·经籍志》说得煞有介事：所谓的"道"，是从黄帝那里秘传下来的，口传心授，"传之其人"，所以一直"世无师说"，直到《老子》的出现，我们才真正知"道"，云云。

意思就是说：我不说，不等于我不知道；你不知道，不等于没有，"知者稀，则我贵矣。是以圣人被褐而怀玉"（《老子·70》）。

既然是"帝师"教给最高统治者的统治术，当初自然当以帝王为主要读者，秘藏于王室，其他人难得一见，抄本也极少，所以，藏之者极少、见之者亦少。"其玄德深远，言象不测。先王惧人之惑，置于方外，六经之义，是所罕言。"（《隋书·经籍志》）

不过，从《老子》的流传过程来看，如果用"秘传"二字来解释，倒也符合初始之事实。

老子的《道·德》二篇，应该是古经典中《德经》《道经》类书的延续。

"黄帝"类书，也看似是对《尚书》古经典的新补充。

可惜，"黄帝"类书的这种补充并不成功，充其量不过是老子学说的"山寨版"，最终只能归于百家"子书"一类，无法因其"黄帝"二字，便一跃而成为新经典。

由于"黄帝"类书的目的性极强，只与极少数人有关，目的达到，自然落叶归根，亡佚于皇家秘室，不似《庄子》等书自成一家，广为人知。

由此看来，"黄帝"类书应运而生，必然应运而亡，只不过是改革盛宴中的"刍狗"与"托儿"，服务于巩固《老子》在经典殿堂中的地位而已。

"黄帝"类书的经典地位，始终无法得到认同，最终都没有得到确立。

这也许正是"黄帝"类书短命的主要原因，也正是为什么在先秦典籍中，没有"黄老学派"之说的主要原因。

3. "黄帝"类书究竟是些什么书

据《汉志》记载，以"黄帝"为名的类书书名，共有20种之多。

这些书主要有《黄帝四经》4篇、《黄帝铭》6篇、《黄帝君臣》10篇、《杂黄帝》58篇、《黄帝泰素》20篇、《黄帝说》40篇、《黄帝》16篇、《黄帝阴阳》25卷、《黄帝内经》18卷等，分别见于道家、阴阳家、小说家，以及阴阳、天文、历谱、五行、杂占、医经、经方、房中、神仙等方技各类别。

"黄帝"类书中，称"经"的只有三种，就是《黄帝四经》《黄帝内经》与《黄帝外经》。除了《黄帝内经》外，其他"黄帝"诸书均已失传，如今都只留下书名。个别的黄帝之"言"，散落于先秦百家著作之中，偶见只言片语，其中篇幅较多者，主要有《列子》与《庄子》。

硕果仅存的《黄帝内经》，成书年代争论颇多，观其内容，全是黄帝问、天师岐伯等人答，君臣坐而论道，探讨医学。

"黄帝"类书究竟是些什么书，何人所作?

其实，《汉志》中早已有了答案。有些书目的后面，记有班固的评说，一共五句:"起六国时，与《老子》相似也""六国时贤者所作""六国时韩诸公子所作""迂诞依托""图三卷"。

由此可知，所谓的"黄帝"类书，指的就是一大批既依托于"黄帝"之名，又依托于《道·德（老子）》之实、"与《老子》相似"的"迂诞、依托"之书，无名氏所著。这些无名氏，主要是六国时期的贤者，以及诸公子。

于是，我们进而可知，某些"黄帝"类书的核心内容，直接借鉴于《道·德（老子）》，甚至直接摘录于《道·德（老子）》。

再说得客观一些，这些"黄帝"类书，应该就是借"黄帝"之名的学"老"心得、解说之书，是早期的"老学"类书。

抑或古人认为，《道·德（老子）》应该就是借"老子"之名的学"黄"心得、解说之书？至于随之而来的"黄帝"类书，都是《道·德（老子）》的追随模仿者而已。

这些认知，无论对与错，都为之后的"黄老"之说，埋下了伏笔。

无论如何，这既证明了"黄帝"类书与《道·德（老子）》之间的关联性，也证明了其时的《老子》完本五千言，尚未成形，而是散见于各诸侯国，同时更证明了，以"道德"为最高价值双标准的时代，"修道德""言道德之意"的隐君子"老子"，其"言"已经先后成为战国时期各诸侯国"修道德"的道德楷模与经典。

总之，战国初期，齐、韩等诸侯国的贤者们，首倡于齐国稷下，先后匿名创作了一大批以"黄帝"为名、以老子哲学为理论基础、以《道·德（老子）》为范本，却无老子名分与踪迹的书籍，以"新经典"的面目，堂而皇之，坐而论"道"、论"治"，为当时的社会政治改革寻找法理依据。

"黄帝"类书的产生，从一开始就是用于"治国之术"，所以对老子哲学理论实践的侧重点，自然是以"治国之道"为主。

这些推论的合理性，在各种"黄帝"类书中，是否可以得到验证呢？

4. 与"黄帝"类书有关的九篇出土文献

20世纪中后期，随着大量考古文献不断出土，它们就像一枚枚重磅炸弹，震得中国的思想界、哲学界天翻地覆，各种认知出现颠覆性的转变，既丰富了古代思想史，也改写了古代哲学史。现在中外学界公认，对中国古代思想史和哲学史来说，湖南长沙马王堆的汉墓，是一座里程碑。

1973年冬，一具涂漆木匣，从马王堆3号汉墓中清理出来，此墓下葬于汉文帝初元十二年，也就是公元前168年。令人惊喜的是，里面竟然存放有写在整幅或半幅帛上的二十多种文献，其中，不但第一次见到两部时代不同的《老子》五千言完本，而且在甲本后面，还抄录了无标题的四篇文章；在乙本之前，也抄录了有标题的四篇文章。

研究证明，这八篇文章，与《老子》大都有直接关系，而且都是第一次面世。

如何认识这八篇文章？还是让内容说话，看看这八篇文章都讲了些什么。

（1）"前四篇"文章

帛书《老子》乙本前的四篇文章（以下简称"前四篇"），分别是《经法》9章、《十四经》15章（名称有争议）、《称》《道原》。

有些学者很兴奋，宣称"前四篇"就是失传已久的《黄帝四经》。不过，更多的学者则要冷静得多，或称之为《黄老帛书》四篇，或称之为《黄帝书》四篇，或称之为《经法》等四篇。

或以为，称之为《黄帝四经》，似不妥。既然称之为黄帝的"四经"，就应该体例、体量、内容相合，而"前四篇"多项未能达标。仅仅因为有"四"篇，又是置之于帛书《老子》乙本之前，而且某些内容相近，就判定为《黄帝四经》，证据不足。

仔细研读后，总体上可以发现以下这些特点：

其一，与《老子》直接抄录在同一帛卷，说明其内容与《老子》直接相关，是对《老子》"道论"的继承与发挥。

其二，第二篇《十四经》中，大多章节是以黄帝为主的问答体，像"黄帝曰""黄帝问力黑曰"等，如前所说，符合"黄帝"类书的体例，属于"黄帝"类书的类别。

其他三篇，则是议论体和语录体，尤其第三篇《称》，就不是一部严格意义上的著作，而是古代格言和俗谚的辑录。"称"在这里，应当训为"言"或"述"，作为篇名，指的就是语句的汇集。这种体裁，《称》不是唯一的，《老子》如是，《语丛》如是，《逸周书·周祝》亦如是。

其三，"前四篇"中，《老子》的用字、用语甚至经文，随处可见，基本符合"老学"类书的解读、解构、化用经文的体例，同时，既有对《老子》思想的精辟总结，更有借题发挥之处。

如，"以祸为福，孰知其极""大迷""可以为天下正""是谓道纪""物自为名""物自为正""玄德""阴阳未定，吾未有以名""无名""一者，道其本也""得道之本，握一以知多""自定""我无为""无欲""无事""不争"……都可以在《老子》中找到出处。

再如，第四篇《道原》，就是完全脱胎于《老子》的第25章，而《十四经·雌雄节》，则是对《老子》第28章的"知其雄，守其雌"的发挥，《十四经·本伐》之"（兵）道之行也，由不得已""兵者，不得已而行"，也是直接引自《老子》第31章。

至于"生有害，曰欲，曰不知足""应化之道，平衡而已""正以待之，静以须人""法度者，正之至也""君臣当位谓之静，贤不肖当位谓之正""权衡之称曰轻重不爽""道者神明之原也""天下有事，必审其名"……都是对《老子》经文的理解。

而其核心内容之"道生法""名理""名刑""抱道执度，天下可'一'"，更是对《老子》"道法自然"思想的详尽发挥，是学"道本"以致"道用"的典范。

其四，"前四篇"的作者是谁？是否为同一人？猜想不少，在没有新的证据之前，则很难认定。

与黄帝对答的大臣中，有叫"力黑"者。"力黑"，敦煌汉简写作"力墨"，"黑"是"墨"的省笔字，"墨""牧"音近，所以一些古籍中，又写作"力牧"。那么，"前四篇"中，是否有的属于《汉志》所记的"《力牧》二十二篇"？这是一条思路。

有的学者经过认真研究、详细比对后，发现"前四篇"之中引用范蠡言论达十七八条之多，由此判定，范蠡很可能是"黄老"之学的关键人物。

范蠡（公元前536年—前448年），春秋末期人物，楚人，先佐越，后入齐。

也有的学者认为，"前四篇"产生的地域，粗分为齐、楚，细分则为越，所以作者应该是越地之人（《国语·越语》），那么，"前四篇"中，是否有的与《汉志》所记的"《范蠡》二篇"有关？这也是一条思路。

还有的学者认为，"度""量""数""称""文""武""刑名"等字，其他子书并不常用，却多见于《孙子兵法》，而孙武的先祖为陈国的公子完，与田齐君主同宗。那么，"前四篇"中的某些文章，是否与孙武也有些关联？这又是一条思路。

综上所述，可以判定，《经法》《十四经》《称》《道原》四篇文章，均属于"黄帝"类书、"老学"类书的范畴，其中大量解读、解构、化用《老子》经文，更加实证了"黄帝"类书与《道·德（老子）》的渊源。

"黄帝"类书归属于"老学"类书，应该就是后人所说"'黄老'之学"的本来面目。

（2）"后四篇"文章

帛书《老子》甲本后的四篇文章（以下简称"后四篇"），学界暂定名为《五行》《九主》《明君》《四行（德圣）》。

其一，《五行》与《四行（德圣）》。

帛书整理者认为，第四篇《德圣》，或称《四行》，似是本卷之后叙，是对《五行》的综述，只可惜后部残缺太多，某些文义不明。

然而可喜的是，郭店楚墓中与《老子》简书三策同时出土的文献中，也有《五行》，内容大体相同，区别只是个别文句的次序、多寡以及某些用字有所不同，正可以相互参照解读。

中国历史上，称"五行"的不止一种；其中，主要有两类"五行"学说，一类属于自然科学，一类属于社会科学，相互交插、相互影响。

"五行"之说，最早见于《尚书·洪范》："箕子乃言曰：'我闻在昔，鲧堙洪水，汩陈其五行。……五行：一曰水，二曰火，三曰木、四曰金，五曰土。……'"

《管子》的"五行"，将箕子的"五行"调换了位置，顺序为"木火土金水"，同时引入五声调和，五官相配，所谓"昔黄帝以其缓急作五声，以政五钟。……五声既调，然后作立五行，以正天时；五官，以正人位"。

由此可见，《管子·五行》有关"五行"的论述，与"黄帝"类书多少有些关联。

稷下先生邹衍，时称"谈天衍"（《汉志》），他根据前人的"五行"学说，"论著终始五德之运"（《史记·封禅书》），"称引天地剖判以来，五德转移，治各有宜，而符应若兹"（《史记·孟荀列传》），创建了"五德终始"说，从大自然的"五行"，提炼出五行之"德"，再与国运、人运挂钩，深得齐王等诸侯君主的赏识与重用。

邹衍属阴阳家，是早期道家的代表人物之一。邹衍的"五行"学说早已失传，佚文散见于《吕氏春秋》《淮南子》等著作。

《吕氏春秋·应同》："黄帝曰：'土气胜'，……禹曰'木气胜'，……汤曰'金气胜'，……文王曰'火气胜'，……代'火'者必将'水'。"

学界公认，《应同》的这段文字，符合邹衍的"五德终始"学说，应该就是邹衍《五行》的佚文。

由此可以判断，邹衍的《五行》，内容应该包括原始"五行"的"木火土金水"，其相生相克的顺序，与《管子》的"五行"顺序正相符合。

据《荀子·非十二子》说，稷下先生孟子，也曾学习研究过一部《五行》，称之为"先君子之言"（《荀子·非十二子》），只是多年以来，一直未见这部"往旧"《五行》的庐山真面；《荀子》的说法，一直是孤证。

《荀子》也有自己的"五行"，也就是说，《荀子》中，不是只有一处提及"五行"，而是两处。

《荀子·乐论》中说："贵贱明，隆杀辨，和乐而不流，弟长而无遗，安燕而不乱，此'五行'者，足以正身安国矣。"《乐论》是荀子对墨子的批判，本节论述的五种行为，是对"吾观于乡，而知王道之易易也"这句话的详细解说；而这句话，又出现在《礼记·乡饮酒义》之中，只不过明确了"吾观于乡"这句话，是孔子所说。

直到帛书《五行》与简书《五行》先后出土，人们终于又看到一部以"仁义礼智圣"为排列顺序的《五行》。

这里，主要说说出土《五行》与老子学说，究竟有什么关系。

事实胜于雄辩，先让出土《五行》《四行》的内容说话。

"'德'之行，五；'和'，谓之'德'。四行'和'，谓之'善'。'善'，人道也；'德'，天道也。""夫'五'也，为'一'"，"其要谓之'一'"，"'五'者，'一'也"，"清浊者，德之居；德者，清浊之渊；身调而神过，谓之'玄同'"，"知人道曰'知'，知天道曰'圣'"，"'道'者、'德'者、'一'者"，"修之于天下也"，"'道'也者，天道也"，"和者，德也"，等等。

仅从可以辨识的文字来看，明显看到老子"大一"学说的影子，有些文字如出一辙，甚至引用了《老子》的经文"玄同""修之于天下"等，这说明了什么？

《老子》虽然没有明确的"五行"之说，却有明确的"礼义仁德道"（《老子·38》）五个层次，已属哲学范畴。

《五行》《四行（德圣）》与《老子·38》之间，肯定有某些直接的关联。

"仁义礼智圣"，与"礼义仁德道"，二者相比较，既相关，又有别。

出土《五行》认为，"五行"之间，是"和"的关系、"一"的关系，其中，既有"人道"，又有"天道"。

这符合老子学说。

然而，出土《五行》的结论是，"和者，德也"，也就是说，"德"是最高准则；这却是老聃以前的传统认知。

与"礼"是"道之华"（《老子·38》）的哲学判断相比较，出土"五行"的"仁义礼智圣"，只是始于"仁义"的道德行为，经过逐步升华，最终成"圣"，与老子学说的哲学核心，差了一个层次，属于《老子·54》所说的"修"的范畴。

这一点，出土《五行》并不否认，所以才明确引用了帛书前面所抄录的《老子》"修之于天下"的经文。

如本章所说，出土《五行》与《老子》及很多"黄帝"类书抄录一起，这本身就说明，出土"五行"与"黄老"经典的关系，应该更紧密。

从学术渊源上判断，出土《五行》应该也是"老学"类书的一种。

从文字表述上判断，出土《五行》，分"经""说"两部分。

有"往旧"之"经"，有"造说"之"解"，完全具备荀子所说的"往旧"与"造说"这两个要件，正是荀子笔下的失传《五行》。而且，与荀子"无类""无说""无解"的评价相对照，出土《五行》有"经"有"说"，肯定不是一人、一时、一派之作，当然也包括"思孟"一脉。（详述见后）

总之，是否可以得出这样结论：出土《五行》，是春秋或战国早期的学术研究课题，其作者既不是孟子，也不是邹衍，而是诸如其他"老学"类书一样，是某些无名学者的研究心得，只是尚停留在草创阶段，为多家战国诸子所研习、笔记，在哲学理论上还不成熟。

从理论发展的脉络来看，《老子》的"礼义仁德道"，逻辑性强，表述清晰，属于哲学理论范畴；出土《五行》的"仁义礼智圣"，逻辑表述稍嫌混乱，似应属于道德伦理范畴。

比如，出土"五行"中的"四行"，指"仁义礼智"。"四行"和谐，称之为"善"，"善"是"人道"；知"人道"，称之为"智"。可是，"智"不是已经包含于"四行"之中了吗？难道在"四行"的"智"之外，还有另一个"智"吗？

这是否也证明了，在《老子》的"礼义仁德道"之前或同时，就已经有人对道德伦理做过研究，并试图有所发展。

比如，《管子》中，不是已经有"礼义廉耻"的"四维"之说了吗？《孟子》"仁义礼智"的"四端"之说，也应该是"道德"探索之一吧？不是还有汉代董仲舒"仁义礼智信"的"五常"之说吗（《汉书·董仲舒传》）？至于宋代提倡的"孝悌忠信礼义廉耻"的"八德"之说，更是后话了。

学术探索，值得称道；合理与否，另当别论。

其二，《九主》。

《九主》又称《伊尹·九主》，是《伊尹》一书的残篇，内容是以九种类型的君主为例，议论各自的兴亡成败，主要论述"君无为而臣有为"的"君人南面之术"，强调名分，"循名责实"和"以法为符"等。

"汤用伊尹，既放夏桀以君天下，伊尹为三公，天下太平。……伊尹见之，□于汤曰"，可见，它采取的形式，也是问答体。

《汉志》中，《伊尹》一书列于道家流派诸书的首位。《九主》很可能与《管子》的《七臣七主》，有直接联系。

其三，《明君》。

"明君者必有实""战胜则君尊""今世主则不然，圈马食菽粟，戎马食枯秆复庾；侏儒食粱肉，战士食驷驴之食；□□奚婢衣锦绣，战士衣大布而不完。有行此道也而能战胜守固者，□未之尝闻也""人君有大务""守战，□邦之大务也，而贤君独积焉""积兵则必胜，待时则功大"，等等。

从以上所引的《明君》内容来看，它强调军队的作用，富国必先强兵。这一论点，老子学说中论述不多。

有的学者认为，文中论及齐燕之战（公元前314年），所以这篇文章撰写应该较晚。这里暂时存而不论。

（3）《大一生水》

最后，还有一篇文章不能不提，就是附在郭店楚墓简书《老子》三策后面的《大一生水》。

之所以提到《大一生水》这篇文章，是因为它与《老子》的密切关系，一目了然。我们从中可以窥测到，初期的"老学"学者，在试图理解老子学说的真谛时，那种反复推敲的探索精神及理论高度。

与其他几篇"论治"之书不同，《大一生水》是一篇"论学"之作。

"天道贵弱""道亦其字也，请问其名""以道从事者""不足于下者，有余于上"等文字，都可以在《老子》经文中找到相似内容。

与《老子》的"道生一，一生二，二生三，三生万物"（《老子·42》）、"人法地，地法天，天法道，道法：自然"（《老子·25》）相比较，作者试图用新的组合方式，架构"大一""水""天地""神明""阴阳"等术语，以此来解释宇宙生成演化的过程。同时，《老子》看似单向轨迹的表述形式，明确表达出"有无之相生：恒也"的双向轨迹的内涵，使老子学说的"二而一"之道（即"大一之道"）更加具体化、形象化。

《大一生水》的作者，正确理解了"相生"的"生"，以及"相"的"复相辅"之义，同时，又尝试用"反辅"一词，与"复相辅"作区隔，以突出"大一"既是"生"的总源头，又"藏于水"。

可惜的是，这些相近的表述用语，无形之中造成了不必要的逻辑混乱，容易让学者对如何"相生""双向轨迹"还是"单向轨迹"等命题，一头雾水。而且，"水"的出现也显得突兀，缺乏理据，究竟是什么缘故，将"水"放到如此之高的位置？是由于作者看到《老子》特别重视"水"，还是认为"水"是第一种有形之物，抑或是由于"水"兼具气、液、固三种形态？不得而知。

难能可贵的是，作者正确理解老子的"一"与"大"两个术语，将之合并为同义复词"大一"，从而使老子的"大一之道"更加具体、更加易懂，也使得我们第一次从出土文献中，见到"大一"之称。

传世文献中，"大一"之说又见于《春秋·公羊传》。

《春秋》第一篇《鲁隐公元年》的第一句"春，王正月"，公羊高为之所作的传注就是："何言乎'王正月'？大一统也。"

《春秋》只是一部周代鲁国的国史，全书的第一句却以周天子开篇，这是告诉我们，"大一统"的本义，就是周天子是"大一"，天下诸侯为"小一"，诸"小一"统合于"大一"之下，强调天下诸侯，尽皆统系于周天子。文字间，老子的"大一之道"呼之欲出。

对"大一统"的理解，历代学者的角度稍有不同，主要认为"大"是尊重、重视的意思。

其实，在老子将"混而为一"的混成之物命名为"大"的时候，又何尝没有这层意思？所谓"六合同风，九州共贯"（《汉书·王吉传》），还是基本符合"大一"的本义。

　　为《春秋》作传注、解释工作的一共有三家，即《左传》《公羊传》《谷梁传》。《公羊传》《谷梁传》的创作年代，比《左传》要稍晚一些，以"释意"为主。其中，《公羊传》的作者公羊高，是战国时的齐国人，这一点也值得注意。

　　联想到"大一生水"、孔子的"是故夫'礼'，必本于'大一'"、庄子的"（老聃）建之以常无、有，主之以'大一'"、惠施"历物十事"的第一个命题"至大无外，谓之'大一'；至小无内，谓之'小一'"（《庄子·天下》）、《淮南子》的"大一"之谓，以及战国时期的"大一统"之说，其中先后出现的"大一"二字，能够相互毫无关联吗？难道只是巧合吗？

　　屈原（公元前340年或前339年—前278年）称楚武王（公元前740年—前690年）死后成为楚地最高神"上皇"，又称之为"太一"，难道也是凭空捏造、与之无关吗？（《九歌·东皇太一》）

　　我们再进一步想一想，后世常称王朝统治全国为"大一统"。

　　"大一统"的提出，又说明了什么？

　　"大一统"的提出，标志着从战国时代起，中华民族的精英，就已经开始有意识地从理论的高度，重新认识立国已七百余年的周王朝的国体，而这一认知的理论依据，正是老子学说。

　　再联想到汉武帝以"太一神"（《淮南子·诠言》《史记·封禅书》）为主祭的最高神，到了唐代，其再次成为主要祭祀对象，可见"大一之道"于后世，不仅早已以"大一统"的内涵深入国体、传承至今，而且与老子一样，隐而神化，融入我们的血脉与精神之中，与中华民族再也分不开了。

　　通过以上具有代表性的九篇文章，是否可以这样推理：在《道·德（老子）》不同程度地流传于各诸侯国之始、尚未广为人知的一段时期，先后出现了一大批"老学"类书，特点就是以议论体、语录体为主，以解读、解构、化用老子学说的经文为主。

　　这批类书，多由无名氏撰写。其中，以"黄帝"为名，以"问答体"为主的，称之为"黄帝"类书。早期的"老学"类书，以"黄帝"类书居多。

　　这些类书，或称之为"老子学说的豪华山寨版"，与《道·德（老子）》本经共同构成了所谓的"'黄老'经典之学"。

　　随着完本《老子》广为人知、权威确立，这些类书的价值递减，逐渐被注解《老子》经文之书所取代，这也正是西汉以渐，这些以"黄帝"为名的类书陆续失传的主要原因。

三、化暗为明的"依托之书"："易传"类书

1. 新兴势力的"三宝"之二："君权神授"

为了巩固来之不易的政权，除了尊黄帝为祖之外，按照传统惯例与老套

路，变法革新势力继承的第二件法宝，叫做"君权神授"。

判定是否"君权神授"，最直接的权威手段，就是卜筮问天。

（1）"各信其神"的奥秘

中国人自古信"命"，"不知命，无以为君子"。

上古时期，我们的祖先在大自然面前显得那么弱小。

弱小就不自信，不自信就会遇事则卜，事无巨细，都要算上一卦，问一问神灵该怎么办，让老天爷拿主意。

比如，"王占曰……其唯乙出，吉。其唯癸出，有祟。"（《甲骨文与商代文化》）大王哪天出行吉利呢？老天爷说，乙日出行吉利，癸日出行不吉利。

"三王不同龟，四夷各异卜，然各以决吉凶"（《史记·太史公自序》），"王者决定诸疑，参以卜筮，断以蓍龟，不易之道也。蛮、夷、氐、羌，虽无君臣之序，亦有决疑之卜，或以金石，或以草木，国不同俗。然皆可以战伐攻击，推兵求胜，各信其神，以知来事"（《史记·龟策列传》）。

卜筮的最大目的，就是"决疑"与"选择"。

当初，"国之大事，在祀与戎"（《左传·成公十三年》），而"祀与戎"的决定权，往往又取决于卜筮，由此可见卜筮的重要性。

每次行动，都离不开占卜问天。占卜之事既然是件大事，就要派专门的神职人员负责，这些人称之为"巫"和"觋"，是古代专门从事天、地、人、神相互交通的人。据《说文解字》的解释："巫，祝也。女能事无形以舞降神者也。""在男曰'觋'，在女曰'巫'。""祝，祭主赞词者。"

巫师与史官直接面向君主，卦书以及算卦的工具由他们保存；需要算卦时，由他们具体操作；经过一系列繁琐复杂的程序，得到一对卦象后，由他们根据各种释卦的规则，负责向君主解释"成卦"并提出建议。

国家的命运有一大半掌握在卜筮者的手中，而这一特权中的特权，多由巫师与史官所享有，极少数人掌握、极少数人知晓，专职世守，甚至连地方诸侯也无缘接触。

后来，卜筮行为也渐渐融入人们的日常行为之中。

人的一生，做得最多的一件事是什么？是"选择"。

人生在世，时时刻刻要在人与自然、人与社会、人与物、人与人、人与己这五种关系中，找到正确答案、做出正确选择。

主意要自己拿。如果自己不自信、没把握，就要请教别人，让别人、尤其是智者帮助拿主意。

如果兹事体大，连智者都没有把握，却又必须做出选择，最终就只能向老天爷请教了。怎么做？也许会请专业人士算上一卦，问天买卦，然后"各信其神"。

作为卜筮的工具，古代至少有过三部筮书，《连山易》《归藏易》《周易》（《周礼·春官》）。

其中，《连山易》与《归藏易》早已失传，在浩如烟海的古籍中，只留下只言片语，后人的解释也说法不一。从《周礼》的记载判断，《连山易》《归藏易》应该与《周易》一样，也是以八卦与六十四卦为基础的卦书。

"周易"一词，最早见于《左传》。

《周易》有六十四卦，每一卦称之为"别卦"，都是由六排"爻画"组成，每一画或者是"阳爻（—）"，或者是"阴爻（— —）"，称之为"两仪"。"六爻"分为"上三爻"和"下三爻"两组，"三爻"的组合称之为"经卦"，经卦一共有八组，即乾、兑、离、震、巽、坎、艮、坤，就是我们常说的"八卦"。八卦有"先天八卦"与"后天八卦"之分。

六十四卦中，每一卦都有卦象、卦名、卦辞与爻辞四部分。其中的卦象（六排爻画）、爻象（或阴或阳）与爻数（位次），又叫"象数"。象数、卦辞与爻辞，是解释每一卦的要件。

《周易》的组成，就这么简单，"易简而天下之理得矣"（《系辞》）。

使用过《周易》占卜的人都知道，《周易》的每一卦，既言"吉"，又言"凶"。"成卦"多由两个卦组成，卦爻之间，多提供表述模糊、似是而非、好坏参半，甚至相互冲突的卦象、卦辞、爻辞，让你选择。

卜筮的理论依据，就是老子学说所揭示的，万物万事遵循的都是"大一之道"，构成模式都是"二而一"及"三而一"。

卜筮的心理依据，就是"信"，"言善信"，"各信其神"。

凡事都会有结果，也不是只有一条路可走，不是"此"就是"彼"，东方不亮西方亮，正反方向都走得通。

借用《老子·50》的计算方式，"生之徒，十有三；死之徒，十有三；民之生生，动皆之死地者，亦十有三"，就"成卦"预测好坏的概率而言，好的结果占十分之三，坏的结果占十分之三，不好不坏的结果占十分之三，还有十分之一无法判断任何结果，一般需要重算。

提供"不好不坏"的模糊选择，达到二者兼顾、和谐平衡的结果，才是卦爻的本质，《周易》称之为"无咎"，也就是《系辞》所说的"惧以终始，其要无咎，此之谓'《易》之道'也"。说到底，"祸兮福之所倚，福兮祸之所伏"，吉中有凶、凶中有吉，本来就是万物"有无相生"的本质。

当"老天爷"替你选择了或"动"或"静"、或"吉"或"凶"，为你做出决断、给了你行动的方向之后，你的信心与决断由此产生，便不再有所顾忌而会主动执行。

只要增强了信心，并向这个既定方向不断努力，多数情况都会得到所谓

"与卦象一致"的结果，也都会找到合理的解释。

所以说，算卦之事说穿了，不过就是个心理学的问题，就是对老子"大一之道"的具体运用，没有那么神乎其神。

卜卦容易，释卦难。当预测与结论全部涵盖于"一中之二"与"一中之三"之中，释卦便成了一门语言艺术。

不在于卜筮人算得准不准，更要看释卦人解释得到位不到位。对同一"成卦"，不同人会有不同的解释，这才是"各信其神"的奥妙之处。

不同的人，根据不同的规则，对一副"成卦"做出不同的解释，甚至会得出截然相反的结论，似乎让人无所适从。

虽说这样做的结果，使其预测的权威性受到挑战、可信度有所降低，但同时也大大增强了预测结果的可控性，这又何尝不是一种求之不得的弥补呢？

在传世文献中，这种例子随处可见。

（2）两则神奇的筮例（《左传·鲁庄公二十二年》《史记·陈杞世家·田敬仲完世家》）

有关田齐君王大做文章、宣扬天命的两则占卜筮例，最典型。

田齐的始祖陈完（田敬仲）刚出生的时候，正巧有一位周天子的史官觐见陈完的父亲陈厉公，为他讲授《周易》。

陈厉公请周史为陈完算了一卦，得到《观》卦之《否》卦。

分析一番之后，周史得出结论，说："您的这位儿子可不得了，他的后代，将来一定可以在姜姓的诸侯国为君，使陈姓之国在异国再次昌盛，'山岳则配天，物莫能两大'，这真是天意呀。"

多年以后，陈完到齐国为官。

姜齐的公族懿仲，打算把女儿嫁给陈完，占卜的结果令人满意，"凤凰于飞，和鸣锵锵"，认为姜氏之国将会由陈完的后代继承发扬，繁荣昌盛。

真可谓"无巧不成书"，两则筮例的指向性都很强，目的也再明确不过了。

"天道无亲，常与善人"（《老子·79》），田齐取代姜齐，天意早已明示，难道不算是"君权神授"吗？

"有妫之后，将育于姜"，田、姜联姻，田齐先祖的血缘里早已融合了姜氏的血脉，田齐与姜氏在血缘上不也算是一脉相承吗？

再分析一下其中的《观》之《否》。

两卦相互比较，对应的六个爻画中，只有第四爻的爻画不同，称之为"变爻"。从"变爻"所对应的本卦爻辞中，就可以得到《观》之《否》的主要答案。一般来说，"一爻变"的卦，预测的准确率最高，反之，则越来越低。

那么，"观卦"第四爻的爻辞是什么？是"六四观国之光，利用宾于王。"

很好理解，就是"觐见君王，会有好的结果"，周史由此而预测到陈完的将来，一定会受到君王的重用。这已经是很好的前途了。

但是，周史似乎意犹未尽，还要进一步运用释卦条目中一切有关的方法、规则、术语，不厌其烦地左分析、右分析。

周史先是得出"陈完的后代，将会成为一国之主"的结论，继而强调是在别的国家，最后干脆明确指出，"若在异国，必姜姓也"，陈完的后代将会取代姜姓，做齐国的君主。

几百年后，预测果然应验了。一句话，田齐代姜齐，早已有板上钉钉的神示，谁还会有什么疑问吗？

"观国之光，利用宾于王"这九个字的卦辞，竟然引申出这么多的内涵，解释得太神奇了吧！

所以只能说，后人对这则卦分析的记录指向性太强、目的过于明显，反而在"麒麟皮下，露出了马脚"，让人们意外看到了什么。

首先，《左传》的作者，一定是与田齐君主关系密切的人。他很可能是齐人，或者是早期的稷下先生，所以才会替田齐君主编织好话。

其次，根据这两条筮例判断，《左传》成书的年代，应该是在田和着手篡权，直到周天子批准田和成为齐国君主之后的一段时期，只有在这个时间段，两则筮例的利用价值才最大。

最后，卜筮活动中，释卦的地位与作用，越来越重要。

《左传》《国语》等文献中，与卜筮有关的记载，多达22条，都有释卦内容。

这二十多条卜筮例证的成卦者或解卦者，不全是巫或史，有时候甚至是求卦者自己，就像前面所说的"懿氏卜妻敬仲，其妻占之"。

再如，晋国的重耳当初流亡时，前途不明，于是"公子亲筮之，曰：'尚有晋国'"（《国语·晋语·重耳亲筮》）。预言最终应验，重耳得国，是为五霸之一的晋文公。

陈完的曾孙陈文子，也遇到过这样一件事（《左传·襄公二十五年》《史记·齐太公世家》）。

齐棠公死了，齐国的权臣崔杼（崔武子）前去吊唁，见到齐棠公的遗孀棠姜很美，想娶棠姜。可是，崔杼与棠姜是近亲，于"男女辨姓"之礼不合。于是，崔杼用《周易》算了一卦，得到《困》之《大过》。

史官们为了讨好崔武子，都夸是吉卦。

崔武子又请陈文子分析，陈文子得出的结论正相反，认为是凶卦，"不可娶"，对卦象、卦辞、卦理分析得头头是道。

崔武子色迷心窍，不听陈文子的劝告，最终娶了棠姜，还说什么"一个无夫之妇，能有什么危害！即使有，也早就让死鬼齐棠公担当，已经应验了"。

不久，齐庄公与棠姜私通，还拿崔武子的帽子到处招摇。崔武子恼羞成怒，派人把齐庄公杀了。

这就是史书有名的"崔杼弑君"的故事。

当然，崔杼的结局也很不妙，两年后，崔氏家族内讧乱朝，崔杼上吊自杀，尸体被齐景公戮曝，很快应验了陈文子的预言。

这则故事，对精通《周易》的田齐先祖陈文子褒扬之义，不言自明。

再看看魏国。

前面提到过的《竹书纪年》，只是魏国"汲冢书"中的一部。据《晋书·束晰传》记载，知道名题的"汲冢书"，共有19种，其中，与《易》及卜筮有关的就多达6种，即《易经》《易繇阴阳卦》《卦下易经》《公孙段》《师春》《琐语》，既有卦书，又有释卦、论《易》之作，足见这一类书籍在当时流传之广。

有的学者认为，这些古籍的存在，"说明当时人已觉得春秋卜筮有特殊意义，这是很令人感兴趣的"（《周易经传溯源·汲冢竹书中与〈易〉有关的书籍》）。

《左传》《国语》中那么多详尽的专业性描述使我们得知，对"成卦"的解释权，早已不再是筮史们的世守特权。

本来长期由巫师、史官掌控的神秘的"释卦规则"，早已由隐到显，由鲜为人知到广为人知，由专业垄断到广为人用，不再被筮史们所垄断，而为他人所增易、所分享。

神圣的卜筮工作，也早已成为世俗利用的工具，成为世俗生活的一部分。

更重要的是，就像时代造就了"黄帝"类书一样，在春秋战国之交，又一批无名氏所著的释卦类书，或化暗为明，或应运而生。

这批释卦类书，被后人称之为"易传"，多以研究《易经》为目的，渐渐成为坐而论道时引经据典的论据来源之一，至于释卦的作用则是越来越淡薄了。

其中流传至今的，就是假借"孔子"之名的"十翼"。

2."易传"与"十翼"

（1）颜斶解《老子》《易经》（《战国策·齐策·齐宣王见颜斶》）

战国时期，齐国尊重士人，求贤若渴。

齐国有位隐士，叫颜斶。

一天，齐宣王召见颜斶，很傲慢，说："颜斶，你过来！"

颜斶不慌不忙，回答说："大王，你过来。"

齐宣王听了，很不高兴。

左右的人也都责怪颜斶，说他违反君臣之礼。

颜斶却一点儿不给面子，说:"我走过去，是为了慕势;大王走过来，是为了尊贤。与其让我落下一个趋炎附势之名，还不如给大王一个尊重贤士的机会。"

齐宣王一听，气得脸色都变了，说:"究竟是我这位侯王尊贵，还是你这位贤士尊贵?"

颜斶理直气壮，回答说:"当然是贤士贵，侯王不贵。"

与朝臣们一番争辩以后，颜斶又耐下心来，引用《易传》，给齐宣王讲了一番道理。

《易传》说:"居上位的人，如果不使自己具备相应的品德，只顾贪图虚名，他的行为必然骄奢，随之而来的，也必然是凶险如影随形，步步惊心。"

最后，颜斶又明确引用《老子》，曰:"虽贵，必以贱为本;虽高，必以下为基。是以侯王称孤寡不谷。"(《老子·39》)说得众人心服口服。

齐宣王听了很惭愧，打算拜他为师，却被颜斶谢绝。

颜斶辞去，说:"斶愿得归，晚食以当肉，安步以当车，无罪以当贵，清静贞正以自虞。"

后人评价颜斶，"知足矣，归真反璞，则终身不辱也"，是一位得到老子学说真谛的学老有成者。

颜斶与齐宣王谈《老子》，因此，宣王不可能不知道《老子》。

颜斶与齐宣王讲《易传》，因此，宣王也不可能不知道《易传》。

至于颜斶所引用的《易传》文字，并不见于今人所见的"十翼"。

这并不奇怪。当初的释卦类书，先秦时期多称之《易》曰"或《易传》，又何止十种呢?

上古的经史藏之于秘府，后人以《尚书》《春秋》等六部经典为代表。

班固在《汉志》里有过这样的论述:"古之王者，世有史官，君举必书，所以慎言行、昭法式也。左史记言，右史记事，事为《春秋》，言为《尚书》，帝王靡不同之。"

班固又说，六经的主要作用，就是"和神""正言""明体""广听""断事";"五者，盖五常之道，相须而备，而《易》为之原"，也就是说，《易经》是其他五经的总源头。

汉代人将《易经》列为六经之首，称之为"五经之原"，是中华传统文化对巫史文化本源的承认与尊重，是后人不忘根本。

但是，《易经》的问题很复杂，今人所认知的《易经》，是由《周易》本经，与"十翼"两部分组成的整体，这一点非常重要，必须强调。

先秦的《易经》，不是现在我们所见的这个样子，它的"本经"与"传注"是分开的，直到西汉时期，才将其列为经文，也就是《汉志》所说的"《易经》十二篇，施、孟、梁丘三家"；不过，即使如此，"本经"与"传注"还是分开的，各自成篇，不相附属。

只有明白了这一点，才能充分理解《老子》与《易经》的关系，才能充分理解前经史文化与后经史文化的关系。

《道·德（老子）》以前，《周易》与《连山易》《归藏易》一样，都是筮书。作为释卦的"易传"，由少数专业人士所掌握。身为史官的老聃，必有所学。

《道·德（老子）》以后，各路人士纷纷注解《周易》，甚至做出理论上的研究，其中就包括"十翼"。《道·德（老子）》正是解《易》、研《易》者们的标杆。

老子学说，承上启下；谁先谁后，一目了然。

（2）什么是"十翼"

今人将"十翼"又称作"易传"或"易大传"，并不确切。

"易大传"一词，最早见于《史记·太史公自序》，《汉书》沿用。

"易传""易大传"或《易》曰"之说，应该是泛指当时流行的所有解《易》传本。

什么是"十翼"？

准确说，"十翼"只是众多"易传"类书中的十篇文章。

多数学者认为，"十翼"先后成书于春秋战国之交到战国中期，应该在《道·德（老子）》之后。

在先秦，《周易》称"上下二篇"；自西汉开始，称之为《易经》，分"上下二经"。

有卦必有解，那些为《周易》服务的释卦文章，像羽翼一样附属于本经，称之为"易传"，用现在的话说，就是"释卦手册"。

与老子之"言"一样，最早的"释卦手册"，大都是从史官们或者说是从史家的手中逐渐流传出来的，也就是说，不是战国以后陆续"形成"的，而是战国以后陆续"出现"的，之后，才衍生出越来越多的"易传"文章。其中大量的发挥文字，也是后人在原"释卦"内容的基础上有所添加的。

《左传》问世的先后，陆陆续续出现不少这样的文章，其中十篇的著作权后被汉儒强行归于孔子名下，称之为"十翼"，较为完整地流传至今。

入汉以后，《周易》从众多筮书——一跃而成为"六经"之首，很大程度上也是拜"十翼"所赐。

"十翼"之名，最早见于汉儒的《易纬·乾坤凿度》："（孔子）五十究《易》，作'十翼'，明也。……作《九问》《十恶》《七正》《八叹》《系辞（上下）》《大道》《大数》《大法》《大义》。"

《易纬·乾坤凿度》还煞有介事地讲了一则感人的故事。

孔子早年并不懂得《易》的道理,一次偶然的机会,孔子请人为自己算命,得到《旅》卦。

于是,孔子向一位叫商瞿的小先生请教。商瞿也是鲁国人,比孔子小29岁,对《易》很有研究。

商瞿说:"从卦象上看,你这一辈子,有圣智而无官位。你既然不适合当官,就好好做学问罢。"

孔子听后,哭着说:"天哪!命哪!我怎么生不逢时,没赶上好时候哪!这就是老天爷给我的命吗?"

受此影响,孔子一度意志消沉,"停读《礼》,止'史'削",也没有心情研究《礼》了,也没有心情修订《春秋》了。

到了50岁,孔子开始研究《易》,写了十篇研究文章,叫做"十翼",终于弄明白了《易》的道理,从此以《易》理教人,成为研《易》、解《易》的圣贤。云云。

相较之下,《史记·孔子世家》记录的这则故事,则要实在得多。

孔子到了晚年,对《易》开始感兴趣。他按照《彖》《系》《象》《说卦》《文言》的顺序,循着这些文章所叙述的内容,层层深入地研究《易》的道理。

孔子整天翻读《周易》,以致横编竹简的丝绳,断了好几次。

孔子越学越有信心,说,再给我几年时间,只要这么学下去,对《易》的道理,我一定可以做到文质兼备,从文字到思想核心,全盘领悟。

现在无法判断两则故事的先后顺序。但是,它们之间的差异之处却很明显。

《易纬》说,"作'十翼',明也"。也就是说,"十翼"是孔子创作的,但"十翼"究竟是哪十篇文章?却语焉不详,从该段的行文来看,很可能是指后面所说的十篇文章,其中包括上下《系辞》。

《史记》说的《彖》《系》《象》《说卦》《文言》等文章,都是我们今天所能见到的,可惜不是十篇。最后,还是由汉儒作注,补上另外两篇《序卦》与《杂卦》,并且明言,这就是孔子创作的"十翼",将两种观点嫁接到一起。

"序"的字义,在这里主要指各篇章的排列顺序,或依次序排列,或叙述、述说。司马迁此处不说"作",不说"自序"（如《太史公自序》),而说"序",可见司马迁既没有肯定这八篇"易传"是孔子所作,也暗合孔子提倡的"述而不作"之义。又是春秋笔法,谁也不得罪。

无论"十翼"何指,我们都以今天所能见到的为准。

那么，"十翼"，尤其是其中的《系辞》，真的是孔子所作吗？

读过这十篇文章的人，大多有所体会，其内容、水平、风格等，相差之大，显而易见，肯定不是出自一人之手。

而很多儒家学者与经学家则认为，"十翼"的作者就是孔子，因为文章里有很多"子曰"之类的内容。

现在，随着出土文献越来越多，对传世文献的研究也越来越深入，学界渐渐改变了这一观点，推翻了"孔子所作"的认定，认为"子曰"云云，大多是解《易》、研《易》者的话，认为"十翼"的作者，与其他"易传"一样，既非孔子，也不是出自一人一时。

（3）"十翼"说了些什么

这十篇文章分别是《彖·上》《彖·下》《象·上》《象·下》《文言》《说卦》《序卦》《杂卦》《系辞·上》《系辞·下》。

"彖"的意思就是"断"，断定各个卦的卦名和卦辞所要表达的卦义内涵，是释卦的基本规则，以备释卦之用。

《彖》中的概念及文句，《庄子》《管子》及帛书"前四篇"中多见；而孔孟之学以"礼""仁"为核心，该文中却不见"礼""仁"二字，可见与之无关。

《象》分"大象"与"小象"。"大象"解释各个卦的卦象和卦辞，从而得知卦义；"小象"解释每卦各爻的爻象和爻辞，从而得知爻义。"大象"与"小象"都是释卦的基本规则，以备释卦之用。

比如，大家所津津乐道的"天行健。君子以自强不息"，就是出自《象传》，不过，多年以来，人们的断句与理解，始终有所误差。

与"地势，坤"相对应，"天行健"应该断句为"天行，健"，"天行"的意思是"天主动"，"地势"的意思是"地主静"，"健"的本字应该是"揵"，省作"乾"，也就是卦名。这一点，出土文献帛书《周易》可以佐证。

《文言》是专门解释乾、坤两卦的，称之为"乾文言"和"坤文言"，是解释这两卦的基本规则之一，以备释卦之用。

《说卦》，顾名思义，就是陈说八卦的形成，八卦的性质、卦象所代表的含义，以及如何取"象"、取"义"，是释卦的基本规则，以备释卦之用。

《序卦》是对六十四卦之排列顺序的解释，是释卦的基本规则，以备释卦之用。

《杂卦》是规定六十四卦中每一卦所代表的卦义，是释卦的基本规则，以备释卦之用。

《系辞》是一部《周易》讲义，分上、下两篇，详细论述了《周易》的大义、原理、功用、起源以及筮法，还选择出十九条"爻辞"，做例证分析。

"系"是"系属"之义，意思是系属于《周易》之后。

以上十篇文章，都是后人解释注说或研究发挥《周易》本经及其卦名、卦辞、爻辞的。十篇文章的内容，除了大量的释卦文字外，还有不少理论上的发挥文字。

仔细研读比较之后，我们发现，"十翼"中的很多核心哲学观点，多与老子学说高度契合。如果以问世时间的先后来判断二者之间的传承关系，"十翼"中的核心观点极有可能本归于老子学说。

这一事实，千年来儒家学者一直在有意回避，因为"易传"中的某些篇章出自儒家学派之手，也是事实。其实，两种事实并不冲突，没有必要厚此薄彼。（详述见后）

我们这里所要说的重点，就是这些发挥文字，尤其是《系辞》与老子学说的关系。

3.《系辞》与老子学说

随着筮书的卜筮功能逐渐淡化，对《易》的理论研究，后来居上，最终占据了主导地位。

与其他九篇相比较，《系辞》更像是篇学术论文。

在马王堆汉墓中，与两部帛书《老子》同时出土的，还有《周易》与《系辞》，证明这批书籍的持有者，同时学习和研究过这两类同为史官传下来的大作，必然有所感悟。

帛书《系辞》与传世《系辞》相比较，就会发现，帛书《系辞》的上篇，主要少了讲述如何具体算卦的"大衍之数"一章，其内容属于释卦的基本规则；下篇少了将近三分之一的章节，主要是少了"子曰：颜氏之子"云云等"子曰"部分，而这些章节，却出现在同时出土的《易之义》或《要》之中。

这说明了什么？说明"文如其名"，我们现在所见到的《系辞》，是由一个段落、一个段落的心得笔记，长期汇集起来的，所以传世《系辞》中，又包括了《易之义》与《要》的内容。

《系辞》出自战国时期研易者之手的可能性最大。别的不说，仅就《系辞》中，"彖者，言乎象也。爻者，言乎变也"云云，就已证明，《系辞》必然出现于《彖》《象》之后，是对"彖"与"象"的理解。

《系辞》与老子学说，究竟有没有什么关系？

老聃出身于史官。上古卜、筮、祝、史合一互兼，所以，老聃必然会继承巫史文化的传统。

作为春秋时期的史官，老子对《周易》本经，必然耳熟能详，对它的原理肯定有着深刻的研究。《周易》本经是老子"大一之道"的理论源泉之一。

老子修"道德"，尤其是为"道"建立哲学理论体系，必然会借鉴、抑或取材于《周易》之精髓，以及当时的"释卦"内容。

比如，易卦的基本要素，就是"阳爻（—）"与"阴爻（——）"，称之为"两仪"。虽说《周易》中并无一字谈及"阴"与"阳"，但是，这两种卦画，已经直观地表现出这一对哲学概念。

《周易》等筮书，创造了"阳爻"与"阴爻"两仪，或者说是二元、二维码，进而形成四象、八卦、六十四卦，为中华文化提供了理论基础，只不过当时还是属于经验主义的范畴，处于前经史文化阶段。

老子的研究从中汲取了营养，直到《老子·42》的"万物负阴而抱阳，冲气以为和"，"阴"与"阳"才第一次以文字的形式进入哲学理论范畴，开启了后经史文化的门户。

之后，《文子·微明》的"阳中有阴，阴中有阳，万事尽然，不可胜明"，《庄子·天下》的"《易》以道阴阳"，《系辞》的"一阴一阳之谓'道'""阴阳之谓'神'"，《淮南子·天文训》的"阳生于阴，阴生于阳，阴阳相错，四维乃通，或死或生，万物乃成"等，对"阴阳"的理论研究渐入佳境，各种观点发挥得更是淋漓尽致。

几种说法相互比较，"阴阳"概念的传承与发展，环环相扣、井然有序。

至于《系辞》，与帛书"前四篇"对照后发现，互见、重出以及相似之处屡见不鲜，至少可以证明，《系辞》作者曾经熟读过与"黄帝"类书有关的帛书"前四篇"，甚至二者同源。

《老子》说："道生一，一生二，二生三，三生万物。"

《系辞》说："《易》有太极，是生两仪。两仪生四象，四象生八卦，八卦定吉凶，吉凶生大业。"帛书《系辞》说："《易》有大恒，是生两樣（仪）。"

从各自使用的术语来看，《系辞》正是继承并发展了老子学说，尤其是"太极"之说。

后人对"太极"的出处，争论很多，莫衷一是。在帛书《系辞》中，"太极"写作"大恒"，顿时使人豁然开朗。

"大"与"恒"都是老子学说的专用术语，与同义复词"大一"一样，作者正确理解老子的"恒"和"大"两个术语，将之合并为同义复词"大恒"，都是在试图更清楚地表述老子的"大一之道"。至于后人衍义什么"无极生太极"，那又是很久以后的事了。

四、真真假假的"依托之书"：《管子》杂书

1. 新兴势力的"三宝"之三："招贤贵士"

春秋战国争霸，取天下，讲求的就是实力第一。而实力主要是指人力、

物力、财力，其中，人力是最重要的，"士农工商四民者，国之石民也"《管子·小匡》)。

实力又可分为武力和智力。举贤尚能，尚贤、求贤，就成了非常重要的一件事，因为"士"是实施国家统治的主体，是国家统治的实行者，"坐而论道，谓之王公；作而行之，谓之士大夫"《周礼·考工记》)。"士"之佼佼者，常被称为圣贤。

所谓"选士""养士""纳士""进仕"的说法，恰恰证明，"士"多指在野人士，确切地说，是在野的知识分子；不过，无论是什么身份的"士"，有一点他们是共同的，就是他们都有资格接受官学教育、必须受过官学教育，也都有资格传授官学教育。

这些"士"，大多要自谋生路，或当幕僚，或当官员（包括当"官学"的教官老师)，或当后来出现的私学老师，或当地主，或经商，总之，干什么的都有。

随着时代发展，春秋、战国时期群雄并起，"士"这一特殊阶层，就为国家的治理和文化传承，提供了足够的人才基础和师资基础，成为各国争聘的重点。

"夫争天下者，必先争人"《管子·霸言》)，于是，"招贤贵士"就成了新兴势力独有的、也最行之有效的第三件法宝。

（1）"千金买骨"与"黄金台"的故事

每一位上过中学的人，都会背下面这首小诗：

"前不见古人，后不见来者。念天地之悠悠，独怆然而涕下。"

唐代陈子昂的这首《登幽州台》，在寂寞无聊之中，借对古人的追思，抒发自己生不逢时、怀才不遇的感慨。

李白也有同感，他在《行路难》里，抒发的激情更加强烈：

"君不见昔时燕家重郭隗，拥彗折节无嫌猜。剧辛乐毅感恩分，输肝剖胆效英才。昭王白骨萦蔓草，谁人更扫黄金台？行路难，归去来！"

陈子昂与李白二人所感怀的，就是"千金买骨"与"黄金台"的故事。

故事发生在战国时期，故事的主人公，就是燕昭王（公元前335年—前279年）与郭隗（约公元前351年—前297年）。

公元前314年，燕国发生内乱，齐国趁机出兵，强占了燕国的很多领土。

公元前312年，赵武灵王派重兵护送燕昭王回国即位，收拾破燕。

燕昭王不惜投以重金，决心招纳天下有才能的人，兴燕复仇。具体应该怎么做，燕昭王心里没有底。于是，燕昭王前去拜访一位叫郭隗的贤者，诚心诚意向他请教。

郭隗当头棒喝的第一句话就是"帝者与师处，王者与友处，霸者与臣处，亡国与役处"。这句话，与《老子·17》"太上，下知友之；其次，亲誉之；其次，威之，其下，侮之。信不足，有不信"如出一辙，正是郭隗信奉的"古服道致士之法"。

接着，郭隗给燕昭王讲了一则"千金买骨"的故事。

从前有一位国君，扬言愿意用一千金买一匹千里马。可是几年过去了，一匹马也没有买到。

这位国君的身边有位清洁工，自告奋勇请求去完成这项任务。国君同意了，并且给了他足够的金钱供他使用。

三个月后，清洁工终于找到一匹千里马，可惜的是马已经死了。于是，他就用五百黄金，买了马头，带回燕国。

国君一看，非常生气，大骂说，我要你买的是活马，你怎么花那么多钱，买了个死马头回来！

清洁工回答说，您想想，买死马都花那么多的钱，更何况活马？天下人一定都认为您是真心实意的，还怕没人卖千里马给您吗？

果然，不到一年时间，国君就得到了至少三匹千里马。

最后，郭隗又对燕昭王说："您要是真想得到人才，就请您先从我这个'死马头'开始吧。人们一旦听到，像我这样的人都能得到重用，比我更有才能的人，即使远在千里，难道不会赶来投奔您吗？"

燕昭王采纳了郭隗的建议，拜郭隗为师，并效法齐国的"稷下之宫"，为郭隗"筑宫"。

这座宫，以"千金买骨"的故事而得名，后人就称之为"黄金台"。有人说，黄金台在北京的大兴，也有人说，黄金台在河北的定兴。

不久，名人贤士纷纷前来投靠，"乐毅自魏往，邹衍自齐往，剧辛自赵往，士争凑燕"（《战国策·燕策·燕昭王收破燕后即位》）。

其中，就拿齐国的邹衍（约公元前324年—前250年）来说，燕昭王迎接邹衍时，行弟子礼，亲持扫帚，用衣袖遮挡灰尘，退着身子边走边扫，在前面清洁道路。后来，还特意为邹衍修建了一座碣石宫，供其居住讲学。"拥彗先驱"（《史记·孟子荀卿列传》），也成了今天的成语。

为什么这里要举邹衍的例子呢？是因为要从他的身上引出那个更加有名的"贵士"之宫，就是齐国的"稷下之宫"。

（2）"稷下之宫"的由来

战国之初，在"招贤贵士"这件大事上，齐国始终走在前列，表现也最突出，以致后人多以"稷下先生"来代表战国时期的诸子百家。

当初，齐桓公篡权之后，在文化建设上，做了一件对后世影响深远的大事，就是"立稷下之宫"以养士。"稷下之宫"逐渐成为战国时期变法革新的最大人才集散地。

由于齐桓公篡权者的身份，史书对此讳莫如深，记之不详。

齐桓公的儿子齐威王（公元前356年—前320年）即位后，继承乃父的作为，"好士"之风更甚。最著名的有两件事，一件是下令求谏于士，以致门庭若市（见《战国策·齐策·邹忌修八尺有余》，也就是课文里学过的《邹忌讽齐王纳谏》）。

还有一件就是与魏惠王论"宝"，而以"士"为宝（《史记·田敬仲完世家》）。

齐威王二十四年，齐威王有一次与魏惠王相会，魏惠王问："您有没有什么宝贝呀？"

齐王说："没有。"

魏惠王得意洋洋，说："像我这样的小国，我的十二乘车辆上就装饰有好多枚特大号的珍珠，您这样的大国，怎么就没有宝贝呢？"

齐王从容不迫，说："那是因为，我心目中的宝贝与您的标准不同啊。有很多贤士，担任我的贤臣良将，为我治理国家。如果他们是'珍珠'的话，他们的光芒，将照耀千里，哪止您那区区十二乘车辆呦。"

魏王听了，羞愧难当，"不怿而去"。

由此可知，齐国超越魏国而称雄，不是没有原因的。

侯王养士的目的，不仅仅因为他们"好士"，而是要让学士们"不治而议论"（《史记·田敬仲完世家》），替他们"坐而论道"，用现在的话说，就是制定治国大纲和史纲（修史）等治国之道。谁做得到位，谁就能执战国群雄之牛耳。

不仅如此，当初齐桓公养士，还有一个难于启齿的目的，就是要让学士们借宣扬其正统之名，遮掩其篡逆之实，最终"漂白"自己，这一点，与前面所说的"高远其祖"和"君权神授"的目的相同。

到了齐桓公的孙子齐宣王（公元前319年—前301年），"好士"之风更是发扬光大，复盛"稷下之宫"（《战国策·齐策·先生王斗造门而欲见齐宣王》），轰动天下。

从《史记》所使用的"复盛"二字可知，"稷下之宫"不是齐宣王始设，而是再兴，在三代君王的经营之下终于达到鼎盛时期。

"稷下"又称"棘下"。齐国国都临淄的西门，叫"稷门"或"棘门"。稷门附近，官家为众学士建筑群宫，供他们居住、活动，后人称他们为"稷下学士"或"稷下先生"，甚至具体称其中的某些人为"稷下之'辩者'""辩士"，如"是时诸侯多辩士，如荀卿之徒，著书布天下"（《史记·田敬仲完世家》）。

这些"稷下先生"，有官身却无治事，他们的主要工作就是议政、议学，以及"作书以刺世"（刘向《荀子序》），为侯王建言献策。

稷下学士所处之宫，是学士们的群居之地，更近似今天的高知楼、研究院之类的专家聚集处所，所以司马迁只提"稷下学士"与"稷下先生"，并没有"稷下之宫"的说法。

"稷下之宫"一词,首见于后汉徐干的《中论·亡国篇》:"齐桓公立稷下之宫,设大夫之号,招致贤人而尊宠之,自孟轲之徒皆游于齐。"

至于所谓"稷下学宫"之说,则是近人的称谓。

其实,称之为"学宫"并不确切,"稷下之宫"并非如同一些学者所理解的"学校"之义,容易引起误解。

稷下之宫的主要功能,不是如学校之教书育人,而是如智库与研究所,为君王提供治国方略。稷下先生的主要职责,不是如教师之授业解惑,而是身为谋士,为君王建言献策;每个人,都有各自的研究课题,都有自己的一家言。即使有学生,也只是研究团队中的一分子。

(3)"稷下先生"与"黄老"

"时势造英雄",春秋战国时期,"士"这一阶层,特别活跃。

在早期的文化建设上,他们化"实"为"虚",先后积极参与,甚至主导了一大批以《道·德(老子)》为基点、以"黄帝"类书为首的无名氏之书,为后人留下了不少鸿爪雪泥。

之后,"稷下先生"所代表的文人群体,自天下至稷下,集结成军,又化"虚"为"实",以"老学"作为治学之范本,纷纷创作出自己的一家之言,一时成为"士"与"仕"的主流。

从齐桓公首设"稷下之宫",到齐宣王复盛"稷下之宫",时代已由"好士"进而"贵士"直至"用士",一脉相承,水到渠成。

对"稷下先生"的了解越多,就越会发现,后人总会将他们中绝大多数人的学术思想与一个用词联系在一起,那就是"黄老"。然而,先秦时期,并没有"黄老"一词。

当时,有"黄帝"类书,有《道·德(老子)》。如前所说,"黄帝"类书,应该就是借"黄帝"之名的学"老"心得、解说之书,是早期的"老学"类书。

以《老子》经典为范本的类书、学派众多,并非一家一类,也并非仅限于"稷下先生",仅限于"黄帝"类书。

客观评价,"黄帝"类书还保持着"无名氏"所著的特点,应该是春秋战国时期"百家"之书的第一批"子书"。

"黄帝"类书以齐地的贡献最为突出,否则,《史记》也不会将"黄老"二字,大多与齐国的"稷下先生"联系到一起。

这些"黄帝"类书的出现,成为后来各国学士们模仿的对象,他们纷纷"其要本归于老子之言",在直接汲取老学所提供的哲学理论的基础上,打出旗帜,建立起自己的大小学派,于是才有了"百家争鸣"的局面。直到齐国稷下学士的"道法""刑名"之学成为主流,那已经是齐国稷下学士复盛之时了。

研究《道·德（老子）》，使战国时期的诸子百家受益良多。所以，诸子百家几乎多少都与"老子之学"有关。

尊《道·德（老子）》为经典、家国之大典，已经渐成学术百家的共识。

可以设想，除"黄帝"类书外，对其他不需要如此包装的诸侯国以及学者们来说，自己直接学习、发挥《道·德（老子）》原著，从而建立起自己的一家言，不是更好吗？

某些"黄帝"类书，抑或本来就是某些学派初创时的依托之名，毕竟《老子》问世之初，不也是称"德"、称"道"吗？在众人雾里看花的情况下，这是否也是合理的推测之一？

战国初期，《道·德（老子）》的经文，早已在周天子以及众多诸侯之中流传、修习，只是多少不同而已。

前面提到的晋国叔向与齐国颜斶，正是处于两个关键的时间点上。

叔向时，《道·德（老子）》已成形；颜斶时，《道·德（老子）》已成型，但都还不能证明就是传世的完本《老子》五千言。

研读传世《老子》就会发现，其中的很多章节与用字，很可能与田齐的"稷下先生"多少有些关联。

据《史记》与《纪年》的计算，齐桓公在位十九年，齐威王在位36年，齐宣王在位19年，三代人共74年。

以齐宣王即位前的公元前318年为时间基点，那么，在桓公、威王时代的这55年中，《老子》的"简书三策"早已存在，由此也可以证明，"五千言"当时并非完本面世，还只是分别散见于各诸侯国，所以才会有内容选取、文字风格各不相同的"简书三策"之分。

更何况，其他后学者的增益，也应该杂在"五千言"之中，最典型的，就是《齐宣王见颜斶》一文，其中"是其贱之本与？非夫"这句话，究竟是《老子》的经文，还是颜斶对经文的论断？就其前后的语气而言，谁能分得清？

再如，与传世《老子·55》相对应的出土文献，最后一句是"是谓'不道'"，而传世本则多了一句"'不道'早已"。这句注解性的四字，是谁所加？

又如，《老子·2》"有无相生"句的末尾，出土文献有"恒也"二字结论，与首句"有无相生"的命题相呼应，中间是例证，逻辑完整。但是在传世本中，"恒也"二字却消失了，是谁所删？

可以肯定的是，或增或删，都是发生在稷下之宫复盛之后。

反观《老子》经文，很可能在这个时期，学者们曾经做过汇集、补充、增益及注疏的工作，更可能与当时"黄帝"类书、"易传"类书、《管子》杂书的创作、改编交插进行，以致"黄帝"类书、"易传"类书、《管子》杂书中，《老子》经文的痕迹随处可见，逐渐形成老子学说的各个学派。

三类依托之书中，最具齐国稷下特色的，是《管子》杂书。

2.《管子》的"道""德""法""刑"

对前几代田齐君主而言，还有一件很尴尬的事实，就是田氏成为齐国的新君主多年，直到公元前334年齐威王"徐州相王"，还是被称之为"陈侯"而非"齐侯"。

为了摆脱这一尴尬处境，齐威王谥号自己的父亲为"齐桓公"，俨然五霸之首、威名赫赫的"姜齐桓公"再生。

有了"齐桓公"，就必然要辅之以千古名臣管仲（约公元前723年—前645年）。斯人虽已逝，其"书"尚犹存，于是，便有了战国早期田齐《管子》的横空出世。

《管子》是一部依托于"管仲"之名的"依托"之书，无名氏所著，著书时间，要比"黄帝"类书稍晚。

《管子》绝对是战国齐人的杰作，"合群叟，比校民之有道者"（《小匡》），既不是一人所著，也不是一时之书，多为战国各家学派观点的集粹，其中，很可能也包括少量的当年管仲之"言"。

《管子》的思想表述，是对战国百家学派各家观点的准确反映。全书现存76篇，所涉猎的学派众多，儒、道、法、阴阳、名、兵、农等家的观点，兼收并蓄。正因为如此，《管子》应该算是一部"杂"书。

《管子》中的大量篇幅，试图理顺"道"与"德"、"德"与"法"、"道"与"法"、"法"与"刑"之间的内在关系，为"德治"与"法治"找出正确的哲学核心，切实落实到社会实践中。

《管子·牧民》中，人们最熟知的名句就是"仓廪实则知礼节，衣食足则知荣辱"这两句名言，强调了物质基础的重要性，强调了"德治"的前提条件。

《管子·牧民》中，还有这样的论述，"何谓四维？一曰礼，二曰义，三曰廉，四曰耻"，"四维不张，国乃灭亡"。它的"礼义廉耻"之说，是不是比早期儒家的"仁义"说更合理，也更容易为后人所接受？

《管子》认为，"所谓仁义礼乐者，皆出于法。此先圣之所以一民者也"（任法》），也就是说，"仁义礼乐"诸"德"，与"法"密不可分，因为"德"也是"法"的一种，与其他诸"法"相配合，是治理百姓大法中的手段之一。

在《四时》与《五行》中，《管子》论述了不同时节的不同行为规范，把自然现象作为政治设施的依据。

"日掌阳，月掌阴，岁掌和。阳为德，阴为刑，和为事"，"圣王日食则修德，月食则修刑，彗星见则修和，风与日争明则修正"，"德始于春，长于夏；刑始于秋，流于冬。刑、德不失，四时如一。刑、德离乡，时乃逆时。"

人们常常喜欢用"法"指称或替代"德法"以外的"刑法"等诸法，这虽然已是一种约定俗成的说辞，但在理论上并不科学。这一点，是必须要申明的。

"德"与"刑"，都是"法"的一种，一个具有非强迫性，一个具有强迫性。或谴责，或惩罚，处理方式各有不同。

"德"有德之"道"，其道为"阳"；"刑"有刑之"道"，其道为"阴"。"德"与"刑"，二而"壹"。"道"为"壹"，"德"与"刑"为"二"，要想达到"和"，就要正确处理两个"小一"之间不同条件下不同的主次、显隐关系。

与过分强调"仁义"的早期儒家思想、过分强调"刑法"的早期道法家思想等"小一"之治的单一思维相比较，《管子》与它们的根本区别就是，它反映出来的治国手段，是老子"大一"之道总领下的"德治"与"刑治"并举，共存共治，从而确立新的等级名分体系作为新的社会道德规范。

另外，《管子》与帛书"外四篇"相比较，其中相同或相近的段落、文句就有23处之多，可见《管子》与"黄帝"类书的渊源之深。

《管子》与《庄子》相比较，同样有不少相同或相近的观念及文句，比如《管子·心术》中的"能专乎？能一乎？能毋卜筮而知凶吉乎？能止乎？能已乎"，就与《庄子·庚桑楚》中"《老子》曰"的内容，大致相同。

3.《管子》与老子学说

《管子》中，以论"道"为核心的"论道"文章多达65篇，"道"字之用，大约450处，代表作是《内业》《白心》《心术·上》《心术·下》，后世称之为《管子》四篇。

《管子》的思想主线，与"黄帝"类书相似，也是老子学说。

据有的学者统计，《管子》全书中几乎各篇都有《老子》的语言片段与哲学思想，尤其是《管子》四篇，化用、发挥《老子》经文的地方随处可见，甚至有些段落的表述，都大体一致。

比如，"故必知不言之言，无为之事，然后知道之纪"，"躁者不静"，"静则得之，躁则失之"，"时则动，不时则静"，"心能执静，道将自定"，"执一之君子，执一而不失"，"以家为家，以乡为乡，以国为国，以天下为天下"，"无功劳于国而贵富者，其唯尚贤乎"，"持而满之，乃其殆也。名满于天下，不若其已也。名进而身退，天之道也"，等等。

以《管子》为代表的管子学派，《汉志》将它列为道家，《隋志》以后，又将它列入法家。

不同的归属恰好说明，后人对前人的认知有着很大缺陷，用后人的"小鞋"，硬往前人的"大脚"上套，只能进退失据，表述不清。

或认为，《管子》应该属于《淮南子》所说的"杂家"。所谓"杂家"，是"本是同根生"的发散之"杂"，而非杂乱无章之"杂"。

或认为："杂家是道家的前身，道家是杂家的新名。汉以前的道家可叫做杂家，秦以后的杂家应叫做道家。研究先秦汉之间的思想史的人，不可不认清这一件重要事实。"（《中国中古思想史长编》）这也是一家之言。

总之，《管子》是一部稷下丛书，是第一部反映战国诸子百家的言论总汇，是第一部以老子学说为主导的百家论文集。

《老子》言之，百家用之。"道之所言者一也，而用之者异"（《管子·形势》），"百家之言，指奏相反，其合道一体"（《淮南子·齐俗训》），百家各为"大一"中之"小一"，殊途同归，早已成为古今学界的共识。

五、荀子与荀子笔下的百家争鸣

说完无名氏们的著作之后，再根据《史记·孟子荀卿列传》为我们提供的线索，具体说说稷下诸子以及与他们有关的学派，看看它们与老子学说的关系与异同。

《孟子荀卿列传》中，关于荀子的记述并不多，只有192字。

荀况，赵国人，生卒年代无法确知（约公元前313年—前238年）。

荀子一生，到处游学，足迹遍天下。50岁时，开始到齐国游学，与稷下诸先生交往，成为稷下先生的一员。

荀子在齐国居住时间最长，齐襄王（公元前283年—前265年）尊他"最为老师"，在稷下先生中间，享受很高的待遇，当时的人，尊称他"荀卿"。

稷下先生多享受"列大夫"的官职与俸禄。荀子在"列大夫"中，曾三次出任祭酒。此时的"祭酒"，应该还只是举行某种活动时的一种具体礼遇，是学者之中最尊者的一种尊行，后世逐渐演变成尊称，西晋时，更成为一种负责教育的官职职称。

晚年，"齐人或谗"，于是，荀子到了楚国，春申君黄歇（公元前314年—前238年）任命他为兰陵令，定居楚国的兰陵，最后老死兰陵，身后留下数万余言的鸿篇巨著。

《荀子》内容丰富，涉猎广泛，哲学、伦理、政治、经济、军事、教育，甚至语言学、文学，无所不包，"推儒、墨、'道德'之行事兴坏"（《史记·孟子荀卿列传》），兼收并蓄；后经过西汉刘向校订，为《荀子新书》32篇。

1. 荀子与老子的"道论"

司马迁所说"推儒、墨、'道德'之行事兴坏"的"道德"，三者并列相称，指的就是父亲司马谈所分类的"道德家"。

　　这里主要分析一下《荀子》的哲学思想，看看他与老子学说的"道论"有什么关系。

　　先引用重点篇章的几段核心论述，看看荀子是怎么说的。

　　《王霸》说："无国而不有治法，无国而不有乱法；无国而不有贤士，无国而不有罢士；无国而不有愿民，无国而不有悍民；无国而不有美俗，无国而不有恶俗，两者并行而国在。上偏而国安，下偏而国危；上'一'而王，下'一'而亡。……故百王之法不同若是，所归者，'一'也。"

　　任何一个国家，都是治法与乱法"二而一"，贤士与罢士"二而一"，愿民与悍民"二而一"，美俗与恶俗"二而一"；"大一"中的两个"小一"，相辅相成，缺一不可，这是每一个国家存在的现实。所区别的，只是两个"小一"谁为主、谁为从、谁为多、谁为少，不同的主次关系，不同的比例结构，都会有截然不同的结果。……前朝后代，不同的国家，有不同的国法，但是，它们遵循的原理都一样，就是"大一之道"。

　　荀子的这段论述，正是对老子"大一之道"的"耦生"思想以及"耦处理"的深刻理解与精彩发挥，荀子又称之为"兼术"（《非相》）。

　　《天论》说："万物为'道'一偏，一物为万物一偏。愚者为一物一偏，而自以为知'道'，无知也。慎子有见于后，无见于先；老子有见于诎（屈），无见于信（伸）；墨子有见于齐，无见于畸；宋子有见于少，无见于多。有后而无先，则群众无门；有屈而无伸，则贵贱不分；有齐而无畸，则政令不施；有少而无多，则群众不化。《书》曰：'无有作好，遵王之道；无有作恶，遵王之路。'此之谓也。"

　　这里的"道"，指的就是"大一"之道；所谓"偏"，指的就是"大一"之中的某个"小一"。

　　我们的宇宙，就是如此"玄之又玄"（《老子·1》），由一个又一个不同的"二而一"所组成，既相互区别，又相互关联，"有无相生"。

　　所以说，万物不是"道"的全部，一物也不是万物的全部。如果只掌握到一物一偏，只是对某一物的某一部分有了些许认知，就认为已经掌握了"道"，那是无知，是"愚者"的认识。总之，"大一"中的两个"小一"相辅相成，缺一不可，否则就成不了事。正如《尚书·洪范》所说，先王给我们指引的道路，就是好与恶"二而一"，至于谁为主、谁为从、谁为显、谁为隐，要具体情况具体分析、具体运作。

　　"道"与"偏"之关系的观点，既是对《洪范》的发挥，也是对老子"二而一"之"道本"的反证，更是对很多稷下学者"小一"之术的批判。

　　"愚者"只知"一偏"、只知"道数"之"小一"，不知"全道"、不知"道本"之"大一"。荀子对四家"愚者"的批判，恰恰证明，荀子全面接受了老子"二而一"之道，也就是"大一"之道的理论。

至于"有见于屈，无见于伸"的"老子"究竟是谁，见后面详述。

《礼论》说："贵本之谓'文'，亲用之谓'理'，两者合而成'文'，以归'大一'，夫是之谓'大隆'。"

第一个"文"是"小一"之"文"，第二个"文"是"得一"之"文"、"大一"之"文"。文与理"二而一"。

《解蔽》说："类不可'两'也，故知者择'一'而'壹'焉。"又说："不以夫'一'害此'一'，谓之'壹'。"

"类不可'两'"，正是对"两者同出，异名同谓"（《老子·1》）的具体反证。

"不以夫'一'害此'一'""择'一'而'壹'"，正是对《老子》的核心理论"得一"及"耦处理"的正确理解和表述，因为"得一"的"一"，指的就是"大一"，也就是"壹"。

整句话用数字模式表述，就是"二而壹"。

老子"大一之道"的"二而一"或"三而一"模式，准确的写法，应该是"二而壹"、"三而壹"。笔者的著作，只是为了行文方便等原因，多写做"二而一"或"三而一"，这一点需要说明。

"二而壹"与"三而壹"，一个是本体，一个是变体（《老子·2》《显隐老子》），同样是为了行文方便等原因，笔者的著作，多省写了"三而壹"，这一点，也是需要说明的。

只要是精通老子学说的人，第一时间就可以判断出，在先秦朝野以及诸子百家中，荀子的这些观点，对老子"大一之道"的理解与阐述最准确、最透彻，分析最明晰、最完整，申述也最有条理、最通俗易懂、最深入浅出。

更可贵的是，荀子不仅正确阐述了"大一之道"的原理，在文字表述上，常用"壹"（《荀子·大略》）来代替"大一"，将"大一"缩写为"壹"，独创性地将"壹"纳入哲学术语，使对"大一""小一"的理解更加明确，不易混淆，使"二而一"之道的表述，更加清晰，更易理解。

荀子为什么要使用"壹"呢？因为在"大一"之中有两个（或三个）小"一"，两个小"一"相辅相成，你中有我、我中有你，共同组成了一个大"一"；这个"壹"所显示出来的表象，是与其中某一个"小一"的表象相同，"类不可两"；为了不使两个小"一"与一个大"一"的表述相混乱，所以就用"壹"来代替"大一"的"一"，以与两个"小一"的"一"相区别。

应该说，没有荀子对老子"大一之道"的深刻理解，就不会有哲学术语"壹"的创造。在理论建树上，这是一个值得称道的进步。

壹：合也，专一也，与"一"同。《孟子·公孙丑》里，也使用过"壹"，训作"专一"，"志壹则动气，气壹则动志也"。《左传·文公三年》："举人之

'周'也，与人之'壹'也。""周"与"壹"是同义字，在这里都是"合"的意思。《汉书·董仲舒传》："有所'统壹'，为群儒首。"这里的"壹"所代表的，就是"大一"，"统壹"就是"统合"，就是"大一统"，其说源于荀子的"壹统类"（《非十二子》）。

这些就是《荀子》的哲学核心理论，是荀子全盘接受并继承了老子哲学核心理论后的成果，即使不用翻译，今天的普通人读起来，也都能够读懂，清清楚楚，明明白白。

老子的"二而一"之道，就是"大一"之道，就是有无相生的"恒"之道，就是红黑混和的"玄"之道，就是混而为"一"的"大道"。

荀子的这段议论以《洪范》作结，是否表明荀子对"大一之道"的精辟见解，是直接继承发挥于箕子之《洪范》、无视老子学说的存在？

这种理解肯定缺乏说服力，因为后人所看到的，是客观的、完整的历史及哲学的"光谱带"，不会对二者中间光芒四射的老子"光谱"视而不见。后面将会论述，荀子如此作为，别有用心。

总之，就"道论"的精髓而言，荀子完全有资格与庄子合璧，都是老子学说当之无愧的继承者。

2. 荀子与儒家的异同

再看看荀子与儒家学派，有什么异同之处。

荀子究竟属于哪家学派？千百年来，似乎始终都在游移，没有一个定论。荀子与儒家学派的爱恨情仇，千百年来，也总是说不清、道不明。

《史记》将荀子与孟子合传，后人据此，将荀子视为儒家学派，《汉志》也将《荀子》列入儒家者流。

有些学者竭力反对将荀子归属儒家，理由之一就是李斯与韩非都是荀子的弟子，从他那里学到的是"帝王之术"。

孟子与荀子都是稷下先生。孟子尊孔，荀子也尊孔，但是两位大家的尊孔角度明显不同，学说更是针锋相对、格格不入。

孟子专法先王，一味强调"仁义"，强调"施仁政"；荀子兼法后王，既重"礼"，也讲"法"，这就是荀子学说与孟子所创的儒家学派的根本区别。

荀子提倡"隆礼、重法"的治国理念，从文字上分析，同样是源于老子的哲学核心，是"大一之道"的理论指导下的"道用"之术。

荀子称"隆礼"为"王道"，称"重法"为"霸道"，提倡治国治民要行"王霸道"，这就是后人所说的"帝王之术"。

所谓"隆礼尊贤而'王'，重法爱民而'霸'"（《大略》），就是强调在"道本"层面上，治国治民要"礼""法"并用，"王道"与"霸道"相结合。

他认为，"礼"与"法"二者相辅相成、不可或缺；站在"大一"的高度把握住"道本"这一总领之"纲"，这是第一步。

第二步，在"道用"层面上，如何对"礼"与"法"二者做具体的"耦处理"，相互为用？荀子强调，要以"礼治"为主、"法治"为辅。而要抓住"礼、法之'枢要'"，就要学会运用"礼、法之'大分'"，"皆内自省以谨于'分'"（《王霸》）。

荀子也有"无分"与"有分"之说，但所表述的内涵则不同，还不是哲学术语，"人之生，不能无群，群而无分则争，争则乱，乱则穷矣。故无分者，人之大害也；有分者，天下之本利也；而人君者，所以管'分'之枢要也"（《富国》）。

荀子的"分"，就是各有各自的等级位置，各有所用、各司其职、各安其分。

每个人在政治社会中的"分"是什么？要靠"礼"与"法"来"定伦""明分"。

"礼"告诉你，你的身份是什么，要谨守本分；"法"告诉你，你的职责是什么，要尽职尽责。

所谓"治之'经''礼'与'刑'"（《成相》）的治国措施，正是荀子对"大一之道"的具体运用，也正是荀子学说的主要观点。

荀子把"礼治"称作"道德之威"，把"法治"称为"暴察之威"，"法治"做得再好，也只不过称"霸"，却不能成"王"，这完全符合老子"道法：'自'然"的理论，也就是今人所理解与表述的，所谓"内因"是"本因"。

"王"与"霸"二而"壹"，缺一不可，只是不同时代的"王"与"霸"，有不同的主次关系。

荀子游学于秦，是在秦昭王（公元前324年—前251年）时期，从他与秦昭王的对话中可以看出，荀子对"大一之道"的具体运用稍显生涩，还不能具体情况具体分析，缺少变通。

秦昭王问荀子，"儒无益于人之国"（《儒效》），意思是，儒者对我的国家能有什么用处呢？话里话外，明显对儒者有看法。

荀子并没有学前辈商鞅，因势利导，反而替儒者竭力辩护，大谈特谈儒者的优点，认为"儒者在本朝，则美政；在下位，则美俗"（《儒效》），是不可或缺之人。

与当年的秦孝公一样，秦昭王口虽称"善"，心里却不以为然。荀子的说教，并没有取得成功。

在此期间，荀子与秦相范雎的交谈，讲得更明确：秦国目前的短处，就是儒者太少，"则其始无儒邪！故曰：'粹而王，驳而霸，无一焉而亡。'此亦秦之所短也"(《强国》)，所以，秦国应该扬长避短。"粹"，全也。"驳"，杂也，指"小巨分流者"(《王霸》)。

与商鞅"三代不同礼而王，五伯不同法而霸"的表述相比较，荀子说得更进一层，"粹而能容杂，夫是之谓'兼术'"(《非相》)。

"礼"与"法"，究竟以谁为主、以谁为辅？不同的时代有不同的需要，"执今之道，以御今之有"，所以"不可为典要，唯变所适"(《系辞》)，各有不同而已。

可惜的是，荀子虽然懂得"粹而能容杂""君子贵其全"(《劝学》)的道理，明确提出"无'一'则亡"的"大一"总原则，对秦昭王强调的"兼术"却并不适合秦国，难以服人。

秦国不重视儒者，的确是其短处。但是，究竟需要用儒家学说来主政，还是来辅助？才是问题的所在。

在荀子的字典里，"粹"与"驳"的意思本质一样，区别就是，以"礼"为主称之为"粹"，以"法"为主称之为"驳"，用字的褒贬有所不同。

荀子参透了老子的"大一之道"，知道"王、霸道"是"大一之道"，而"霸、王道"，同样也是"大一之道"，只不过他所选择的，是以"礼"为主的"王、霸道"。(《致士》《大略》)

本来，以"礼"为主，则"王"；以"法"为主，则"霸"。当"王"则"王"，当"霸"则"霸"。"王"与"霸"之间，并无高低之分，只有场合的不同。荀子强调"王"高"霸"低、"王"粹"霸"杂，反而给自己挖了一个坑。荀子最终不能见用于秦，而他的学生李斯与韩非，却能在秦国取得成功的根本原因，就在于此。

不仅如此，即使荀子对"大一"之道研究得如此透彻，有时也不免在某些地方，陷入"小一"之术而不能自拔，如对"人性本恶"的认知。

荀子的"人之性恶"(《性恶》)与孟子的"人之性善"相对立，两个人的观点，都只说对了一半，实质上，都是有你无我、相互否定的"小一"之术。

根据"大一之道"的原理，应该是"人之初，性自然"(《老子·13》)。有"善"必有"恶"，"善"与"恶"二而"壹"。

初生婴儿，"有欲"而"无心"，当哭则哭，当笑则笑，既无所谓"善"，也无所谓"恶"，所以《老子》强调婴儿、赤子的本性，就是"至精""至和"(《老子·55》)。

当人们走入社会，有了得失之"偏心"，才开始有了善恶之"偏"。有了善恶之"偏"，所以才要"修"，要"复归于婴儿"(《老子·28》)。

最后，还有一处值得一提，就是荀子对儒家的态度。

一般认为，对于中国古代哲学史，儒家学派经历过三次重大的质变：第一次是荀子，第二次是董仲舒，第三次就是宋明道学，后人又称之为"理学"。

对这种传统观点，有商榷的必要。因为，荀子究竟是否"儒家学派"，从他的学说中并没有得到肯定的答案；而且，所谓的前两次，都直接吸收了老子学说的营养，荀、董二人的著作文字，均可证明。

与其他各家相比，《荀子》中提到"儒"的次数虽然最多，言辞之间却大多语带轻蔑，毫不客气。

他不屑孟子的人品，"恶败而出妻"（《解蔽》）；不屑孟子的无礼，"三见宣王不言事"，还大言不惭，"我先攻其邪心"（《大略》）；指斥子思与孟子宣扬邪说；称子张、子夏、子游的后学，是贱儒；又分"儒"为大儒、小儒、雅儒、散儒、俗儒、陋儒等。

在他的眼里，大多儒者，只不过是与小吏地位相等的读书人，"守法之吏，诵数之儒"（《荀子·正名》），二者的区别，只不过是儒者宣讲礼制法条、小吏执行法律而已。

荀子晚年时，儒学已经一跃而成为显学，"儒八墨三"，红极一时。

荀子也许并不认为自己属于儒家的"学派"，或许是不屑与其他儒家学者为伍，甚至在他的心中并没有所谓"儒家学派"一说，有的只是一个庞大的儒者群体。

这也正是后人对他的学术分类始终说不清、道不明的原因所在。

荀子敬仰孔子与子弓。他认为，在教师队伍中，只有孔子与子弓是大儒，可以做到"壹统类"，有资格享受溢美之辞。

也许，荀子的志向，就是以孔子为榜样，勤勤恳恳，做一名授业解惑的教书匠，"其数则始乎诵经，终乎读《礼》；其义则始乎为士，终乎为圣人"（《劝学》），一门一门地学，一科一科地教，最终成为孔子那样的大儒。所以，《荀子》的第一篇，就是《劝学》。

后人评价说，"六艺之传赖以不绝者，荀卿也。周公作之，孔子述之，荀卿子传之，其揆一也"（《荀子集解·考证下》），荀子当之无愧。

3. 荀子指斥的"乱家"

中国历史上，自战国时代起，始终有两种"百家争鸣"，交替前行。一个是"大一"之道总领的"百家争鸣"，竞争的是谁为主、谁为从；一个是"小一"之术之间的"百家争鸣"，争斗的是有我无你、互不相容。

基于此，荀子在正面阐述"大一"之道的同时，还从反面详细论述了各家各派"小一"之术的弊端，斥之为"乱家"，言语犀力，底气十足。不过，与内容相近的《庄子·天下》相比较，其则稍显霸道，主观色彩很浓，时有断章取义之嫌。

荀子的底气从何而来？就来自荀子掌握了老子的"大一之道"。

这里先要说一说稷下先生中的几位前辈。荀子与早期稷下先生的关系，大都不错。稷下先生的第一代领军者是淳于髡（约公元前386年—前310年），稷下先生第一人是邹忌。

荀子"久与处，时有得善言"（《史记·孟荀列传》），相处久了，荀子从淳于髡那里学到了不少有益的知识，这些"善言"，不可能不与"老学"经典有关，也不可能不对荀子产生关键影响。

淳于髡与邹忌二人，曾经有过一次重要对话（《史记·田敬仲完世家》）。

淳于髡向邹忌提出了"得全全昌，失全全亡"等五句"微言"，邹忌立刻领悟了其中的"大义"而"谨受令"。不久，邹忌封侯拜相，在齐国的稷下，聚集了一大批有识之士，引导齐国走上改革之路。

这五句微言大义的核心，就是"得全"，与老子的"大一之道"正相吻合，具体而言，就是主张治国要"礼""法"兼用，而侧重法治。侧重点与荀子正相反。

在稷下待得久了，荀子与后来的稷下先生们，在学术观点上也大都有了分歧。

细读《荀子》，被其批判的多达数十人，尤其对思孟的所谓"五行"学说，更是深恶痛绝。

"城门失火，殃及池鱼"，这不能不让晚年失意、重返稷下的邹衍耿耿于怀。邹衍也是以"五行"学说闻名于世，所以，"齐人或谗"，也就不足为怪了。

被《荀子》点名批判的还有杨朱、慎到、墨翟、老子、宋钘、申不害、惠施、庄周、公孙龙、邓析、它嚣、魏牟、陈仲、史䲡、田骈、子张氏之贱儒、子夏氏之贱儒、子游氏之贱儒等，至少20人，战国以来的诸子百家几乎被一网打尽。

由于种种客观条件所限，古代文化下移与《老子》流传的碎片化，直接导致了众多"小一"之学的兴起。

在荀子看来，这些学派，很多都是"小一"之术的"乱家"，只知各执"一曲""一偏""一隅"之道，却"不知是非"、不知所"本"。

同是"一"，却是有"大一"与"小一"之分。

老子学说是"大一"之学，百家之学多是"小一"之学。

战国时期的"百家争鸣"，究竟是"小一"之间的对错之争，还是"大一"框架之下的主次之争、相互包容之争，这中间有着本质的区别。

"小一"之学，是用"小一"思维分析问题；"大一"之学，是用"大一"思维分析问题。

"小一"之学有两大弊端：其一，只知"小一"而不知"大一"，只知有

"己"而不知有"人"，不懂得"二而一"的"大一"，是由两个"小一"相生相成，以致"自好""以自为方"，所以大多是"一曲之士"。其二是"过"，也就是虽然懂得"二而一"之道的原理，在运用上，却不懂得"耦处理"，不懂得"一"中之"二"要相互包容，忽视二者之间的平衡点，不知道如何给另一个"小一"留有余地，不知道什么时候"止"，也不知道"止"在哪里。

众多"小一"之学的客观贡献，就是在"道数"层面，把每一种"小一"研究通透，从而对"大一"之学各个侧面的理解更加深刻、更加成熟，使"大一"之学更加完整，理论性、系统性更强。

总之，老子学说与百家之学的关系，实质上就是"源"与"流"的关系，就是"大一"之学与"小一"之学的关系。

荀子作为指点江山的学术大家，肯定对几乎所有的诸子百家都有所涉猎，其中，能不包括重中之重的《道·德（老子）》吗？

那么，谁能统合这些"天下之英杰"，"告之以大道，教之以至顺"（《非十二子》）呢？

《荀子》介绍了四位圣人，不得势的孔子与子弓，得势的帝舜与大禹，却没有老子。

"子弓"这个名字，在《荀子》全书中共出现4次，《非相》1次、《非十二子》2次、《儒效》1次，都与孔子相提并论。

谁是子弓？始终是个谜，让人猜疑不定。其实大可不必刨根问底，我们只要知道，子弓也是一位承前启后的大儒，介于孔子与荀子之间，就可以了。

4."有见于屈，无见于伸"的"老子"，究竟是谁

"有见于屈，无见于伸"的"老子"究竟是谁，后人的判断，大都靠谱。

《荀子》一书的传世本，是经过刘向校勘的。

在这些被《荀子》批判的人中，仅出现一次的"老子"二字，究竟是原著所有，还是《新书》所加，以坐实荀子早期"儒家学派"的身份？不得而知。

《荀子》在不同篇章里，反复品评的近二十人、近十家学派，基本都是战国以来的人士与学说，很多人还是稷下先生。

"老子有见于屈，无见于伸"，从逻辑上分析，荀子至少知道有叫"老子"的人，这位"老子"究竟是不是《老子》经文之作者，却是很值得怀疑的。

"老莱""老成""老阳""老商"这些复姓，都可以简姓为"老"。

文献记载，有"言道家之用"的老莱子，但年代久远，可能性不大。

《孔子家语·弟子行》中，有这样一段话："蹈忠而行信，终日言不在尤之内。国无道，处贱不闷，贫而能乐。盖老莱子之行也。"注者说："老莱子：原作'老子'，据《大戴礼记·卫将军文子》改。"也就是说，将"老莱子"简称

为"老子"，在古籍中并非孤证。

战国时期，有列子的老师老商氏（《列子·黄帝》），有"修黄老术"的老阳子（《元和姓纂》），还有"言黄老之道"的宋国大夫老成子（《元和姓纂》），这几位"老子"，都有可能。

其中的老成子，就是《列子·周穆王》中所说的老成方，他曾经向稷下先生尹文子（约公元前360年—前280年）学习幻术，著书十八篇（《汉志》），而尹文子也是修习"黄老"的，与宋钘并称"宋尹"，在时间、地点上，与荀子都有交集。

值得注意的是，"老子"与"宋子"同段挨批，这就更增加了老成方就是文中所说之"老子"的可能性。

至于"有见于屈，无见于伸"的那位"老子"究竟是不是老聃，从荀子的论述来看，学界多有共识，不是。

理由很简单，老子哲学核心是"大一"之道，"屈"与"伸"二而"一"，老子的认知，不会只停留在"小一"的"道数"上。

《管子·霸言》："是故先王有所取、有所与，有所屈、有所伸，然后能用天下之权。"

荀子也认为，君子为人处事的常理，就是"时屈则屈，时伸则伸"（《仲尼》），也就是我们今天常说的"大丈夫能屈能伸"。

如果老聃连这种常理都不知道，说得过去吗？

退一万步说，即使这里说的就是老聃，也只能说明《荀子》的自相矛盾，并不能因此而改变前面的有关论证，改变荀子哲学理论来源于老子学说的事实。而且，他的学生韩非子的《说老》《喻老》流传千古、字字珠玑，不会与老师的教授一点儿关系也没有。

不信荀子没有读过《老子》；甚至可以合理怀疑，出土于楚地的帛书《老子》完本，其最终成篇极有可能与荀子有关。

5. 荀子之谜

荀子身上确实有很多谜团。

第一个最大谜团，就是荀子对老子之书、老子之学为什么只字未提？

荀子称墨、宋、慎、申、惠、庄六家为"乱家"（《解蔽》），独崇孔子，却始终没有提及老子，为什么？

荀子对十二子及诸多孔门弟子，直言批判，对孔子直言褒扬，而对那位昙花一现的"老子"，却语焉不详，为什么？

"黄老"在稷下的地位，不言而喻，长期居齐，三为稷下祭酒、"最为老师"的荀子，对作为齐国指导思想的老子学说，能不知之甚深吗？

荀子自视甚高的实力，从何而来？如此成熟的"大一"理论，从何而来？

当时，《道·德（老子）》已经流传，《庄子》等典籍，已经大量引用老子之"言"，对此，荀子不可能不知道；对老子其人，荀子不可能不知道。

要想解开这些谜，就要从四个字入手："帝王之术"。

《王霸》说："故治国有道，人主有职。……而海内之人，莫不愿得以为帝王。"当年齐湣王称"东帝"，与荀子的"帝王"之说不无关系，只不过是一次失败的尝试。

"帝王之术"究竟是谁提出来的？

《荀子》最后一篇《尧问》的最后一段"为说者曰"，是荀子的崇拜者对荀子的总体评价，话里有话。

从中我们可以看出：

其一，写这篇评价的人，既称秦为"暴秦"，又为了避讳汉宣帝刘询之名，称荀子为"孙卿"，所以应该是与刘向同时代人。刘向校订《荀子新书》，是在汉成帝时。

其二，《尧问》作者对荀子其人有三个定位，即"怀将圣之心""蒙佯狂之色""示天下以愚"。"将圣"就是"大圣"的意思。

由于作者的时代不同了，所以，时人"不察其实，乃信其名"，竭力贬低荀子，"云非圣人"，那也是没有办法的事。

"乃信其名"，指的是什么"名"？是与孔子相提并论，"孙卿不及孔子"，还是"孔子弗过"荀子？

当时，掌握话语主导权的已经是儒家，所以，肯定与"荀子是否儒家、是否执儒家之牛耳"等问题有关；联想到《荀子》对儒家的种种不利评价，以及《尧问》作者对孔子与荀子的大胆比较，也就可以理解了。

《尧问》作者不仅认为荀子是位心比天高、胸怀大志的人，他甚至认为荀子"德若尧禹""宜为帝王"，只是不遇其时、"不得为政"罢了。

口气之大，令人咂舌。

在名字都要避讳的时代，敢于说出"德若尧禹""宜为帝王"之类的话，虽说荀子早已作古，作者也是需要很大勇气的。

其三，《尧问》作者对《荀子》其书的定位是："足以为纪纲"的"至明"之理论、"正行"之道路，"足以为天下法式表仪"。这就是荀子不为人所察的"实"。

也许，荀子的种种暧昧举动，恰恰就是一种态度。它的学术源头，已经隐隐然呼之欲出。

然而，《尧问》作者似乎与荀子一样，有意无意在回避一个事实，按时代光谱顺序分析，老子在前，荀子在后，而荀子学说之"实"，恰恰正是继承了老子学说之"实"。

如果不是怀疑荀子沽名钓誉、欺世盗名，或是怀疑荀子有所非分企图的话，荀子之所以始终不言"老子"，较为合理的解释，就是他自以为真正读懂老子学说的最高价值，是与老子"心同"，却要"道隐无名"（《老子·41》），以"秘传"老子的"君人南面之术"为要务，所以，后学说他是在"怀将圣之心，蒙佯狂之色，示天下以愚"。"我愚人之心也哉！"（《老子·20》）

联系到"宜为帝王"之说，更似有感而发，由此也可以证明，在很多前人的认识中，荀子之学，就是"帝王之术"（《史记·李斯列传》）。

所谓的"帝王之术"，实质上就是"圣人之治"（《老子·3》）的另类说法。

在古代，研习帝王之术是件很危险的事，无论欲为帝王或欲辅帝王，都能让上层人士高度紧张、严加防范，所以，还是"隐""隐""隐"的好（《大略》）。

第二个谜团，就是《荀子·解蔽》中，"故《道经》曰：'人心之危，道心之微'"的《道经》，究竟与《道·德（老子）》有没有关系？

《解蔽》提及《道经》，可见《道经》的确存在。

《道经》的问题很复杂，牵扯到《尚书·大禹谟》的真伪，甚至牵扯到儒家哲学理论的根基，一句两句说不清。

再看看《王霸》与《强国》中，都引用的"故曰：'粹而王，驳而霸，无'一'焉而亡。'此之谓也"。

荀子这里的"故曰"之句引自何处？从前面的诸多分析可知，同样离不开老子的"大一之道"，抑或也是《道经》里面的经文。

荀子至少知道有《道经》的存在，至于他所引的《道经》，与《道·德（老子）》的《道篇》有没有关联，不敢妄下论断。

不过，有一点还是明确的，今天出土于楚地的简书《老子》三策，与荀子同时代、同地域，这是不是已经说明了什么？

总之，荀子在中华文化史上，有着极其重要的地位，他与他的学生李斯、韩非，研究老子学说有成，为始于秦始皇、统合于"大一"的"大一统"国家，奠定了稳固的理论基础与政治基础。

战国诸子百家中，尊《老子》为经典的占多数，大多奉行老子的"大一之道"。

荀子学说奉行的也是老子的"大一之道"，其所侧重的"帝王之术"，同样是以老子的"大一之道"为宗的"道用"之术，只不过是主张以"德"为主、以"法"为辅。

所谓"荀子学说"，本质上，也是老子经典学说派生出来的一家支派，与"它者"比较，只是"道用"的侧重点不同而已。

正是因为诸家奉行的大多是老子的"大一之道"，只是"道用"不同，所以才有了天下"大一统"的格局。

后人有"稷下道家"之说，如此看来，"稷下道家"有"道法家"，有"道德家"。

如果稷下诸子各家呼朋引类，统称为"道法家"的话，那么，荀子学说就应该算是继《管子》之后一枝独秀的"道德家"。

六、孟子与稷下学派中的儒家学派

1. 稷下孟子的坎坷之路

首创儒家学派的，是子思（公元前483年—前402年）与孟子（约公元前372年—前289年）。

子思是孔子的孙子，孟子是子思的再传弟子。

孟子学派，又称"思孟"学派，始终是儒家学派的主流。

《荀子·非十二子》认为，"思孟"学派的最大弊端，就是对"法先王"的理解太浅薄，不懂得"法先王"与"法后王"要"统"于"大一"（"壹统类"）的道理；不仅如此，子思与孟轲，甚至还根据一部"往旧"之《五行》，"案饰其辞"，从中提炼出自己的"仁义"学说，不伦不类，忽悠了多少后世儒者，真是罪过。

对孟子的仁义学说，《淮南子·齐俗训》所记载的批判文章，说得更透彻："率性而行谓之'道'，得其天性谓之'德'。'德'失然后贵'仁'，'道'失然后贵'义'。是故仁义立而道德迁矣，礼乐饰则纯朴散矣，是非形则百姓眩矣，珠玉尊则天下争矣。凡此四者，衰世之造也，末世之用也。""世之明事者，多离道德之本，曰'礼义'足以治天下，引未可与言术也，所谓'礼义'者，五帝三王之法籍，风俗一世之迹也。"

"仁义"之上，还有"德道"在。这些观点，明显源于老子学说，《齐俗训》中就引用了不少《老子》经文。

司马迁的《孟子荀卿列传》，实际上就是一部以稷下先生为主体的百家学派的传记，其中多数人都是稷下先生，或者说，都曾在稷下游学。

他们主要是齐人淳于髡、邹忌、邹衍、邹奭、接子、田骈、吁子、赵人荀卿、慎到、环渊、公孙龙、剧子、魏人李悝、楚人尸子、长卢、宋人墨翟、邹人孟轲等。其中，孟子是稷下先生中的少数派。多数人研习的是"黄老道德之术"。

孟子也曾是稷下先生，这让很多人出乎意料。

成为稷下先生，曾经是孟子的向往，做做学问就可以当官，当官的职责就是做学问，多好的事。

孟子自认为"'道'既通"（《史记·孟子荀卿列传》），学有所成，于是信心满满，来到齐国。齐宣王礼遇有加，将他列于三卿之中，成为稷下先生中的一员。

孟子的弟子公孙丑曾经问他，来齐国后的抱负是不是想和管仲、晏子一样？

孟子竟轻蔑地回答说，你真是个齐国人，只知道管仲与晏子，你怎么可以拿我与他们相比呢，我比他们强多了，云云（《孟子·公孙丑》）。

孟子的心里，存的是"踢馆"的念头。孟子的政治抱负，是"行仁政"，凭着一颗"不动心"、一股"浩然之气"。可惜好景不长，做学问、大辩论，孟子可以口若悬河、头头是道，"才剧志大"；但是，一谈到治国之道，孟子却显得志大才疏，露出了短板。

孟子既没有摆正自己的位置，也没有独到的见解，还总是一副舍我其谁、盛气凌人的模样。比如，初见齐宣王，宣王虚心求问，说，老先生，您千里迢迢来见我，请问，您有什么于国有利的富国强兵之道吗？孟子的回答毫不客气，说，何必奢谈什么"于国有利"，您要记住的就是"仁义"二字罢啦。

孟子一向自诩强过管子，可是，这一副不食人间烟火的架势，与"仓廪实则知礼节，衣食足则知荣辱"的管子比起来，天壤之别。

孟子不知，实际上，"仁义"与"利"并不冲突。这一点，荀子就比他懂。

孟子学说的核心，就是"仁义"。

都说"一招鲜，吃遍天"，可惜孟子的这一招早在孔子时代，就已经开始不新鲜了。

孟子一边感叹"春秋无义战"，一边却到处宣扬什么"仁义""仁术""仁政""至仁""仁者无敌"（《梁惠王上》）、"仁人无敌于天下"（《尽心下》），还说什么，如果"生"与"义"二者不可兼得，就应该舍"生"而取"义"（《告子》），他甚至认为，侯王为了"仁义"，可以"言不必信，行不必果"（《离娄下》），瞧，是不是有点儿走火入魔了？

战国时期，富国强兵是新时代的主旋律，各诸侯国都在追求富强之道。

孟子自以为学有所成，于是加工了一双"鞋"，一只叫"仁"，一只叫"义"，然后不顾身份、不讲实情、不分主次、不问场合，向各国君主强行推销，撞了南墙也不回头。不管遇到什么问题、解决什么问题，他都会千篇一律，非要偏执于"小一"思维，唯"仁义"是问，凡事一概都用"仁"与"义"这双"鞋子"套。

究其根本，就是孟子对老子的"大一之道"没有深刻的理解与领悟，甚至不屑一顾。当他过度强调"二而一"之中的某一方时，最终会陷入"小一"之术，不能自拔。

仅就这一点，孟子的格局就比荀子等人差多了，虽说他们的心目中都是以孔子作为标杆，都是孔子的崇拜者。

按现在的说法，经济是基础，意识形态是上层建筑；没有了基础，上层只是空中楼阁而已。"仁义"的话说多了，谁听了都会厌烦，孟子却从来不从自己身上找找原因。

孟子见梁惠王，讥讽梁惠王"不仁"（《尽心下》），只顾图"利"。

孟子见梁襄王，讥讽梁襄王"不似人君"（《梁惠王上》）。

孟子见齐宣王，竟先要除去齐宣王的"邪心"，最终气得齐宣王"顾左右而言他"（《梁惠王下》）。

滕文公请教孟子，孟子却告诉滕文公，欲做"仁人"，就要在"效死"与"去之"（《梁惠王下》）之间作选择，让滕文公一头雾水，手足无措，不知所从。

鲁平公欲见孟子，问手下人对孟子的看法，下人只回答了一句，"后丧逾前丧"，暗讽孟子"一阔脸就变"。正是这似是而非的五个字，不仅打消了鲁平公去见孟子的念头，还把他从"贤者"降为"匹夫"，让孟子徒有"吾之不遇鲁侯，天也"（《梁惠王下》）的感叹。

联想到荀子所说的"孟子恶败而出妻"，就知其风评之差，难怪处处碰壁。

孟子对各国君主尚且如此，对稷下的前辈先生也好不到哪去。

稷下先生的第一代领军者淳于髡，博学多才、德高望重、乐观高寿，就连自视甚高的荀子，对淳于髡都是敬重有加。恰恰就是这样一位忠厚长者，对孟子的言行竟也早已看不惯，几次主动与孟子辩论，要灭一灭孟子的气焰。

一次，淳于髡质问孟子，说，重视名誉功业，是为了造福于民，兼济天下；轻视名誉功业，是为了自己，独善其身。先生你接受了"三卿"中的高位，想必是重视名誉功业，为什么还没有为君分忧、为民解难，就又辞职而去，如此首鼠两端，"仁者固如此乎"，难道这就是你这位"仁者"吹捧的"仁"，教你这么干的吗？（《告子下》《离娄》）

"后孟子"的邹衍（约公元前324年—前250年），根据前人的"五行"，创立"五德终始"之说，配合前面提到的"两筮例"和"黄帝"类书，为田齐政权的道统合法性造势，得到齐王等诸侯君主的赏识与重用。

在与邹衍宣扬"五行"天理的同时，孟子也曾大谈特谈他所欣赏的"五行"伦理，相互抢风头、别苗头。

邹衍、孟子都与齐宣王有所交集。得势的邹衍对失势的孟子，能没有看法、没有防范吗？

对齐国君臣如此种种不友善，孟子能不得罪稷下先生中最强势的齐人一派，还能在齐国待得下去吗？其实，这些又何尝不是孟子自取其辱呢？

至于如何认识"人性"与"仁义"的关系，孟子与告子的有关争论，更加突出了孟子的一偏之执。

"圣人之大宝曰'位'，何以守位曰'仁'"（《系辞》）。可惜，孟子既没有摆正自己的位置，也没有真正做到他所推崇的待人以"仁"，又怎么能处理好"名（位置）"与"实（学说）"的关系呢？

孟子斥责杨、墨是无君无父的禽兽，是邪说，是淫辞，能打败他们的只有圣人之徒，也就是孟子我，而且还自信满满，认为杨、墨的信徒一定会逃归到我的门下，我才是真正的显学，云云，其招降纳叛的急切心情，溢于言表。（《滕文公下》《尽心下》）

然而，再好的学说，不懂得如何让人家听进去，又有什么用？更何况，治国靠的不是几句名言、警句，或者是标语口号式的漂亮话，而是正确的理论体系。

孟子大讲"仁义"，却不懂得运用"大一"之道，只知道挥舞着"小一"之"仁"的大旗，顺我者昌、逆我者亡。

仅从他对杨子、墨子、子莫三位人士的评价上就可以看出，孟子对"大一之道"的理解，似是而非："杨子取为我""墨子兼爱""子莫执中""所恶执一者，为其贼道也，举一而废百也"（《尽心上》）。

对此，朱熹作注，说，"'为我'害仁，'兼爱'害义，'执中者'害于时中，皆举'一'而废百者也"。

孟子既反对"左"，又反对"右"，也反对不懂权变的"执中"，进而反对"执一"，却不知无形之中在逻辑上陷入了错误的怪圈。

老子提倡"执一"，孟子反对"执一"；老子提倡"执一"的"一"，是"二而一"的"大一""大道"；孟子反对"执一"的"一"，是"一偏"的"小一""小数"。孟子是在用自己的"小一""小数"去反对他人的"小一""小数"，"释大道而任小数"（《淮南子·原道》），与其他"小一"学派的"道数"之争，并无二致。

孟子反对"执中""执一"，言之凿凿，这就给后世的儒家子孙带来极大的尴尬与困扰，出了极大的难题，使标榜"精'一'执'中'""执'两'用'中'"是其理论精髓的儒家学者们，不知如何去解释、去调和、去修正，也使得孟子的"亚圣"称号大打折扣。

孟子游学，为其所处时代的定位，是"圣王不作，诸侯放恣，处士横议"（《滕文公下》），所以，他要站在时代的对立面，大声疾呼，拨乱反正，以致"外人皆称夫子好辩"，不过是舌辩之徒而已，致使以孟子为代表的儒家学说，"不能用""不果所言""所如者不合"，不合诸侯们的口胃，不为广大诸侯国所接受，就连孟子自己也说，"天下之言，不归'杨'，则归'墨'"（《滕文公下》），根本没有儒家什么事。

正因为如此，孟子的地位其实一直以来并不像今天人们所想象的那样高。

2. 特立独行的仁义学说

（1）孟子与"五行"

前面说过，中国历史上，称"五行"的不止一种；其中，主要有两类"五行"学说，一类属于自然科学，一类属于社会科学，相互交插、相互影响。

直到帛书《五行》与简书《五行》先后出土，人们终于看到一部以"仁义礼智圣"为排列顺序、属于社会科学一类的《五行》。

一些学者认为，出土《五行》应该就是《荀子》所提及的"往旧"《五行》，就是子思、孟子所推崇的"五行"，就是思孟学派的作品。（《简帛文献〈五行〉笺证》《荀子集解》）

其实，这里存在一个误会。

需要指出，对《荀子》所说的"思孟""谓之'五行'"的论述，后人理解有误。

荀子对这部"往旧"《五行》，持批判态度。

荀子指斥子思与孟轲，志大才疏，根据一部并不成熟的"往旧"《五行》，用不伦不类的解说，粉饰其辞，妄称这部《五行》才是真正的"先君子之言"，是孔子等人给我们留下的宝贵遗产，云云，一唱一和，忽悠了多少后世儒者，真是罪过。所以，荀子才会揭示事实，毫不客气地指责他们的言行是不讲规范的邪恶之举。

称之为"先君子之言"，"以为仲尼、子游为兹厚于后世"，足以证明，"往旧"《五行》并非"思孟"所著作。

被当作宝贝的"往旧"《五行》，可能与擅长"文学"的子游有关，是"子游之儒"对孔子"仁"学的不成熟的发挥。

思孟学派根本就没有《五行》之文，也不是"往旧"《五行》的著作者，而是"往旧"《五行》的研习者、解说者。

思孟学派研习"往旧"《五行》，从中汲取营养，并不等于"往旧"《五行》就一定专属于思孟学派，表述的是两码事。

《孟子》并无"五行"之说。

翻遍《孟子》有"仁义礼智"的"四端"之说，有对"二事终始""智圣"对说的表述，有对"仁义礼智圣"之"五命"的表述，却始终不见"五行"二字。

《孟子》中，与出土《五行》"仁义礼智圣"观点最接近的有：

"仁义礼智"合说，有三处："恻隐之心，仁之端也；羞恶之心，义之端也；辞让之心，礼之端也；是非之心，智之端也。人之有是四端也，犹其有四体也"（《公孙丑上》），"恻隐之心，仁也；羞恶之心，义也；恭敬之心，礼也；

是非之心，智也。仁义礼智，非由外铄我也，我固有之也，弗思耳矣"（《告子上》），"君子所性，仁义礼智根于心"（《尽心上》）。

"仁义忠信"合说，有一处："仁义忠信，乐善不倦，此天爵也；公卿大夫，此人爵也"（《告子上》）。

"智圣"对说，有一处："始条理者，智之事也；终条理者，圣之事也"（《万章》）。

最后，我们终于从末篇《尽心下》，看到"仁义礼智圣"合说，有一处："仁之于父子也，义之于君臣也，礼之于宾主也，智之于贤者也，圣人之于天道也，命也。有性焉，君子不谓命也"，后人作注，认为"贤者"应该是"贤否"，"圣人"应该是"圣"。

《孟子》通篇，说得最多的，就是"仁义"，而且"仁义"二字经常连用，成为专用词组。

孟子学说的核心，不是"五行"，而是"仁义"。

孟子的"仁义"学说与"五行"说，应该有密切关联。但是，不能因为出土《五行》以"仁义"为首，就认为，出土《五行》一定就应该专属于提倡"仁义"的思孟学派。

（2）孟子与老子学说

《孟子》与《老子》的"礼义仁德道"，有没有关系？

据《孟子引得》统计，《孟子》中，"仁"字153处，"义"字104处，"礼"字65处，"智"字31处，"道"字140处，"德"字37处。

"道"的使用次数，仅次于最多的"仁"，使用情况，一般都是用作具体的"某某之道"。

什么是"道"？

孟子既有"尊德乐道"（《公孙丑下》）之说，又有"尊德乐义"（《尽心上》）之说，可见是将"道"与"义"等同视之。

孟子又说："仁也者，人也；合而言之，道也。"（《尽心下》）

这句话，逻辑不通，"仁"与"人"如何"合"？很费解，很可能是将"道"与"仁"等同视之。

如此看来，孟子的"道"，说的就是"仁义"之道。

据说，有部外国版本的《孟子》，这句话多了20字，成了"仁也者，人也；义也者，宜也；礼也者，履也；智也者，知也；信也者，实也。合而言之，道也。"认为"仁义礼智信"，五合一，是为"道"。

而"仁义礼智信"是汉代董仲舒的"五常之道"，至于是不是孟子的观点，缺乏证据。另外，孟子的"仁义"与董仲舒的"仁义"（《春秋繁露·仁法》），法则与标准也不尽相同。

《孟子》中，有"大道"2处："居天下之广居，立天下之正位，行天下之大道。得志与民由之，不得志独行其道。富贵不能淫，贫贱不能移，威武不能屈，此之谓'大丈夫'。"（《滕文公下》）"未闻君子之大道也。"（《尽心下》）

孟子这里所说的"大道"，是不是老子学说的"大道"？

《老子·53》："使我介有知：行于大道，唯迤是畏。"

"行于大道"与"行天下之大道"，意思相同，用法相同。而且，《老子》唯一出现的"大丈夫"一词，竟然在《孟子》中得到了释义。

"大丈夫"行大"道"，《老子·38》论"礼义仁德道"，或许与《孟子》的确有某种关联，不似巧合。

然而，仅凭三处相同的用辞用句，不足以证明孟子与老子学说之间的内在关联，与其他人物、学派相较，证据太单薄，更缺乏佐证。

总之，从"道"以及"德"的使用情况判断，孟子对"道德"的认知尚属于伦理范畴，停留在传统认知上，也就是后人常说的"仁义道德"与"道义"。

按照《老子·41》所分的上士、中士、下士的标准，"礼义仁德道"是上士掌握的水平，"仁义礼智圣""仁义礼智信"是中士掌握的水平，而孟子对以上这些术语的理解尚处于下士水平。

与《老子》强调物质世界的客观之道不同，孟子认为，他的"仁义礼智"，源于心性，"有性焉，君子不谓命也"；而孟子的心性，又来源于子思。（《性自命出》）

学界或认为，"子思的心性论，很明显吸取了《老子》的营养"（《简帛文献〈五行〉笺证》），应有所据。

也有的学者认为："实则古代思想界限本不甚严，孔子即曾问学老子，而思孟一系畅言心性。至少在形式上与道家有共通之处。帛书把《五行》《德圣》抄于《老子》书后，与道家的《九主》同列混陈，可能就是出于这个缘故。"（《简帛文献〈五行〉笺证·李学勤序》）说得委婉，间接证实了出土《五行》与道家的关系更密切。

至于对老子的态度，孟子虽说不如他的祖师爷子思，却比荀子稍强。荀子是揣着明白装糊涂，有意回避；孟子则是敬而远之，既没有提过老子其人，也没有触及老子学说的主要观点，这不能不说是孟子的局限。

好在孟子的缺失，很快就被其后学所弥补，汉人的新"儒家学派"最终取代了孟子的旧"儒家学派"，这也许正是历史的必然吧。

据文献记载，韩愈在《原道》里，第一次把孟子列为先秦儒家中唯一继承孔子"道统"的人物，就是说，直到中唐孟子才开始"升格"，咸鱼翻身，其人其书的地位才随之上升。

北宋神宗熙宁四年（公元1071年），《孟子》一书正式被指定为官方教科书，

被列入科举考试科目之中。（《宋史·选举一》）

南宋的朱熹，做得更彻底，他将《论语》《孟子》《大学》《中庸》合编一起，称为"四子书"，简称"四书"，终于组成了完整的儒家学说。之后，"四书"便与"五经"一起，成为官方教科书。（《宋史·选举二》）

元朝至顺元年（公元1330年），孟子被加封为"亚圣公"，从此以后，孟子就被称为"亚圣"，地位仅次于孔子，"孔孟之道"的说法，从这时起，才渐渐深入人心。

北宋神、哲、徽三朝，又是一个政治改革与文化改革的大时代。

以王安石为首的"熙宁变法"，以司马光为首的"元祐更化"，你方唱罢我登场，新旧两党的斗争越来越激烈，也波及文化教育界。儒家的一些激进者，千方百计欲将《老子》经典乘机排斥于太学之外，原本"学校分治黄、老、庄、列之书"（《宋史·选举三》）的现状受到强烈干扰。

宋神宗垂意儒学；宋徽宗崇尚老氏之学，更信奉道教，自称"教主道君皇帝"，这就给了有心人士借力打力的机会。

于是，在升格《孟子》的同时，早已是官学教材的《道德经》，则明升暗降，最终成为道教信徒学习的"大经"，"其业以《黄帝内经》《道德经》为大经，《庄子》《列子》为小经"，归类为道徒弟子考取道职的专经科目。其他听课的学子，也以"其业儒而能慕从道教者"（《宋史·选举三》）为准。其成为少数人的必修必考课、多数人的自选课，反而使《道德经》的经典地位受到压抑，黯然失其本色。

学业上的调整，一进一退，绝不是巧合，它所带来的负面情绪，使中华民族文化思想的走势开始出现漂移，时左时右，时快时慢，虽说始终没有脱离正轨，但其影响之长远，后果之严重，令人慨叹。这是后话。

3. 什么是中华民族传统文化的总源头

行文至此，有必要追溯一下中华民族传统文化的总源头及其走势。

多少年来，我们对中华传统文化的认知，始终有一个误区，就是所谓的"儒家治国"。历史告诉我们，"儒家文化"代表不了几千年来的中华传统文化，"儒家治国"不等于"儒家文化治国"。"儒家治国"仅仅是"精英治国"的代名词。

（1）从"巫史记书"到"经史"文化

中华文书典籍的产生，主要与上古时期的"巫史"活动直接相关。

如前所说，上古之人遇事则卜，由巫师负责，占卜之后，将因由及结果告诉首领，首领效法，作为采取行动的指南。

同时，这些卦辞、爻辞、贞辞等在各类受体上刻录下来，由专门人士保管，藏之于秘府，以供验证和参考。这些工作，一般由巫师兼任。

这就是最早的记书工作。

各种各样的历史事件、人物活动、经验教训、文档、文告、文件……随着需要记录的内容越来越多，巫师们的工作强度也就越来越大、越来越复杂，于是巫师不再兼职，而是做了分工，由专人负责文字的记录和保管，另称之为"史"，"史，记事者也"。

由此可知，后世并称的"巫"与"史"，原本就是同一类人。

上古时期的"书"，由于记录工具所限，主要刻录于甲骨上，重要的典籍则是铸刻在鼎盘之类的公器上，所谓"书之竹帛、琢之盘盂""镂之金石以重之"（《墨子·尚贤下》）。

这就是古代第一批"书"的模样与记录方式。这些刻有文字的受体，应该是人类的第一笔记录在物质上的精神财富，是最早的"文书典籍"。

日积月累，中华民族特有的文化终于成形，诞生出中华民族引以为傲的经史文化。其中的代表作，就是今天我们所能见到的《周易》《尚书》《诗经》《礼经》《周礼》《春秋》《乐经》等经典古籍，至于某书、某志、某言，更是随处可见。

以《墨子》为例，正文中引用的"先王之书"特别多，如《夏书》《殷书（商书）》《周书》《护》《九招》《象》《驺虞》《吕刑》《周颂》《术令》《周诗》《泰誓》《禹誓》《汤说》《禽艾》《周书·大雅》、周之《春秋》、燕之《春秋》、宋之《春秋》、齐之《春秋》等，不一而足。

经验之"经"、历史之"史"，以史为鉴、经验之谈，经史文化正是中华民族传统文化的总源头。

中华民族特有的经史文化中，经验之谈多得令人咂舌，以致一位研究《尚书·君奭》的西方学者惊叹地说："这样一个请求也记载下来，实在不可思议，……我们不得不说周人喜欢写作。"这就是东西方文化的差异。"中国古代文献的丰富和多产，也是世界文化中的另一项奇迹。"（《书于竹帛》）

老子前后，有两个经史文化，前一个是经验之"经"，后一个增加了理论之"经"。老子是后"经史文化"的奠基者。

（2）什么是"经学"

中国人的文化，非常重视"知古始""重积德"，重视历史的教训与经验的积累，重视文化的传承。

从文化传承发展的角度来看，文化产生的初始，只有记"书"而无立"说"，只有"记者"而无"作者"。

文化如何传承？靠官学。官学教什么？教经典。经典如何记录？靠文字。

什么是最古老的汉字？

随着文献的不断出土，人们的认识也一再修正，最早认为是籀文，后来又加上金文与石鼓文。清末发现了商代的甲骨文，于是，甲骨文便被公认为是最古老的汉字。

其实不然。

甲骨文的确比籀文、金文、石鼓文要早，但是通过对甲骨文的分析，甲骨文已经是被简化了的、较为成熟的古汉字，从文字发展规律判断，在它之前应该还有更古老的文字。

最古老的汉字，应该是造字时期的文字。

"黄帝尧舜垂衣裳而天下治"（《系辞》），标志着"国家"的初步形成。中国人称"国家"为"天下"。

在社会活动中，无论是行政管理、信息传递、经贸交流、知识传承，还是各种典章制度的制定，都突显出文字的重要与必要。于是，便有了文字的产生与丰富。

有原始造字时期，有官方造字时期。东汉许慎编著《说文解字》，认为黄帝命令史官仓颉造字，称之为"书契文"或"古文"（《说文解字·序》），学界一般称之为官方造字时期；黄帝统一天下之前，属于原始造字时期。最古老的汉字，学界称之为"初文"。

用"文字"将历史"固化"，这应该是对"文化"二字最原始、最朴素的解释。

有了中国文字，就开始有了中国的经史典籍文书。

这些精神财富，不仅提供给当政者学习、参考、珍藏，更要传给后人，视之为"子孙以其祭祀不绝"（《老子·54》）的"深根、固柢、长生、久视之道"。

"河出图，洛出书，圣人则之"（《系辞》），"龙图出河，龟书作洛，赤文篆字，以授轩辕"（《竹书纪年》）。

"河图"与"洛书"，应该属于中华民族采用文字记录的第一批文书典册，后来，"图书"便成为文书典册的总称。

"河图"与"洛书"的内容尚不可考，目前，历史上第一批有文字可考的，是《诗》与《尚书》。

学术研究时，对上古时代的事迹记录、传世文献只有得到出土文献的确证，才认为是真实的，否则，只能作为参考而非确证，这一点，往往被历代很多学者所忽略。

所谓"经学"，就是"经典"之学。有"经"，有"典"。什么是"经"？什么是"典"？

《说文解字》经：织也，法也。如"以经邦国"就是以法治国。《说文解字》典：五帝之书也；经也，法也，法式。

也就是说,"经"与"典"都与"法"有关,"经"本是动词,"典"本是名词,成为复合词组以后,成了名词。

"经典"的本义,就是用于治国参考的"五帝之书",是国家的大法。

什么是"法"?《说文解字》法:刑也;常也,制度也,礼法也,刑法也,象也,效法也。说得通俗一点儿,"法",就是众人都要遵守、都要执行的各种规章制度、行为准则。有的必须强制遵守,如刑法;有的靠自觉遵守,如道德操守。

人们常说"经史不分""以史代经""以经代史",是因为几乎每一篇典籍,都是对某些史实的记录,既包括人与事,同时又包括对相应的评价与经验教训的总结。

中国古代的经史典籍文书,是以周代为基点,由前代的经典与周朝的经典所组成,内容主要包括对历代帝王言行的记载,对历代史实的记录,对历代经验教训的各种评价与总结,以及各种治理所用的法典规则。如《周礼》六典,就有治典、教典、礼典、政典、刑典、事典。所谓"国有国法,家有家规",这就是人类社会的常识与共识。(《竹书纪年·笺》)

这些经史典籍文书都属于"不可以示人"的国家重器,由专门的官员掌握与使用。

天下需要治理,而治理天下,则需要由各种专职人员来完成。不同的官员负责执行不同的法则。

经史文化的运用与执行,靠整个国家的官僚体系;而经史文化的累积与传承,则主要靠两类官员,一类是"史官",一类就是"儒官"。

(3)"经典"的主要记录者:史官

在商周时代,巫史之职是地位很高的官职,普通氏族出身的人不能担任。

《周礼》中,巫、筮、祝、史等职务统统归于"春官大宗伯"属下。

"六官"中,"大宗伯"位居第三,主要掌管宗庙祭祀,是"礼官"的最高首长。

"史官"又分为大史(太史)、小史、内史、外史、御史等职务,分工不同,各负其责。

在《尚书》《左传》《国语》等古籍中,有关史官工作的记载随处可见,如,"动则左史书之,言则右史书之""史定墨""史为书,瞽为诗""史乃册祝""王(成王)命作册,逸(史佚)祝册""太史秉书,由宾阶隮,御王册命""君举必书""观书于大史氏""司典之后""祝用币,史用辞""祝史祭祀""瞽献曲,史献书""瞽、史教诲""吾非瞽史,焉知天道""瞽、史记曰""史不失书""太史赞王,王敬从之""太史监之",等等,由此可证,"书"与"史"的密切关系,绝非一般。

史官主要有三项重要职责。

第一，忠实记录天子、诸侯等人的"言"与"行"，收集、掌管、提供典、志、令、法等所有书册典籍，作为君臣的言行、家国的治理之法则。这就是"经"与"史"，是构成经史文化的骨骼。

第二，负责规谏、教诲天子与诸侯，以及监督天子与诸侯的各种言行。

第三，"吾非瞽史，焉知天道"这句话，尤其值得注意，这句话在贾谊《新书》中，记作"吾非诸史也，焉知天道"。由此可知，某些史官还有一项更重要的职责，就是对"天道"的研究。

对"天道"二字，不能作粗浅理解。就像今天的社会科学与自然科学的交叉一样，史官中也有不少科学家，其中，天文等自然科学只是"天道"的一种，更主要的是对诸多历史经验做理论上的研究，找出其中的规律，以供遵循，"执今之道，以御今之有，以知古始，是谓'道纪'"。只有充分了解到这一点，才能真正领悟到老子学说产生的必然性与合理性。

另外，到了西周时期，实际工作中"巫"与"史"的职能已经合流，有关占筮工作，大多是由某些史官来完成。

必须强调，史官们的记录行为完全是一种职务行为；由此产生的图书典籍，都归官家所有，后人称之为"中书""秘书"或"公书"。这些公书作为最高机密，收藏于官府的专门处所，不是一般人所能见到的。这些图书典籍的作用，既为保存参考，更为文化传承；而传承的主要手段，就是对后代的官学教育。

史官的任务相当重要，文字主要由史官创造。史官既要负责记录，又要负责保管这些经史典籍文书，同时还要负责向天子谏言，以及负责某些特定的教育工作。他们的去留，甚至直接影响末代王朝的命运。（《吕氏春秋·先识》）

"德"与"道"属于经史典籍文书中的最高层级学问，是史官工作的重中之重、秘中之秘，由专人负责搜集、记载、管理与研究。

直到老聃担任史官以后，这项工作才有了根本性的突破及理论上的升华。

在视"德"与"道"为最高核心双价值的社会思想结构中，"言道德之意"的、已经上升为哲学理论的老子学说，其潜在的影响力绝对无法忽视。

（4）"经典"的主要传教者：儒官

有必要先梳理一下"儒"的来龙去脉。

"儒者"指的是谁？先看看字典都是怎么说的。

《说文解字》："儒，柔也。术（述）士之称。"《辞海》中"儒"的意思主要有两个，一是"有道学之士也"；二是"孔子之道也"。《辞源》中"儒"的意思主要有两个，一是"古代从巫、史、祝、卜分化出来的人，也称术士，后泛指学者"；二是"孔子的学派"。

有两点需要注意：

第一，所谓"术士之称"的"术"，应该是"述"的省笔，两个字相通。"述士"的"述"，就是《论语·述而》中所说的"述而不作，信而好古，窃比于我老彭"的"述"。"述"的基本字义有三：其一，《说文解字》："述，循也。"其二，陈述，叙说。其三，修纂，如著述。

第二，《辞源》的第一种释义是"古代从巫、史、祝、卜分化出来的人"。由此可知，《辞源》也认为，"儒者"就是在祭祀活动中某些为巫史们服务的工作人员，配合巫史祭祀的执事人员。

也有人进一步猜测，"儒者"，柔也，是在祭祀活动中为巫史人员服务的工作人员，他们配合巫史祭祀的执事人员，待命而动，而且动作轻柔，轻拿轻放，所以称之为"儒"。这种猜测有一定道理。

这些人员精通各种祭祀的礼仪、种种规则和行为规范，由他们来教授"六艺"与"六仪"，是再合适不过的事了。

"故善人者，善人之师；不善人者，善人之资。不贵其师，不爱其资，唯知乎？"（《老子·27》）

中华民族自古以来崇尚尊师重教。重要的是师资与教材。谁来教？教什么？这些都可以在《周礼》中找到答案。

在教育体制上，夏、商、周三代一脉相承。

提出"六经皆史"等著名学术论断的清代史学家章学诚（公元1738年—1801年），就曾明确指出，"官守学业，皆出于一"（《校雠通义·原道》）。所以，"学在官府""官师合一""政教合一"，是夏、商、西周文化教育制度的最大特点。

"教"与"学"原本是一个字，由"爻"字演变而来。教者，告也。学者，效也。

据说，从夏代开始，就有了"学校"与"官学"。（《孟子·滕文公上》）

有关商代"学校"与"官学"的记载，或典籍，或出土文物，或甲骨文字，均提供了第一手材料。

官学所施的教育，划分成不同的阶段，与不同身份、不同年龄相对应。所以"官学"中，又分"国学"与"乡学"两类、"大学"与"小学"两级。上学的学子主要是王室、公室等贵族子弟。

商代的"大学"，以"乐教"为重，所以在当时，"瞽师"的地位很高，这也就是为什么后来的那位有先知之能的单襄公，会说出"吾非瞽、史，焉知天道"的原由，因为古人认为，音乐是人类与老天爷交流的最佳手段。

官学使用的教材由官方提供，主要是各种"礼法"、前面所提及的重要典籍，以及"六艺"与"六仪"。教师有专职、有兼职，都是由各种官员担任。不同身份的教育对象，由不同职务的官员负责；不同的教育内容，由不同部门的官员负责。

说到"古礼"，后世常常提到称之为"三礼"的三部经书，就是《礼记》《仪礼》《周礼》。

《礼记》本来是由《礼》与《记》两部著作组成，其中，《记》是孔子为弟子讲解礼乐之学的讲义。这一点必须分清。

《仪礼》写的是周代社会的各种礼节与仪式，据说是周公所制。

《周礼》记载的是周代的官制，据说也是周公所写，是他心目中理想的官僚体制架构，因为对各部门、各官员的设置与归属还不太成熟，不太合理，所以后来并没有完全执行。

对"儒"的明确定义，最早见于《周礼》。

《周礼》提出的总架构，就是六部门分工负责制，分别是天、地、春、夏、秋、冬六官，由六卿掌管。

"天官"的负责人是"大宰"，"地官"的负责人是"大司徒"。

"大宰"是百官之首，是"治官"的最高首长，相当于现在的总理，主要职责，就是负责制定、颁行及掌管王国的"六典"，其中就包括"教典"。

"大司徒"相当于副总理，职责之一就是分管教育，比如，要配合大宰，按时公布教典（教象之法），监督执行，检查是否做到"联师儒"，"乡学"中的三门课程教授得如何，对学习优异者是否进行了表彰，等等。

对属下各类教官的具体管理，主要由"小司徒"负责，到了年终，还要进行考核。

教育的管理及教学分属不同部门，部门相互之间的关系可能类似今天的教育部、教育局等行政部门与学校教师等教学部门的关系，即公务员、职员与教员的关系。

据《周礼·地官司徒》记载，"司徒"属下的"师氏"与"保氏"的主要职责就是上对"天子"、下对"国子"的教育。所谓"国子"，就是没有官职的贵族子弟，或称之为"国子弟""贵游子弟"（《周礼·地官司徒》）。

"师氏"是负责对天子的正面教育，以及教授国子美育、德育（三德三行）的职能部门，配备有"中大夫"一人、"上士"两人等官员，都可以称之为"某师"。

"保氏"从属于"师氏"，这一职能部门配备有"下大夫"一人、"下士"两人等官员，根据分工不同，或称之为"某保"，或称之为"儒"。注意，这就是"儒"第一次出现时的本来面目。"保氏"的职责也分为两类，对"上"，要谏诤天子的过失，使之弃恶扬善；对"下"，要负责教授国子"六艺"与"六仪"，相当于现在的专科教师。

"六艺"与"六仪"，是周王朝的贵族教育体系中重要的组成部分，是官学设置的课程与科目，是要求学生掌握的基本才能，相当于今天大学里人人必修的大课。"通'五经'、贯'六艺'"，是对他们的最高要求。

关于"师""保""儒"，《周礼·天官冢宰·大宰之职》中，又是怎么说的呢？

"以'九两'系邦国之民：……三曰'师'，以'贤'得民；四曰'儒'，以'道'得民。……"也有这样断句的，"四曰，'儒'以'道'得民"，意思都一样。意思就是说，大宰（太宰）要任命九种人，用九种方法，维系社会上下的关系，管理百姓，取得"得民"之效。

其中的"师"，就是"地官"中的"师氏"。

至于"儒"，《汉志》认为，所谓"儒者"，最早指的就是司徒属下主管部分专科教育的官员，主要是教授"六艺"。

于是，这些儒者教授"六艺"，便又称之为"儒术"。

后汉的郑玄作注，说："'儒'，诸侯'保氏'有'六艺'以教民者。"

他也认为，这里的"儒"，就是"地官"属下的"保氏"中专门"对下"的某些专科教师的称谓。"道"是"导"的省笔，是宣导、教导的意思。

负责教育的不只是"师"与"儒"，其他部门也各负其责、各有所教，比如，"《史籀篇》者，周时史官教学童书也"，以及"'太史'试学童，能讽书九千字以上，乃得为'史'"。可见，"史官"也有部分教学任务。

"古之学者耕且养，三年而通一艺，存其大体，玩其经文而已，是故用日少而畜德多，三十而《五经》立也"（《汉志》），就是说，自习研修也是教育的另一种途径。

在地官大司徒属下，还有一类地位很高的荣誉官员值得注意，就是"乡老"，他们由"三公"（太师、太傅、太保）担任，原则上，两个行政乡设置一人。这些"乡老"，也有教学及监督地方教学的职责。后世的官职还有"少师""少傅""少保"之职，那是后话。

负责"教典"与"礼典"的官员之中，儒官只是讲授"六艺"的下级官员，直到孔子设立私学以后，儒者的地位与重要性才有了显著提升。

至于讲授最高层级的"道德"，儒者还不够级别与资格，所以最高只能讲到"仁"，强调用次一等的价值标准"仁"，来衡量并约束臣下。

就教学而言，"史家"与"儒家"都有教学职责，又有三大区别。

其一，"史家"主要面向天子，"儒家"主要面向大众。

其二，"史家"主"记"，"儒家"主"教"。

其三，由于教授的对象不同，所以"史家"多"隐"而"儒家"多"显"。

总之，谁来"教之"？当然主要靠"史""师""儒"，按今天的说法，就是传道授业的导师、教授、老师、先生等；有兼职的、有专职的，有高级的、有低级的，有专科的、也有兼科的。其中，"儒"，开始只是一种身份、一种官职，继而成为一种职业，或称之为"澡身育（谕）德"者、"宣读"者、教育家、知识分子等。

4. 孔子的"儒者之学"与孟子的"儒家学派"

最后，再讲一讲"儒者之学"与孟子的早期"儒家学派"的关系。

儒家学者提起儒家经典，必称"四书五经"，或者"十三经"。

需要明确指出的是，所谓"四书五经"，是南宋朱熹等人倡导的教学组合，由于受到历代王朝肯定，设为官学教材，所以"四书五经"的说法渐渐深入人心，甚至以偏概全，渐渐误导了我们对上下几千年的中华传统文化的整体认知。

我们研究《老子》一书，一定要先打破这个约定俗成的框框，所以，一定要对先秦经典古籍有个正确的认知。

"六经"也好，"五经"也罢，都只是大量经典古籍中的极少部分，这一点，往往被一些学者所忽略。

所谓的"四书"，指《大学》《中庸》《论语》和《孟子》，这四部著作属于儒家文化。至于"五经"，也就是《书经》《诗经》《易经》《礼经》《春秋》，再加上失传的《乐经》，称之为"六经"，则是经史文化的代表作。

《史记·滑稽列传》说："孔子曰：'六艺于治，一也。''礼'以节人，'乐'以发和，'书'以道事，'诗'以达意，'易'以神化，'春秋'以义。'"

比较之下，这里的"六艺"与"六经"，竟然说的是同一内容。

"六艺"的原貌本来不是这个样子的。

有老"六艺"，有新"六艺"。

《论语·述而》："子曰：'志于道，据于德，依于仁，游于艺。'"这里的"艺"，指的就是老"六艺"（《周礼·地官司徒》）。

三皇五帝夏商周时代，无论国之大事如"祀与戎"，还是小事如狩、猎、朝、聘、盟、会、宴、享、丧等，数千年逐渐形成了一整套生活习惯和生活方式，进而形成种种仪式，这就是"礼"。《说文》："礼：履也，所以事神致福也。"

贵族们行"礼"，要靠众多专业人士帮助完成，因此，无论是贵族还是专业人士，首先都要学习"礼"。不仅如此，进而还要学习"六艺"，即礼、乐、射、御、书、数，又称之为"术艺"。

所以，这些专业人士中的某些人，又被称为"术（述）士"或"儒者"。

后来出了一位"有教无类"的孔子，开办私学，完善教育体系，并从古代浩如烟海的经典文籍中编选了一小部分文章，辑录了完整的教材。

孔子扩大了教授的范围，丰富了讲义的内容，使原来的"六艺"，即"礼、乐、射、御、书、数"，变成新的"六艺"，即"易、诗、书、礼、乐、春秋"。同时，对学生的穿戴与着装也做了规定，后人称之为"服儒服""学儒学"，一如《庄子》所说的"搢绅先生"，《史记》写作"荐绅先生"。

从那时起，儒者开始尊孔子为教育界的宗师。

《淮南子·要略》说得更具体："周公受封于鲁，以此移风易俗。孔子修成康之道，述周公之训，以教七十子，使服其衣冠，修其篇籍，故'儒者之学'生焉。"

这就是《淮南子》对"儒者之学"所下的定义，认为有了孔子的修、述、教，才开始有了"儒者之学"。

"儒者之学"就是"孔子之学"。

"孔子之学"的要点，就是以"六艺"为教材，"述而不作，信而好古"，研究成康之道，讲述周公的教训，整理成康之道与周公之训的篇籍，并写出自己的心得以教授学生。他培养的学生大都很争气，"弟子盖三千者，身通六艺者七十有二人"（《史记》）。

在孔子的教材中，老"六艺"被新"六艺"（《庄子·天下》）所替代，久而久之，后来居上的新"六艺"之书进而升格，称之为"六经"，顺理成章地成了"儒家"所教授的国家经典，由此大大提高了儒者的学术地位。

后世儒家说，"六经"都经过孔子的删定。然而，删定经典并不能成为据为己有的理由；就像王弼注《老子》，而《老子》并不能由此而成为王弼的著作一样。对"六经"等古代经典的注说，儒家不是唯一的，只是"一家言"而已。

孔子并没有著书立说，也没有提出自己的理论体系，对经典古籍述而不作，有的只是讲义与心得，即使是他的弟子追记的《论语》，也是如此。注意，这时的孔子之学，并不等同于儒家学派。这时的"儒者之学"还不能称之为"儒家学派"之学。

"儒者之学"，说得通俗一点儿，就是"教科书派"，用现在的话说，就是"教条讲义"，从这个角度而言，中国古代自从有了公学、公书，同时就有了从事教授工作的儒者。

长期以来，儒家群体的教学工作，有官方背景，得到了官方支持，是唯一的公学派，所以长期以来，儒家并不是以后世所谓的"学派"形式存在。

"教科书派"的最大特点，就是一切以官方的教科书为准，述而不作，编写讲义，所以说，不是儒者要教什么，而是官方让儒者教什么。是官方让儒者告诉你，"经典"说了些什么。

春秋时期，时代变了，私学兴起，诸子百家兴起，议政参政的意识越来越强烈，在旧教材的基础上，大都在采用新的教材、新的学说，以适应新的时代。

从老"六艺"到新"六艺"，是"儒者之学"的一次转折。

战国时期，以孟子成为稷下先生为标志，"儒者之学"完成了从职业化到学术化的转化，正式开学立派，成为诸子百家以至稷下学派中的一员，就是所谓的"儒家学派"。诸子百家中的儒家学派，始于孟子。

至此，孔子的"儒者之学"蜕变成孟子的"儒家学派"，完成了又一次转折。

以孔子为代表，教授新老"六艺"之书，成为"儒者之学"。

"儒者之学"实现了对古"礼"解释权的控制和垄断，怎能不引起新兴贵族及士人的不满与反弹？"礼崩乐坏"成为必然之事。

同时，在时代变革的过程中，还自然而然产生了一种新的"礼"，就是"士礼"。本来是"礼不下庶人"的，现在上下都有了相应的"礼"来约束，这就诱发了对"礼"的进一步研究，进而诱发了"儒家学派"的形成。

"儒家学派"以孟子为代表，奉孔子为宗祖。

"儒者之学"从一开始，就是以教书育人、培训英才为目的，教的是"知"。

而"儒家学派"，与其他诸子百家一样，应运而生，则是以建言献策、治国理政为目的，论的是"智"。

这就是孟子的"儒家学派"与孔子的"儒者之学"的不同之处。

"游文于'六经'之中，留意于'仁义'之际"，《汉志》对儒家学派的定位，很到位。

在教授研习"六经"经典的过程中，有意识地留意与"仁义"有关的记载，从中提炼出"仁义"学说，儒家学派由此产生。

孟子著书立说，受到稷下众人的冷遇，可见当时的儒家学派还不是"显学"。

孟子所代表的一大批儒家，虽然也在顺应时代，创建了"儒家学派"，带着"一家之言"去求官，参与到"坐而论道"的百家争鸣之中，却还在依照自身的惯性，挥舞着旧的教材，从旧的教材中寻找灵感，然后颐指气使，指手划脚，非要刻舟求剑、削足适履不可，自然不合时宜，只能眼睁睁任由大权旁落。

正是由于这种血缘特点，每逢时代变革，"儒家学派"总是处于守旧的一方。

然而，这并不能成为指责"儒家学派"的理由，因为"大一之道"，就是"新"与"旧"二而"一"，二者不可或缺。

时代变革时期，"大一之道"多以"新"的一方为"主"，"旧"的一方为

"从"，历史必然；"儒者难与进取，可与守成"（《史记·刘敬叔孙通列传》)，规律使然。

七、庄子与《庄子》笔下的百家争鸣

说完稷下的主要学派之后，最后再说一说稷下诸学派之外的重要学派及其代表人物，首当其冲的，就是"明老子之术"的庄子（《史记·老子韩非列传》）与下一章"御风而行"的列子。

关于庄子的为人，让人津津乐道的，有一则"曳尾涂中"的故事（《庄子·秋水》）。

庄子常常在濮水旁钓鱼，悠然自得。

一天，楚威王派了两位大臣，远道前来找到庄子，说："我们大王想请您出山，有很多王事要麻烦您！"

庄子不动声色，稳稳拿着鱼竿，头也不回，漫声说道：

"我听说，你们楚国有一只神龟，活了三千岁，大王将它的遗骨用布巾包好，放在竹匣之中，珍藏在祭祀祖先的宗庙里，郑重其事地供奉在堂上，成为神圣的占卜之骨。

"请问，这只大龟，究竟是为了贵为神圣的占卜之骨而宁愿去死呢，还是情愿活着，拖着尾巴在烂泥巴里玩乐呢？"

两位大臣想也不想，说："当然是情愿活着，拖着尾巴，在烂泥巴里玩乐呀。"

庄子说："那么请回吧！我这辈子，就愿意拖着尾巴，在烂泥巴里玩乐。"

庄子名周（公元前369年—前286年或前275年），宋国蒙人，宋国君主的后代，曾经做过宋国的漆园吏。公元前286年，宋亡于齐。

庄子著书十余万言，52篇，后被删削成33篇。

一般认为，"内篇"7篇是庄子本人所作，其他诸篇都是他的弟子及后学所作，全书应该是庄子学派的著述总集。

也有人认为，33篇的格调基本一致，应该是出自庄子一人之手，只是流传时散佚残破，某些篇章经过补缀而已。

1.《庄子》对战国"百家争鸣"的评价

话题就从《庄子》笔下的"百家争鸣"说起。

战国时期的百家争鸣，究竟是怎么产生的？《庄子·天下》有一段精辟的论述：

"普天之下，研究治国方术的人很多，大家各执自己的治国之术，都认为自己的是最好的，别人的都不行。

"那么，在古代，究竟存在不存在更高一层的治国之道呢？不但有，而且还是无处不在。无论是'神'与'明'的来历，还是'圣'与'王'的统治与作为，都是来源于'大体'之道，也就是'大一'之道。

"世上可以分为六类人，天人、神人、至人、圣人、君子、百官与庶民百姓，各有各的位置，各有各的特点。

"我们祖先的时代，社会结构合理，各种人才济济，各项措施完备。人们正确理解'道本'与'道数'的原理，正确运用无处不在的'大一'之道，正确运用各种各样的道用之术，使整个社会得以配享天地神明、化育天地万物、泽及上下百姓，老弱孤寡皆有所养，上下得以和谐相处。

"我是怎么知道的？

"因为史官保存了很多古代的典籍，让我知道了各种'道数'，知道了各种道术、典则、制度。儒士为我们传授讲解，让我懂得了众多典籍之中的《诗》是讲'志'的，《书》是讲'事'的，《礼》是讲'行'的，《乐》是讲'和'的，《易》是讲'阴阳'的，《春秋》是讲'名分'的。

"这些典籍虽说是秘藏于王室以及诸侯之室，却早已不同程度地相继传播到全国各地，于是才出现了百家之学。

"如今天下大乱，世代交替，群雄并起，人才辈出，制度标准似乎全都变了，一时间分不清什么是'贤'、什么是'圣'；道德的标准也不再一致了，各有各的解释，大多数士人都认为，只有自己对'大一'之道的理解，才是最正确的。

"就像人有耳目鼻口一样，每个人都各自注重其中的某一种器官，而忽略了其他几种器官；对某一种器官了解得通明、透彻，却忘记了它与其他器官之间的关系是相互作用的，是相辅相通的。

"再看看'百家众技'，大多数士人都想把握出人头地的机会，也都各有所长，足以应付一时之用，却纷纷迷失了'大一'之道，各执'一偏''一术'，大多成为没有做到全面认知的'一曲之士'。他们判断不出'大一'之'理'，分析不出'大一'之'全'，做不到'大一'的完备包容。如此一来，正确体现'大一'的'内圣外王之道'就被忽视。

"诸子百家各自抱守着自己的'小一'，认为自己的'小一'就是真正的'大一'，并以此为最好的标准，去充分发挥，以解释、处理天下事物，完成自家之所欲。

"这是一件多么可悲的事！再这样下去，百家学派就会越走越远，再也不能统合于真正的'大一'，进而使我们之后的学者，再也无法知道什么是真正的'道本''大体'。如果再不拨乱反正、正本清源，失去'大一'之道总领的各种道术，将四分五裂，自以为是，相互矛盾，还怎么治理天下。"

《庄子》的论述，首先是对老子学说的"大一之道"深刻理解后的准确发挥。

"古人之大体"，"明于本、数，系于末度"。古代有关"道"的哲学术语，主要有"道体""道本""道数""道用""道术"等。

《管子·形势》说："道之所言者，一也；而用之者异。"

以建房为例，整座房屋为"物"。这座房屋的建筑原理与模式，称之为"道"；房屋浑然一体的架构，称之为"道体（大体）"或"道本"；四梁八柱砖瓦门窗等各种配件，称之为"道数"。这些"本、数"也就是"二而一"中，一个"大一"与两个"小一"的关系，一定要"明"。所谓"系于末度"，就是四梁八柱砖瓦门窗如何组合到一起，称之为"道用"或"道术"。

《庄子》所说的"本、数"之中的"数"，就是《老子·5》的"数穷"之"数"，也就是"道数"。"百家众技"在"道数"层面上厚此薄彼，穷追猛打，"以自为方"，最多也不过是"一曲之士"。

因为，无论如何穷尽其"数"，每一种"数"，都不能单独存在，而是存在于"二而一"的"大一"之中。百家之"言"说得再多，都不能离开"大一"之"道本"。

"大一"，就是"本、数"之中的"本"，也就是"道本"。只知道"数"，而不知道"和"，不知道两个"小一"是如何相辅相成而"得'一'"（《老子·39》）的、如何"冲气以为'和'"（《老子·42》）的，就无法掌握"大一之道"的"道本"之纲。

其次，《庄子》主要从"道术"层面，分析了他所处的时代中，六家与"道术"有关的派别，评价了六类人物，就是才士、救世之士、有闻者、古之博大真人、化物神游之士、辩者，其中只有一家是特例，既言"道术"，更言"道本"，就是"关尹、老聃"学说。

本节之所以用书名《庄子》而不是人名，是因为《庄子·天下》这篇文章，并非庄子本人所作，据考证，应该是战国晚期的作品，但是，这并不妨碍这段论述的深刻与精彩，称得上是诠释老子"道论"与百家学派关系的第一文。

2.《庄子》论六家"道术"之派

（1）"才士"的墨家学派

着墨最多的，是以墨翟为代表的墨家学派。

将墨家学派放到第一个论述的位置，很可能是因为在《庄子》的时代，杨、墨两家是"显学"。

墨家有显隐之分，有前后期之分。前期墨家侧重政治哲学，后期墨家侧重理论建树，主要是逻辑之学等。

墨翟（生卒年不详），宋国大夫，"善守御，为节用"（《史记·孟子荀卿列传》），擅长工程技术与实用科学。

禽滑厘，墨翟的大弟子，魏国人，曾经是孔门弟子，学于子夏，后转投墨子，潜心墨学。

《读子卮言·论道家为百家所从出》等论证，墨翟不姓墨，之所以称之为"墨家"，是因为这派人物大都学习大禹，"形劳天下"，身体力行，事必躬亲，以致皮肤糙黑。聊备一说。

作为"显学"之一的墨家学派，之所以能够做到长久不衰，必有其内在与外在的原因。

《庄子》认为，前期墨家人物，是以大禹为榜样。不过，"严于律己"可以，若是以此标准要求天下人，"其行难为"，只能是"奈天下何"，很少有人能做到。

"其道太觳"，"墨子虽能独任"，"离于天下，其去王也远矣"，可见，《庄子》对"墨子"们的过分作为，不以为然。

《庄子》对墨家人物的定位是"才士"，很佩服他们的执着精神，"将求之不得也，虽枯槁不舍也"。"才士"们勤劳勇敢、艰苦朴素的特质，也成为中华民族的基因之一。

人们最经常评论的后期墨家，分为相里氏、相夫氏、邓陵氏三派（别墨）。

相里勤，南方墨家之"巨子"，曾经在秦惠王时期到秦国去，辅助秦国变法，他的弟子有五侯之徒。苦获、已齿、邓陵子，都是南方墨家学派人物，可能与庄周同时代。

后期墨家的工作重点，放在了理论建设与科学建设上，各派之间，"以坚白、同异之辩"，各炫己能，互不相让，相互诋毁。

不仅如此，各派更为谁有资格担当"巨子"之职而争吵不休，始终不决。《庄子》对之不满的，很可能是其学术态度及人品。

总之，墨家培养的"才士"，既有理论家，更有实干家，尤其有大量的工程师与科学家。这些人大多活动在社会的各个阶层、各行各业，成为中坚与骨干，为巩固中华民族强大的社会物质基础，默默做出贡献。被后人长期忽视于历史舞台的幕后，这一点，不仅值得强调，更应该为之补上一笔。"墨"与"默"互通，这也许是称之为"墨"的原因之一吧？

谁说中国古代没有科学？中国古代的科学，多属于"隐学"范畴，鲜为人知。墨子学派的"显学"风头，掩盖了它的"隐学"内容，如此而已。

千百年来，中国古代的科学家以及科学成果，为什么大多得不到应有的重视、应有的地位？这与中国古人的治国治民理念有关，与中国古代哲学对价值判断有关。

孔子的弟子子贡到楚国游历，回来的路上，见一位老农在菜园浇水。老农抱着一只瓮，一趟又一趟运水，既吃力，功效又差。

子贡走上前，好心说："有一种叫做桔槔的机械，使用它，每天可以浇灌上百块菜畦，既省力又见功效，老先生您不想试试吗？"子贡不厌其烦，又向老农详细描述桔槔的构造。

老农气乐了，说："你就知道浇水。我的老师告诉我，'有机械者必有机事，有机事者必有机心'。你以为我不知道桔槔吗？我只不过是耻于这样做罢了。"（《庄子·天地》）

"使有十百人之器而不用"，"虽有舟车，无所乘之；虽有甲兵，无所用之"（《老子·80》）。

中国古代哲学对价值的判断，基于天人合一，天定胜人、人定胜天。

向老天爷索取，"需"与"产"要和谐，二而一；为百姓提供的物质利益，要与其需要与认知相适应。所以说，机械不能无备，但是在不需要时，应该备而不用、有备无患。

"甘其食，美其服，安其居，乐其俗"（《老子·80》），老子学说的幸福指数与快乐指数，就是甜美安乐。治国治民，要使百姓摒弃机巧之心、机巧之器，关键要知足、知止。

这也许就是墨子学派的科学思想与老子学说相生相克、敬而远之的主要原因吧。

一般认为，墨子学说中的哲学精神，较为接近《老子》主旨，如"三宝"（《老子·67》）之说，只不过没有把握住老子"知足""知止"等原则，凡事容易做"过"。

或说，不是墨子"尚贤"而老子"不尚贤"吗？其实这是个误会，两个"贤"，在这里不是同一个意思，视角有所不同。

贤：多才也，能也，善也。墨子强调的"尚贤"，主要是"尚贤事（使）能"，无论出身如何，尤其是下层人士，只要有才能，都应该有出人头地、发挥特长的机会。所以《庄子》据此，称之为"才士"。

而《老子·3》所说的"不尚"之"贤"，是德、善之"贤"，名、利之"贤"，为政者"尚"则"过"，"不尚贤，使民不争"。

"贤人"与"能人"应该是"二而一"的，如同今天常说的德才兼备，后人对"尚贤使能"的理解，多了新的内涵，也由此产生了前面所说的误会。

至于"贤"与"能"，哪个为主？不同场合、不同主次、不同处理，并不在于"尚"，还是"不尚"。

（2）"救世之士"的宋、尹学派

宋国人宋钘（约公元前370年—前291年）与齐国人尹文（约公元前360年—前280年），都是齐宣王时代的人物，同游于稷下，都有著作传世。

"孙卿道宋子，其言黄老意"（《汉志》）。《容斋续笔》也引刘歆语，"《尹文子》意本《老子》"。

"宋尹"们的志向，就是"愿天下之安宁以活民命"，用后世的话说，就是"宁为太平犬，不为乱世人"，所以，他们竭力宣扬"调和论"，反对争斗，主张清心寡欲，鼓励众人止分、知足，"人我之养，毕足而止"。

他们自命清高，"为人太多"，"自为太少"，"见侮不辱"，以"救世之士"自居，用今天的话说，他们就是一群热衷于公益慈善事业的爱心人士。

这些"先天下之忧而忧"的"救世之士"，"弟子虽饥，不忘天下"，即使"天下不取""上下见厌"，也要执意表达自己的信念，"强聒而不舍"，唠唠叨叨，没完没了。

总体而言，"其行适至是而止"，"宋尹"们做事，还是懂得分寸的。

比较分析，宋尹学派的学术观点，应该是对"视素保朴，少私寡欲"（《老子·19》）、"知足不辱"（《老子·44》）的发挥。

《汉志》将《尹文子》归于"名家"。尹文子又以教授幻术闻名于世，成为神仙之学的先驱人物，弟子后辈中，最有名的就是列子。

有人认为，以学术走向判断，应该有两个"尹文子"，不是同一个人。

（3）"有闻者"的田、慎学派

彭蒙、田骈、慎到三人，先后游于齐宣王的稷下之宫，为稷下先生，《史记》说，田骈、慎到"皆学黄老道德之术"，都有著作传世。

齐国人彭蒙（公元前370年—前310年），是田骈的老师，他的学说来自"莫之'是'、莫之'非'"和"齐万物以为首"的"齐物论"，认为万物是齐同划一的，也就是一致的、无差别的、无是非的，所以归根到底，一切都无所谓，都像大风吹过一样，不留言迹，又有什么可说的？

赵国人慎到（公元前390年—前315年），提倡法、术、势，主张法治、势治，是"道法家"的创始人之一。在《庄子》中，慎到强调"无用贤圣""舍是与非""终身无誉"，所以要修炼成土块一样的"无知之物"，被时人讥笑是"死人之理"。

齐国人田骈（公元前370年—前291年），人称"天口骈"，能言善辩，与慎到齐名。"田骈亦然，学于彭蒙，得不教焉"，与慎到犯的是同一个毛病。田骈强调"道非道"，却又说得不清不楚，常常"所言之'是'，不免于'非'"，为人所诟病。看来，田骈"常反人"，与人争辩，靠的只是嗓门大而已，所以不孚众望。

《庄子》认为，彭蒙、田骈、慎到三人，粗知"大一之道"的皮毛，却并不真正懂得"道"，更不会运用"道用"之术。他们所说的"齐"与"公"，不是真正的"道"，只是貌似"二而一"的"不党""无私""无主""趋物而不两"的"道"，所以看似正确，却"于物无择，与之俱往"，不分"二者"之主次，不辨"二者"之正反，最终仍不能免于谬误。

田慎学派的错误，是将"非常态"当成了"常态"。

《庄子》认为，虽然如此，他们恐怕还是都听说过有关"大道"的概略吧，只是还差了一步而已。既然对于"大道"不得要领，所以他们只能算是"有闻者"。

《庄子》全书中，到处充斥着对杨朱学派的批判，而在庄子时代，杨朱学派实则早已分为多家。

一般认为，詹何、子华、它嚣、魏牟、陈仲、史䲡、田骈、慎到、告子等，大都派生于杨朱学派，所以庄子采取了分别论述的方法，以致这里论述的几家"道术"流派中，并未包括杨朱学派在内。

（4）"古之博大真人"的关尹、老聃之学

"古人之大体"，《庄子》如何知之？"皆原于一"之"本数"，《庄子》何以明之？

《庄子》知之于老子之学，明之于老子之学，"明老子之术"《史记·老子传》。

老子之学，有"道本"之学，有"道术"之学。

与其他各派相同，《庄子》"系于末度"，论述了关尹、老聃之学的道术之用。上一章已经说过，在"道术"层面，关尹与老聃，同而异；对老聃的介绍，远多于关尹。

与其他各派不同的是，《庄子》在对关、老之学的介绍中，第一次揭示了老子"大一之道"的"道本"之学。

什么是老子的"大一之道"？

老子"道本"学说最关键的定位，就是"建之以常'无''有'，主之以'太一'"。

短短两句话，言简意赅，明确说出了老子"道论"的总纲。

"常'无''有'"，就是"有无相生"的"有无之道"；常量是"二"，以"无"与"有"为代表。

"太一"就是"大一"，王夫之的《庄子解》中，"太一"就写作"大一"，是由"无"与"有"两个"小一"，建构成"大一"之"道本"主体的称谓，后来，荀子对之有所发展，"大一"或用"壹"来表述。

用数字来表述，"大一"之道就是"二而一"模式（含"三而一"模式）。

有三个"一"，"二而一"的"二"，就是"有"与"无"两个"小一"；

"二而一"的"一"，就是一个"大一（壹）"。也就是说，"大一"是由"无"与"有"这两个"小一"相辅相成而来。"二而一"是"二而壹"的简写，行文方便。

运用"大一之道"的总原则，就是要有所"知"、有所"守"（《老子·28》）。

有所"知"："雄"与"雌"二而一，这是"有无相生"的"道本"。

有所"守"："雄"与"雌"，有显有隐，有主有从。老子的"道术"，是以"雄"为隐为主、以"雌"为显为从。

所以《吕氏春秋·不二》又说，"老聃贵柔"，老聃善于用"柔"。

总之，在介绍老子"道术"之学的同时，《庄子》更强调老子的"道本"学说，是百家诸学之源、诸学之本，其目的就是要为各家"道术"之学，串连一根主心骨，对各家"道术"之学的百家争鸣，起到总领与兼容的作用。

在对"道本"的理解上，关尹与老子，同而异。

关尹讲"道性"，偏重精神层面，强调的是主观之道、精神之道，"道独于己"，"物自违道，道不违物"，"澹然独与神明居"。

老子的"道论"，强调的则是客观之道、物质之道，"物不离道，道不离物"；强调主观之道之于客观之道的"法象"关系，"常宽容于物，不削于人"。

《庄子》认为，正是老子及他的助手、弟子们，在前人实践的基础上，建立了以"大一之道"为主体的"无"与"有"二而"壹"的哲学理论体系。

"可谓至极"四字，总括了老子"大一之道"的哲学至尊地位。

"关尹、老聃乎！古之博大真人哉！"正是这句与众不同的评语，明示出关尹与老子是生活于春秋时期的古代人物，明示出《庄子》对关尹与老子的崇敬之情，同时也暗示出"庄子"诸学说的"至极"源头。

至于为什么是关尹与老聃合说？为什么关尹列于老聃之前？两位德高望重的古人，和光同尘，混迹于一大堆时人之中，说明了什么？对老子这些极高的评价、由衷的感叹，为什么《庄子》偏要将其要放到如此不起眼的位置，混迹于大小诸家"道术"派别之中，貌似随意地说出？是否又是"隐"字在起作用？

后代学者，常有这样那样的疑惑，百思不得其解。

或认为，这种做法的主要目的，就是既要说出客观事实，从而折射出庄子学派与老聃、关尹的学术渊源，又要折射出庄子"君子不党"、反权威的性格，折射出庄子学派与老子之学分庭抗礼的企图心，所以才会有了紧随其后的对"庄子学派"的介绍。

也许，这恰恰就是庄子"恣纵不党"的风格吧。

（5）"化物神游之士"的庄子学派

司马迁说，庄子"散'道德'，放论，'要'亦归之'自然'"；又说，"其学无所不窥，然其‘要’本归于老子之言”，“以诋訿孔子之徒，以明老子之术”。就是说，庄子精通老子之术，对老子的“道德”之说，有所发挥，也有自己的独特见解。

庄子的理论核心，来自老子的“道法自然”等老子之言；庄子的处世哲学，来自关尹的至人之学、真人之学、神仙之学。

庄子对“孔子之徒”持批判态度，而且，在庄子的心里，这些称之为“搢绅先生”的儒士，长期以来只不过是讲解某些古经文的老师，是另类，在战国百家“道术”之中，不必给“儒家”一席“学派”之地，即使孟子拿着自己的著作去见齐宣王，也没有得到大家的认可。就连孟子自己也说，当时的显学是“杨”与“墨”，“儒”还不能与之争锋。

《庄子》对自己的定位，就是“独与天地精神往来而不敖倪于万物”，既不轻视“物”，更要看重“神”。基于老子“万物将自化”（《老子·37》）的观点，《庄子》“应于‘化’而解于‘物’”，之后的走向，则是将对“化物”的认知引向对精神世界的探索。

《庄子》自诩“上与造物者游，而下与外死生、无终始者为友”，同时又认为，关尹也是“澹然独与神明居”。至于关尹的“以通乎物之所造”（《庄子·达生》），也与他的“造物者”之说相合。

斯言斯行，庄子似乎又在暗示，自己最终选择的不是老子而是关尹所指引的路。

“北冥有鱼，其名为鲲”，“化而为鸟，其名为鹏”，庄子学派，就像鲲鹏一样，出身于老子学说，最终靠近的，是关尹的至人之学、真人之学、神仙之学，可以说是身兼两家的典范。

庄子沉浸于精神世界，热衷在精神世界里遨游，逍遥自在，所以他才会以《逍遥游》作为开篇，以示对享受至人、神人之乐的向往与体验。

有一天，庄周睡觉，梦见自己变成了蝴蝶，翩翩飞舞，悠然自得。这时的蝴蝶，不知道庄周是谁，也忘记了庄周的存在。

没一会儿，庄周忽然醒了，摸摸自己，还是活生生的庄周，悠然自得的庄周。

庄周糊涂了，到底是庄周做梦，成了蝴蝶；还是蝴蝶做梦，成了庄周？要知道，庄周与蝴蝶之间，必定是有所区分的呀。

其实，这就叫做“物化”，内中蕴涵的就是《庄子》对万物变化的认知。（《齐物论》）

庄周对老子之道做理论研究，深有领悟，只是忘记了要“得意而忘言”。而且，庄周在“出世”与“逍遥”上，发挥得兴高采烈，可惜表述太“过”，成了语言的巨人，同样犯了“过”的弊病。

只要做到"得意而忘言"，就能还原一位真实的庄子。

"故贵为身于为天下，若可以托天下；爱以身为天下，若可以去天下。"（《老子·13》）

古人为"士"，有两条路可走。"治身"与"治天下"相比较，如果是以治天下为己任，为了治天下而重视治身的人，就可以担当国家的公职；"自身"与"天下"相比较，如果是更珍爱自我的人，就不要担当国家的公职。

庄周作为"王公大人不能器之"的"化物神游之士"，走的就是第二条路，是"出世"的践行者。

但是，这并不意味着庄子要当隐士或者就是隐士。庄子非但不"隐"，更是在众目睽睽之下，口若悬河，旗帜鲜明地丰富了老子"大一"学说。

西晋的玄学家郭象，好《老》《庄》。郭象认为，庄子"可谓'知本'矣"，庄子学说的本质，就是深谙老子的"大一"之"道本"，就是"明'内圣外王之道'"，称得上是"百家之冠"（《庄子序》）。

唐代的陆德明也说，庄子"依老氏之旨，著书十万余言"，"然庄生弘才命世，辞趣华深，正言若反，故莫能畅其弘志；后人增足，渐失其真"（《庄子·序》）。由于庄子的文字表述能力超强，转移了人们的注意力，以致后人多做画蛇添足式的理解，很难对其"得意而忘言"，无法领悟到庄子学说的真谛。

在《史记》以前的典籍中，老聃一生，始终是"人"，是与"俗人"（《老子·20》）有别的人；而庄子要做"至人""神人"，至少在精神上是如此。

（6）"辩者"的惠子学派

惠施（公元前390年—前317年），宋国商丘人，名家学派的创始人，是庄子的至交好友，与辩者们经常以辩论为乐，其著作早已失传。名家学派或称"辩者学派"。

《庄子》认为，惠施就是个"书簏子"，是语言的"巨人"，整天"掉书袋"，滔滔不绝于雄辩之辞，仿佛天下万物没有他不知道的，却又常常言而不中，不得要领，还"以反人为实，而欲以胜人为名"，专门喜欢找人唱对台戏，得罪人而不自知，早已为众人所不容。

有一次，庄子与惠子在濠水的石桥上散步，庄子感叹说："你瞧，那些小白鱼游得多么自在从容，这就是鱼的乐趣呀。"

惠子反问说："你不是鱼，你又怎么知道鱼的乐趣？"

庄子回答说："你又不是我，怎么知道我不知道鱼的乐趣？"

惠子说："正因为我不是你，所以我不知道你的想法；可是，你也不是鱼，所以你也不会知道鱼的乐趣，这个道理，不是明摆着的嘛。"

庄子说："你别舍本逐末，乱打岔。你说你'怎么'知道，已经证明你已经知道我知道，所以才问我'怎么'。告诉你，不是只有鱼才知道鱼的想法，

万物一理，我站在桥上，同样知道水里的鱼，还用变成鱼吗？"（《秋水》）

在《庄子》看来，"由天地之道观惠施之能，其犹一蚊一虻之劳者"。才不配位，所以惠施的所作所为，不仅仅是"过"了，而且是太"过"了。

当然，《庄子》对惠施"遍为万物说"的精神，还是十分佩服的，对他的很多观点，也是首肯的，所以在本文中，特别罗列出惠子的"历物之意"，也就是著名的十大命题，使后人了解到惠子"合、同、异"的核心思想。

"历物十事"之中，第一个命题，就是"至大无外，谓之'大一'；至小无内，谓之'小一'"。可见，惠子对老子的"二而一"之道，还是有深刻理解的。

辩者学派中，还有桓团与公孙龙，都是赵国人，客游平原君之家，充为"辩者"之徒。桓团的生平事迹不详，只知道是以辩才闻名于世。公孙龙的生卒年不详，提出"白马非马"等论点，是名家学派的代表人物，用现在的观点看，应该属于哲学理论的诡辩派。

《庄子》认为，辩者学派的最大问题，就是只顾逞口舌之快，常常运用诡辩之术，"能胜人之口，不能服人之心"，让人口服心不服。

以上就是《庄子》对六家"道术"流派的述评。这些百家之学，主要是以研究"道术"为主，多是后来所谓"道家流派"的前身或分身。

有趣的是，作为《天下》姊妹篇的《荀子·解蔽》，对除了"关、老"之外的五家学派，给出言简意赅的定论，统统归之于蔽于一隅的"乱家"，其中，对庄子学派的评价，竟是"庄子蔽于天而不知人"，似乎有失公允。

3.《庄子》笔下的"老子"

据《庄子引得》，《庄子》诸篇中，称引"老子"者有4篇，称引"老聃"者有13篇，老聃与孔子共引者有6篇，老莱子与孔子共引者有1篇。

其中，记录老子人与事的多达17条，在各种先秦典籍中占的比重相当大。这也许与庄周是宋人有关吧？

有九处重点：

第一，文中"老子"与"老聃"并称，为同一人，是《老子》的作者。其中多有传世之经文。

第二，孔子曾几次问"道"于老子。问"道"的地点，前后至少有两处，第一处是周室，第二处是沛地。"孔子行年五十有一"，正是公元前500年，这是可以推算出来的老、孔二人相会的时间点。

第三，老聃的身份是史官，是周天子的徵藏史。孔子打算将他所批注的"十二经"藏于周天子的图书馆，却请托无门。老聃是负责徵召、搜集、研究、管理天下诸书的史官，子路的推荐，可算找对了人。

第四，老子退休后，曾经居留周王室一段时间，之后才回到南方沛地居住，之后又西游于秦。

第五，老聃可能死于秦。从古人用姓的规律看，"秦失"或为"秦佚"，当为秦人；这也是为什么《史记》据《秦史》记载，怀疑入秦的太史儋就是晚年的老子。

第六，问道于老子者，还有关尹、无趾、阳子居、崔瞿、士成绮、庚桑楚、南荣趎、柏矩。其中，关尹与老聃并称。

第七，与老聃、孔子同时代的，还有一位叫老莱子的人。

第八，老子学说是"至极"之学。

第九，庄子盛称老子为"古之博大真人"。"关尹、老聃乎！古之博大真人哉！"《天下》所说的这句话，至为重要，是通篇文章的点睛之笔、重中之重。

司马迁说，庄子的著作，"大抵率寓言也"（《史记·老子传》）。

一般认为，所谓"寓言"，就是寄托之言，采用对话的形式，"立主、客，使之相对语"，所以也有人认为，"寓言"就是"偶言"的意思。

《庄子》之所以"寓言十九"，就是因为"寄之他人，则十言而九见信"（《寓言》），是为了使所阐述的言论更能使读者接受的一种有效手段。

以上有关"老子"的段落，不排除有"寓言"的成分，所以，问道受教者的身份，或真或伪，很难判定，也无关大局；但是，有一点可以肯定，宣教者的身份与论述，一定是"老子"与"老子之言"。

有人会有疑问，既然是《庄子》的"寓言"，那么，其中所谓的"老聃曰"，实际上应该是"庄子曰"才对，是庄子"寄之他人"，托名于老子，阐述自己的观点。但是，有一点无法否定，既然庄子不借他人之名而借老子之名，正说明他所阐述的，正是他也同意的"老子之意"。

无论是"老子之言"还是"老子之意"，无论是经、还是注，都最大限度地补充并丰富了《老子》的规模，使老子学说更加充实。

毫不夸张地说，《庄子》对老子学说，理解深刻，阐述明晰，在先秦诸家"本归于老子之言"的众多著作中，《庄子》对老子哲学理论的建树居功至伟，后世"老庄"并称，当之无愧。

4."老庄"，还是"庄老"

"老"与"庄"并称，首见于《淮南子·要略》，"《道应》者，……考验乎老庄之术，而以合得失之势者也"。

秦汉时期，与《老子》并称的有两部著作，一部是《黄帝》或称之为"黄帝"类书，一部就是《庄子》。魏晋以来，又有了"三玄"（《颜氏家训·勉学》）之说，就是《老子》《庄子》《周易》，使老子学说的分派更趋合理。

"黄老"之称，仅代表对黄帝其人的尊重；而"老庄"之称，则是对师承关系的学术定位。

研习老子学说，有实践派，有理论派。几百年来，老子学派的主流学术走向，经过扬弃取舍，终于形成两派三支，即道法家、道德家、道理家。

以理论研究为主的一派，始于"易传"类书，继之以非稷下先生的庄子学派，后总称之为"三玄"，着重强调老子学说的理论建树，强调"道理"。"夫德，和也；道，理也"《缮性》，"知道者必达于理"《秋水》，"以为道理"《天下》，庄子学派也可以称之为"道理家"。

如前所说，庄子学派有所偏爱，偏重于精神世界里的追求，这一部分，则与"老庄"无关了。

以政治实践为主的一派，称之为"稷下道家"，分为两支，后人约定俗成，一支称之为稷下黄老学派，一支称之为稷下管子学派，继之以荀子学派。

黄老学派强调以"法治"为主，强调"天理"，或称之为"稷下道家之道法家"；管子学派强调以"德治"为主，强调"人情"，或称之为"稷下道家之道德家"。

清代以来，学术上的疑古之风渐起。到了清末民初，更是甚嚣尘上，几乎开创了一个空前的"疑古时代"《二十世纪中国老学》。疑古的大棒，终于打在了老子的身上。

按照胡适先生的比喻，"一把两面锋的剑，可以两面割的"《评论近人考据老子年代的方法》，同样的史料，竟也可以有完全相反的猜测与解读。

于是，仅以《老子》书屡称'侯王王侯'一端言之"，"《老子》书至早亦不在庄周前，明矣"，"如果战国以前中国思想界开天辟地便有这么一个老子，那么这个老子只有是'从天上掉下来的'"《老子辨》！

于是，又有人说，应该是"庄老"，不是"老庄"，因为"至极之学"是《庄子》，不是《老子》，唯一的理由，就是日本高山寺本的《庄子》中将"可谓至极"写作"虽未至极"《庄子·天下·校》。

明眼人一看，便能看出其中的漏洞。原文是这样说的，"……常宽容于物，不削于人，可谓至极"。

"可谓至极"是阐述老子学说的诸条理论之后的结语，逻辑顺畅。而"虽未至极"，明显不是结语，只能作首句用。

于是，高山寺本将"虽未至极"与"关尹、老聃乎！古之博大真人哉"硬接到一起，变成另类解读：关尹与老聃"虽未至极"，不是至人，却还是真人。

那么，谁是至人呢？也许这些人认为，自然就是庄子了。

庄子追求的，的确是至人之乐，至于是不是至人，有谁知道呢？

这种解读，通是勉强通了，可惜前面一段被割了尾巴，秃了；后面一段

"乎"与"哉"的语气，也读得别扭起来。

究其主因，还是对《天下》没有读懂、读透。

"可谓"变"虽未"，改动的痕迹太重。其实，这也并不奇怪，在日本，《庄子》受到相当的推崇，有意抬高庄子的身价，不难理解。（《老庄学新探》）

1919年2月，胡适先生的《中国哲学史大纲》出版，诱发了对老子其人其书的年代之争。

由于考证的材料严重不足，20世纪二三十年代的两次大讨论，以及五六十年代的两次大讨论，虽然众说纷纭，甚至"小题大作"，以至"旁观者望而却走，当事者也见而生畏"，最终都以"没有结论的结论"，不了了之。

"由于种种因素的限制，老子哲学研究终于留下了简单化、程式化的缺憾。"（《二十世纪中国老学》）

多年以后，胡适先生回忆说："有一天，我忽然大觉大悟了！我忽然明白：这个老子年代的问题原来不是一个考据方法的问题，原来只是一个宗教信仰的问题！像冯友兰先生一类的学者，他们诚心相信，中国哲学史当然要认孔子是开山老祖，当然要认孔子是'万世师表'。"（《中国古代哲学史·台北版自记》）

当年，主张"老子晚出"的学者中，冯友兰先生最积极。（《中国哲学史》）

后来，冯友兰先生还写过一篇《论孔丘》，直言"因为要给孔丘这三个'第一'，这就需要把与孔丘同时、别的讲学立说的人，都说成是不存在的"。

晚年，冯友兰先生又在《三松堂自序》中说出当年的实情："我认为，就整个形势看，孔丘是当时第一个私人讲学的人，第一个私人立说的人，第一个创立学派的人。所以应该是中国哲学史中第一个出现的人。要说孔丘是第一，就必须证明老聃是晚出。在这一点上，梁启超的证据，对我有用。"

如果冯老先生生前能够亲眼见到出土的简书《老子》三策，一定也会与张岱年先生一样公开声明，"我现在认为，老聃其人生存于春秋末期，应是可信的"（《老子哲学辨微》），"老子就是春秋末年的老聃，与孔子同时，孔子向他问过礼"（《道家文化研究·第十七辑·张岱年先生谈荆门郭店竹简〈老子〉》）。

第四章　秦嬴政时期的《老子》

一、实现"大一统"，为什么是秦国？为什么是嬴政

战国有七雄，最终统一中国的，为什么是秦国？为什么是嬴政？究竟是历史的偶然，还是历史的必然？

回答这个问题之前，先讲一则小故事（《淮南子·道应训》），是有关春秋五霸之一吴国的。

一天，魏武侯问大臣李克："吴国灭亡的原因究竟是什么？"

李克回答说："屡战屡胜。"

武侯很奇怪，说："这是什么逻辑？！屡战屡胜，那不是国家的福气吗？屡战屡胜，让强大的吴国如日中天，怎么偏偏是因为屡战屡胜而灭国，这到底是怎么回事呢？"

于是，李克解释说："仗打多了，必然劳民伤财，百姓疲惫不堪。胜仗打多了，君主很容易骄傲。骄横的君主役使疲惫的百姓，却还能保持国家的稳定，这样的事，恐怕很少见吧？

"总之，君主骄心渐生，做事就会肆无忌惮；肆无忌惮，就会穷奢极欲；骄心膨胀到一定程度，就会处处招祸。百姓长期得不到休养，就会心生怨恨；怨恨多了，处处也会惹祸，生出的祸事多得让人无法应付。上下都走极端，做事都太'过'，如此这般，吴国早就该灭亡了，还用等到吴王夫差身败名裂、自杀身亡而灭国吗？

"所以《老子》说，'持而盈之，何不若已？揣而锐之，不可长保。金玉满堂，莫之能守；贵富而骄，自遗其咎。功成名遂身退，天之道也。'（《老子·9》）说的就是这个道理。"

《老子》这里的"退"，不是"隐退"的意思。功成，名遂，飘然而去，说得潇洒，却不是事实。"退"是"谦退"之义。"成而不居"（《老子·2·77》），在胜利成果面前，要懂得谦退、谦让，不能居功自傲。因为取得胜利，不是专靠某个人；胜利的果实，也不专属某个人。

李克所讲的，正是老子"大一之道"的"耦处理"之用。

有所"得"的同时，必须要有所"失"；有所"进"的同时，必须要有所"退"；有所"强"的同时，必须要有所"弱"。

"其兴也勃焉，其亡也忽焉"（《左传·庄公十一年》），吴王不懂这些道理，他的霸主之位，只能是昙花一现而已。

问题再回到原点，最终统一中国的，为什么是秦国？为什么是嬴政？究竟是历史的偶然，还是历史的必然？

几千年来，人们一直在寻找切实的答案。其中，最有名的，是汉代贾谊的《过秦论》，只要是读过中学的，大都可以背上几句。对秦国一统天下的成功经验与失败教训，《过秦论》罗列出很多诸如秦国所处的地理位置、商鞅变法等一系列原因。其中，让人最感兴趣的，也最引人注目的，或许是这么三句。

第一句："天下之士斐然向风，若是，何也？曰：近古而无王者久矣。"

天下一统，是人心所向，"若大旱之盼云霓"（《孟子·梁惠王下》）；天下一统，是天下大势，"得人心者得天下"（《孟子·离娄上》）。

《管子》那句至理名言，"夫争天下者，必先争人"，百试不爽。

"人"，既包括天下百姓，也包括领导层与精英阶层。

"斐然向风"，是天下有识之士的政治嗅觉，功夫了得；欲建功立业，何为主、何为从，他们是知道的，当时的秦国，成为他们的首选。

第二句："诸侯起于匹夫，以利会，非有素王之行也。"

各路诸侯大多是匹夫之辈，有勇无谋，只图各自的利益，不具备素王的德行，也就是没有以老子学说为指导思想，最典型的就是齐国与韩国。

"素王"之说，源于《庄子·天道》："夫虚静恬淡寂漠无为者，万物之本也。明此以南乡，尧之为君也；明此以北面，舜之为臣也。以此处上，帝王天子之德也；以此处下，玄圣素王之道也。"这里的"素王"，主要指老子与孔子，"有其道而无其爵"（《庄子·天道·注·疏》）。

"抗兵相若，则哀者胜"（《老子·69》），敌我双方相争持，实力相当的时候，有忧患意识的一方必胜。哀，一般人理解为悲哀，太直观，浅薄了一些。悲愤出诗人，却出不了赢家。哀：忧也，思也，虑也。有忧患意识，则易谋。

当初，有"素王"之道为秦王集团"谋"。与其他诸侯国相比，秦王集团不仅仅是坐而论道，更是大胆地付诸实践，"是谓'配天'，古之极也"（《老子·68》），取得最终的胜利，难道不是意料之中的事吗？

第三句："其势居然也。"

贾谊的分析，符合客观事实。

战国有七雄，秦嬴政最终统一中国，既是历史的偶然，也是历史的必然。被历史实践所证实的正确理论，其威力是无穷的。

秦嬴政执政时期，《老子》完本已经在全国各地陆续出现，明言解读《老子》的书籍文章也越来越多，老子学说已经得到足够的重视与地位。

真理越辩越明。经过战国群雄的政治之争与诸子百家学术之争的洗礼，越来越多的中华精英，开始从老子学说中汲取各种营养，各取所需，渐渐学会运用"大一"思维，去思考，去行动，去处理一切事物和问题。

政治与政体上，以老子学说为依托的"内圣外王之道"已经成熟，深入人心，为世人上下所接受，在"大一之道"的指导之下，新的"大一统"已经呼之欲出。

老子的"大一之道"，谁掌握得最准、运用得最好，谁就是"大一统"的创造者，就能把握大势，天下归心。

老子学说的"大一之道"，赋予了中华民族"二而一"思维，这是我们中国人的福分。对老子学说来说，秦始皇一统天下的壮举，是运用"大一之道"的第一次伟大政治实践；之后，中华民族运用"大一之道"统合一切，并取得了几千年来持之以恒的成功。

中国第一位称为"皇帝"的封建君主、秦朝的始皇帝，生于公元前259年，嬴姓，赵氏，名政。

13岁时，嬴政继承秦国王位；22岁时，开始亲理朝政；39岁时（公元前221年），嬴政终于一统天下，建立起一个中央集权的"大一统"国家；公元前210年，嬴政卒，享年49岁。

嬴政在懵懂的13岁就坐上了王位。那么，他的教育背景是什么？他的治国理念又是从何而来？为什么嬴政能成为"千古一帝"？又是什么原因造就了嬴政的丰功伟绩？

多少年来，多少人在努力寻找原因。我们有必要从哲学理论的发展脉络上去梳理其中的逻辑链条，理顺历史事件的因果关系，排列出历史光谱的正确顺序，找出内在的答案。

让人印象尤其深刻的，是秦始皇的一句肺腑之言"吾慕真人，自谓'真人'，不称'朕'"（《史记·秦始皇本纪》），这种话从"千古一帝"的口中说出来，非同小可，令人心动。

先秦古籍中，"真人"之谓，最早见于《庄子》，其中，《大宗师》中有对"古之真人"的描述。称之为"真人"的，主要有两位，那就是老子与关尹子，见《天下》。

秦始皇的一生，与这两位真人有着剪不断、理还乱的密切关系。

透过一系列的现象与事实来探寻秦始皇的心路历程，我们不难看出，一路上，指引并伴随他前行的，就是政治上的"大一统"之"帝王术"，精神上的"神仙之学"；而他身边的引路人与伴行者之中最重要的至少有三位，他们就是吕不韦、韩非、李斯。

二、《吕氏春秋》《淮南子》与《老子》

1."一字千金"的《吕氏春秋》

吕不韦（公元前292年—前235年），卫国的大商人。对这位奇人的事迹，今天的人们，大都耳熟能详。

当时，秦孝文王有位庶出的儿子，叫异人，不受重视，被打发到赵国作人质，很不得意。

吕不韦到赵国做买卖，见到异人，喜出望外，认为"奇货可居"，于是便利用异人，做了一单获利无数倍的大买卖。

在吕不韦的种种操作下，异人终于登上秦国的王位。吕不韦也如愿以偿，不仅当上了秦国的相国，而且后来还成为小国王嬴政的"仲父"，权倾天下。

战国末期，稷下先生星散，各国人才向强秦流动。当时，号称"战国四公子"的信陵君、春申君、平原君、孟尝君，礼贤下士，广交宾客，相互攀比、倾轧。各诸侯国原来养的那些才辩之士，也都像荀卿那样，著书立说，名动一时。

作为一名成功的商人、强秦的相国，吕不韦自然不甘人后。

在此期间，吕不韦受到荀子等人的启发，做了一件功在千秋、却又深遭嬴政猜忌的大事，就是大招宾客，主持编著了一部数十万言的宏篇巨著。

懂得"奇货可居"的吕不韦，终于又制造出人生最得意的第二件"奇货"，就是《吕氏春秋》（《史记·吕不韦列传》），再次获得成功。

书成之日，他将其公布于国都城门，并且挂上千两黄金，声称，甭管是谁，只要能增删书中一个字，千两黄金就归你。

这超强的自信心从哪里来？

《吕氏春秋》属于"大一"之学，是稷下学派之后第一部完整的"杂家"（《汉志》）代表作。从学术观点分析，"杂家"应该是老子学说最正统的继承者。

"杂"的本义，是"五彩相会"，这里是"融会贯通"的意思。这个"杂"，不是杂乱无章，而是以老子学说为核心，"兼儒、墨，合名、法"，对先秦百家学说博采众长、兼收并蓄，博采众家之长。

关于老子的人与事，《吕氏春秋》认为，"老子"就是"老聃"，或写作"老耽"，至公，贵柔，是圣人，是孔子之师。《吕氏春秋》称《老子》为《道德》，认为老子之学是"择'两'法'一'"之学、"大一"之学、"执一"之学。

《吕氏春秋》对老子学说，可谓研究得通透，尤其强调"执一"，多处化用《老子》经文，以《大乐》最为典型；多处引用《老子》经文，或标为"故曰"二字。

《吕氏春秋》讲的第一则故事，就是"荆人遗弓"（《贵公》）。

荆国有一个人丢了一把弓，却不打算去寻找。为什么呢？他说："这把弓是我这个荆人丢的，肯定还会有荆人得到它，都是荆人，谁得不是得、谁用不是用？丢了就丢了吧，我又何必去寻找呢？"

孔子听了，觉得说得还不到位，就说："应该把'荆'字去掉，'人遗之，人得之'才对。"

孔子认为，既然谁得不是得，那么，这把弓不见得一定是荆人得到，也不必一定是荆人得到。

老聃听了之后，认为孔子的境界还不够开阔，又进一步纠正了孔子的说法，说："应该把'人'字去掉。"

什么意思呢？老聃认为，谁用不是用？"荆人"也好、"众人"也罢，谁都可以享用这把弓，而不在乎谁来拥有。

有"人"，则有得失之心；无"人"，则无得失之心；忘"人"，则无私，天下为公。所以说，这把弓一旦成为器具，就其功用以及所有权而言，应该是社会共享的，是没有私人归属的；如此，对私人来说，既然无所谓"得"，也就无所谓"失"。

在这里，老聃提倡的就是"至公"，也告诉你，应该如何做到"至公"，就是要做到"无我"，或称之为"忘我"。

老子与孔子这里所说的"去"，都是身心修养的要点之一，也就是"失"什么、如何"失"。称赞老聃"至公"，就是因为他去掉了"人"的"自我"与"得失之心"。

修养身心，做到忘我，老聃称得上是身体力行第一人。如《老子》多年的传承一样，只见其"书"、不见其"人"，所以，孔子尊称他是像"龙"一样的人，司马迁尊称他是"隐君子"。

东汉末年的高诱曾为《吕氏春秋》作注，提过《上至（下）经》五千言之书名（《不二》《庄子·天下·注》），并认为老聃就是周史伯阳。聊备一说。

《吕氏春秋》既是吕不韦的政治抱负与治国纲领，又是给小国王嬴政提供的参考教材与讲义，助其得以顺利执政，居功至伟。

但是，凡事有利必有弊，仲父为小国王准备的帝王治国教材讲义，提供了全面的思想理论之源，嬴政不可能不读，不可能对他的思想没有影响，也不可能不引起嬴政的警觉。

嬴政可以容忍吕不韦与他的母亲的关系，也可以容忍吕不韦当自己的"仲父"，权倾朝野，但是，嬴政绝不允许吕不韦有进一步的非分之想。

也许，多年以来，嬴政时时刻刻都在防着吕不韦，甚至有一个恐怖的念头时刻萦绕在他的心中：当初编写这部宣讲"帝王之术"的鸿篇巨制，究竟是为我嬴政，还是为你吕不韦？讲授学习"帝王之术"，一旦有人照本宣科、照方抓药、付诸实施，我焉有命在！而这个图谋不轨的人，算来算去，怎么看，怎么都像是你吕不韦！

机会终于来了。假宦官嫪毐与太后生下两个儿子，于是合谋，"王即薨，以子为后"。

公元前238年，东窗事发，嫪毐被灭族，吕不韦也因此受到牵连。嬴政很想借此机会除掉吕不韦，却因为秦国国内"游说者众"，一时下不了狠心。

过了一年多，诸侯各国问候吕不韦的人，依然是"相望于道"，替吕不韦求情的人多得让嬴政心惊胆战，"恐其为变"。

"当断不断，反受其乱"，更何况一位气血方刚又贪鄙少恩的年轻人，怎能不欲置之于死地而后快？

嬴政最后决定，先将吕不韦赶出京城，后又给吕不韦写了封恩断义绝的信，斥责说，你对秦国有什么功劳，秦国却封你为万户侯？你跟我们有什么血缘关系，却号称'仲父'？我受够了，你和你的家属还是离我远点儿，都给我迁到蜀地去保命吧！

公元前235年，嬴政25岁，吕不韦自杀。很快，受到牵连者大多得到赦免。由此可知，嬴政真正害怕的，并不是同母异父的小婴儿等人，而是老谋深算的吕不韦。（《史记·吕不韦列传》）

"郑驷歂杀邓析，而用其《竹刑》。"（《左传·定公九年》）

秦嬴政对吕不韦的最终解决之道，就是像古人经常做的那样，杀其人而用其书，一了百了。

所以，从一定程度上说，吕不韦最根本的死因，就是这部《吕氏春秋》。吕不韦的死局，在他编写《吕氏春秋》的时候，就已经为自己设下了。

2."上爱秘之"的《淮南子》

之所以把西汉刘安的《淮南子》放在这里一并论述，是因为吕不韦与刘安两个人、《吕氏春秋》与《淮南子》两部书，有太多的相似之处，简直就是"克隆"版的历史重演。所不同的，就是《淮南子》对《老子》经文更加重视，引经据典的地方也更多、更直接。

淮南王刘安，是汉高祖刘邦的孙子、汉武帝刘彻的叔父。在皇室贵族中，淮南王刘安"为人好书"，是一位学术修养较为深厚的人。

受皇帝委派，刘安主持并带领宾客方术之士数千人，完成了一部能与《吕氏春秋》比肩的鸿篇巨制《淮南子》。

《淮南子》原书，分"内篇"21卷、"中篇"8卷、"外篇"33卷。我们现在所能看到的，只有删减后的"内篇"（《汉志》）。这部古代议论文集的内容，分为两大部分，一是对先秦古文的收集与编撰；二是时人的著书立说，掺杂其中。

《淮南子》同样本于老子学说的"大一"之学，称《老子》为"老聃之言"或《道德》，"兼儒、墨，合名、法"，对先秦百家学说博采众长、兼收并蓄，在《汉志》中，《淮南子》亦属杂家，列于《吕氏春秋》之后。

《淮南子》以老子之"道"作为全书的指导核心，以《原道训》为开篇之作，对"道"做了详尽的描述与规定。《淮南子》中引用最多的典籍就是《老子》。其中的《道应训》，通篇都是采用历史故事、寓言传说，以议论文体阐述诠释《老子》的旨义，是对《老子》经文的较早注释文章。

举个《道应训》中"以事喻老"的例子。

楚国的大司马子发（景舍），特别喜欢搜罗延揽有一技之长的人。

楚国有一位小偷，手段高明，听说后就去求见子发，说："听说大司马喜欢有一技之长的人，我是个小偷，愿意成为大司马的手下。"

子发一听，衣帽都来不及整理，急忙出来以礼相见，收留了他。

这下，子发身边的谋士将佐全炸了窝，七嘴八舌，劝说道："他可是小偷呀，小偷可是天下痛恨的盗贼呀，您收留他也就罢了，有必要以礼相待吗？"

子发说："你们懂得什么，都给我闭嘴。"

没过多久，齐国兴兵伐楚，子发率兵迎敌。

敌兵来势汹汹，楚兵连连败退，子发身边的贤良大夫们，绞尽脑汁也无计可施。

齐军的气势越来越强，于是，那位小偷就站出来，请求说："我的手段虽然不足称道，让人看不起，不过还是让我来试试吧。"

子发什么也没问，就说："行，你去干吧。"

夜里，小偷溜进敌营，偷了齐国统帅的帐帷，交给子发。

第二天，子发派人还给齐国统帅，说："我军的兵卒早晨出来砍柴，捡到这玩意儿，现在还给你，一定要让执事人员保管好呦。"

到了晚上，小偷又偷来齐国统帅的枕头，子发又派人还给他。

第三天，小偷又偷来统帅头上的簪子，子发又派人还给他。

齐军上下人心惶惶，军心浮动。

齐国统帅与他的手下商量，说："这还了得，咱们要是不赶紧撤走，说不定我的人头都要被取走啦。"

于是，齐军撤兵而去，让人鄙视的小偷，终于解了楚军之围。

这件事说明，"人无弃人""物无弃物"，技能不分大小与好坏，就看你怎么使用。所以《老子·27》说，"不善人，善人之资"，说的就是这个道理。

公元前343年，楚国的大司马子发率兵灭掉蔡国，立下不世之功。楚宣王非常高兴，亲自到郊外迎接，并且重奖子发。

子发连忙辞谢，说："治理国政，诸侯宾服，是君王的德威所致；发号施令，使敌人望风而逃，是将军们的军威所致；冲锋陷阵，奋勇杀敌，是兵士们的勇敢所致，我不过是其中的一员罢了。灭掉蔡国，是大家的功劳，独占大家的功劳，独享大家的荣誉，一将成名万骨枯，不是仁义之道。我不能接受您的奖赏。"

所以《老子·2》说"功成而不居，夫惟不居，是以不去"，说的就是这个道理。

总之，以老子学说为本，《淮南子》做得比《吕氏春秋》要更加鲜明、更加彻底。

因为《淮南子》毕竟是汉代人收集整理的先秦资料，所以，掺杂其间的时人议论文章，以后人的眼光看待前人的成果，对后人的后人来说，其参考价值不可小觑。

汉代人对"黄帝"类书的产生，说得相当准确；对老子的"大一之道"与先秦百家的关系，总结得也相当到位。

他们认为，世俗之学者，创立一家之言，大多喜欢尊古而贱今，引经据典，显示自己的学术源远流长。而那些新兴的诸侯，为了提高自己的身份，也喜欢高远其所从来，显示自己的血统高贵。所以，搬出神农或者黄帝为神主，是再自然不过的事。究其实质，就是时代变化的需要，与旧势力相抗衡的需要。

他们认为，无论先秦诸子百家的观点如何不同，如何"争鸣"，都没有迷失掉"大一"的主旋律，就像同一首歌曲中，不同的演奏者，"指奏相反"（《齐俗训》），负责不同声部，最终总汇于同一部总谱；又像大川小溪，来源于四面八方，最终都将汇入大海。

随着近年来大量的出土文献问世，众多学者做了不少研究工作，取得可喜的成绩。

据研究，《淮南子》引用过的先秦典籍，还有《管子》《文子》《庄子》《列子》《道原》《太一生水》等。

比如，《文子》的内容，有十分之五六与《淮南子》相同。马王堆汉墓帛书"前四篇"的《道原》与《淮南子·原道》，明显相近的文字就有近三十处之多。这使得《淮南子》的学术价值，弥足珍贵。

《庄子》对《淮南子》的影响也不小，其中，直接引用《庄子》经文虽然只有一处，但是暗用《庄子》的地方，却随处可见，最后，更是直接以"老庄之术"称之。

据有关学者统计，今本《庄子》33篇，除了《说剑篇》之外，其余32篇的内容，都可以在《淮南子》中找到踪迹。看来，刘安对《庄子》的熟悉与深刻研究，不亚于对《老子》。"老"与"庄"研究的核心内容，都是"得"与"失"，只不过其"术"有所不同而已。

《淮南子》突出庄子学说的地位，明确强调"老庄之术"，证明《淮南子》成书之时，主导社会文化氛围的"稷下黄老道法之学"，盛极必衰，已是强弩之末，渐渐式微。

作为总舵手的老子学说，其研究方向，已经从"论治"向"论学"整体转移，从"治国"向"治身"整体下移。朝野上下，有意无意地渐渐隐去老子学说的政治实践意涵，突出"治身"以及哲学理论研究，已是新时代的新动向。

刘安编著《淮南子》的初衷，不过是"欲以行阴德，拊循百姓，流名誉"（《汉书·淮南衡山济北王传》），借著书立说之举，上上下下博得个好名声。所以，《内篇》刚一写成，刘安就忙不迭献给刚刚即位的汉武帝刘彻。

比起秦始皇嬴政，刘彻的态度则要明确得多，"上爱秘之"四字，足见汉武帝对《淮南子》的喜爱与重视程度有多深。

然而，历史总会重演。

"拊循"一词，主要有两层意思，就是"安抚"和"训练"。刘安以其书"安抚百姓"，使百姓学会"治身"，这种行为，小皇帝还可以接受；但是，如果变成了"训练百姓"，其目的就要打一个大大的问号了。事实证明，刘安的戏法，就是这么变的。

《淮南子》中有一篇《主术训》，专讲"帝王之术"，可见"帝王之术"对野心之人的诱惑力，实在是太强大了。

当初的吕不韦，也许还只是做做"帝王"的美梦，没有什么具体行动；但是到了刘安身上，则要明确得多，大胆得多。

当时，身为国防部长的国舅田蚡，竟然与刘安私下计议谋反，希望刘安这位老叔父，能够成为青年汉武帝刘彻的继承人。以老继少，本身就很滑稽，尴尬人难免做出尴尬事。

刘安最终被追究，自杀身死，与吕不韦落得同一下场。

究其根本死因，还是出在一部书上，只不过是《吕氏春秋》换成了《淮南子》罢了。

三、《韩非子》与《老子》

1. 韩非入秦

吕不韦死后两年，也就是公元前233年，韩国的贵族韩非入秦。同年，韩非在狱中被迫自杀，身后留下一部千古名作《韩非子》。（《史记·老子韩非列传》《汉志》）

正是这部奇书，最终要了韩非子的命。

韩非（公元前280年—前233年）是荀子的学生，"其归本于'黄老'"，喜爱"黄老"经典，从学习"黄老"经典起步，尤其对刑名、法、术之学颇有研究。韩非有口吃的毛病，不擅言辞，却擅长著书立说，写了十余万字的著作，其中就包括著名的《解老》与《喻老》。

战国后期，韩国的国力日渐衰弱，韩非心急如焚，几次向韩王推荐自己的著作，准备为复兴韩国出一分力，却始终得不到韩王的采纳。

消息传到秦国，立刻引起秦王嬴政的注意，他找来韩非的著作，细读之后，更是赞不绝口，非要见到作者本人不可。

李斯是韩非的同门师兄弟，刚刚在秦国站稳脚跟，于是趁机对嬴政说，这部大作是我的师兄弟韩非写的呀。

嬴政大喜，急忙问计，为了得到韩非，哪怕不择手段也行。

于是，秦国随便找了个借口，派兵猛攻韩国。韩王没有办法，只好起用韩非，派韩非出使秦国。

相见之下，君臣二人交谈甚欢。嬴政准备重用韩非。但是，韩非的为人，可不可靠？如何留下？又如何使用？秦嬴政一时拿不定主意。

做客期间，韩非做了一件越礼的错事，埋下祸根。

当时，四国诸侯准备组成联军，攻打秦国。嬴政召集了六十多位大臣及宾客商量对策，只有姚贾挺身而出，献计献策，化解了这次危机。

嬴政非常高兴，封姚贾为上卿。

谁知这时，韩非却不顾自己使者宾客的身份，跳出来大揭姚贾的短处，指责嬴政用人不当，一点儿不留情面。

原来，姚贾曾经在魏国犯过偷盗之罪，逃到了赵国，又被赵国驱逐，按照现在的说法，就是多有犯罪前科、不良记录。

对质时，姚贾的辩解很得力，话里藏刀，字字诛心。所谓"明主用之"，要看他能不能"为己用"，能不能"可与立功""存社稷"，而不是用"高士之名""虚愿"、甚至谗言来迷惑明主。

韩非的言行，的确不合常理。嬴政听信姚贾的话，对韩非背后的动机产生了怀疑。

这时，职场上的潜规则，再次发挥了作用。

李斯、姚贾等人对嬴政说，您知道吗？韩非不顾身份，大发脾气，无非是为韩国着想。因为，韩非是韩国的贵族，只会对自己的侯国忠心耿耿，他会背叛韩国而为您所用吗？这可是人之常情呀。而且，秦国要一统天下，灭掉韩国是第一步。所以，韩非这种有本事的人，既然大王您不能用，也绝不能放虎归山，为韩国所用。不如以"过法"来追究韩非的过失诽谤之罪吧。

于是，嬴政命令手下先把韩非关起来，考虑考虑再说。

谁知，李斯很快便派人给了韩非毒药，让他自杀。罪不至死的韩非百口莫辩，含冤身亡。

后来，嬴政后悔了，派人去赦免韩非，但为时已晚。（《战国策·四国为一》）

又是由于一部书而引出的悲剧。

谁是祸首？究竟是谁感到了切身的威胁？有人说，是他的同门师兄弟李斯。有人说，是他所鄙视的姚贾。也有人说，是年轻多疑的嬴政。

从司马迁的描述来看，三者都有。

秦国重"法"，即使关押韩非，也要以"法"的名义。

姚贾是冲突的当事方，该说的已然都说了，这时只要避嫌、撇清关系就可以了。

对于李斯来说，韩非的到来，确实对他的仕途产生了极大威胁。但是，你想过没有，以李斯当时的身份及能力，即使给他天大的胆量，他敢私自毒杀别国的使臣吗？

敲敲边鼓、落井下石的小把戏，李斯与姚贾可以做得恰如其分；然而，是否要韩非的命，还得嬴政了算，或明示，或暗示，都在嬴政的一句话。

让嬴政如此纠结的，究竟是什么？

原因很简单，与《吕氏春秋》一样，《韩非子》又是一部具体讲授"帝王之术"的书，只不过它最初不是写给嬴政看的，这一点，比《吕氏春秋》更要命。

一统天下的历史重任，只能落到秦国的肩上，落到嬴政的肩上。所以，"杀其人而用其书"，仍然是必然的结局。

对于韩非来说，自己的学说能在嬴政的手中发扬光大，得以实施，比起无能的韩王弃之如敝履来，韩非也算是死而无憾了。

2.《韩非子》与《老子》

《韩非子》同样是以老子学说为本，对先秦百家学说博采众长，兼收并蓄。在《汉志》中，《韩非子》被列为法家。

韩子之学，是"大一"之"道本"之学、"大一"之"道用"之术。

称韩子之学是"大一"之"道本"之学，是因为《韩非子》中处处体现出他对《老子》深刻研习的成果。而且，其重点篇章《解老》与《喻老》，以解说、诠释经文的方式公开宣示他的学术思想核心直接来源于《老子》。

仅就其明言学术渊源这一点，与他的老师荀子相比，韩非心胸坦荡，学问更是青出于蓝而胜于蓝。

《韩非子》中，所引《老子》经文共35章。其中，"道篇"16章、"德篇"19

章，占了全经81章的近一半。

《韩非子》中所引经文，既有"简书"经文，又有"完本"经文，还有诸本均不见之佚文，如"故曰：'道，理之者也'"（《解老》）。这足以证明，今人所见的汇总之"完本"，很可能成书于《韩非子》前后。

《韩非子》是第一部较完整、较系统地注解《老子》的著作，可视之为《老子》五千言之"系统本（完本）"与"散本"的分野。

为前人的经典作注疏，是我国古代学术的一种传统。采用为前人经典作注的形式建立自己的学说体系，更是我国古代学术的一种传统。

其中，有所谓的"注本"，有所谓的"解本"或"读本"，如韩非所说的"解《书》"与"读《记》"（《外储说左上》）。

《文子》《韩非子·解老·喻老》《淮南子·道应训》，是"解本"的三大代表作，是现在所能看到最早的《老子》诠释文献。

《解老》的特点，就是直接诠释部分经文，或通论经文大意，或逐句串讲经文，很少有所发挥。

《喻老》与《淮南子·道应训》一样，开辟了"引'史'证'子'"的先河。

举个"子罕辞玉"的例子。

宋国有位乡下人得到一块玉石，准备献给司城子罕（乐喜）。子罕辞谢，没有接受。

乡下人说，这可是块宝石呀，它适合您这样的君子制作器物，不适合我这样的乡下人使用，您还是收下吧。

子罕说，咱们俩认定"宝"，标准不同。你是以"宝石"为"宝"；我不接受你的宝石，是以"不贪"为"宝"。

这件事说明，每个人都会有所欲、有所不欲。但是，"欲"的标准各有不同，或看重物质，或看重品德。

如此看来，乡下人的心中，有玉；子罕的心中，没有玉。所以《老子》说，"欲不欲，而不贵难得之货"，说的就是这个道理。

这则小故事，又见于《左传》，其中，子罕的回答更清楚：每个人都有自己的"宝"，我是把不贪财作为"宝"，你是把玉石作为"宝"。如果你把玉石给了我，那么，咱们俩不就都失去自己的"宝"了吗？还是让我们各自守护自己的"宝"吧。

故事还有一个最终结局（《左传·襄公十五年》）。

那位献玉人磕头说，我身怀这块玉石，就像藏着祸根，我还敢去哪呢？不是都说"匹夫无罪，怀璧其罪"（《左传·桓公十年》）吗？您还是收下这块玉石，让我保一条活命吧。

子罕一听，原来如此。于是，子罕请来玉工，将这块玉石打造成物件，卖了很多钱。献玉人终于可以拿着卖玉的钱放心回家了。

秦昭王（秦昭襄王，公元前306年—前251年）时期，那位精通《老子》、齐人尊之为"贤师"的乐臣公（《高士传·乐臣公》），就是子罕的后代。

在《韩非子》中，韩非称《老子》为《书》、为《老》、为《老子》或"老聃有'言'曰"，可见《老子》之名，约在公元前300年左右已经在流传了。《韩非子》引用《老子》经文时，多用"故曰"二字。

值得注意的是，韩非还引用了《周书》："《周书》曰：'将欲败之，必姑辅之；将欲取之，必姑予之'"（《说林上》）。不难看出，此句经文与《老子·36》的部分内容几乎一致。

同时，《喻老》中又说："故曰：'将欲翕之，必固张之；将欲弱之，必固强之。'……故曰：'将欲取之，必固与之。'"

两处文字相对照，那么，《周书》与《老子》又是什么关系呢？

看来，韩非又称《老子》为《书》，可能绝非偶然，必有其出处。这似乎也在印证，当初的老子之"言"，应该也是国家经典文书中的一部秘传之作，地位与《尚书》同，归类于《周书》。

称韩子之学是"大一"之"道用"之术，是因为与荀子所教的"道用"之术不同，韩非的"道用"之术，偏重于"法、术、势"。

韩非运用"大一"思维，包容先辈们的成果，将商鞅的"法"、申不害的"术"及慎到的"势"，集大成于一身，融为一体，终于确立了完整的先秦道法家思想体系。

对后世的儒家学派，韩非与他的老师荀子一样，没有给什么好脸色。"儒以文乱法，侠以武犯禁"（《五蠹》），韩非甚至指斥儒家是"五蠹"之首，认为他们所宣扬的"修行义而习文学"，不过是"匹夫之美"，必欲请人主除之而后快。记载教学知识的文献，古代简称为"文"。

同时，韩非与他的老师荀子一样，将孔子与儒家学派区分开来，并以"天下圣人"孔子为例，说明什么是孔子所倡导的真正的"仁"与"义"。

孔子的"仁"与"义"，不是孤立存在的，首先要"乘势"，与"势"相呼应，要服从"大一之道"的规律，要有"二而一"之中的主、从之分。

然而，"今学者之说人主也"，不懂得"不期修古，不法常可"的道理，只知其一、不知其二，只知有"仁义"二字，用古法胡乱套用，又怎么能行得通呢？

让韩非可惜的是，孔子一生教了那么多学生，"以天下之大，而为服役者七十人，而仁义者一人"（《五蠹》），真正能实行孔子的"仁"与"义"的，却只有孔子自己一人而已。

3. 李斯与"帝王之术"

之所以再说一说李斯（公元前284年—前208年），是想对韩非与李斯这一对同门师兄弟做一番比较。

李斯也是老子学说的践行者。

荀子教授"帝王之术"，韩非与李斯学习"帝王之术"，学业上，李斯自认不如韩非。

或推断，荀子对推行"帝王之术"，很可能有过一次被动的尝试。

公元前288年，齐湣王应秦昭王之邀，有过自称"东帝"之举，其动机，也许与荀子的学说多少有些关系，否则，他的儿子齐襄王也不会给予荀子极高的尊荣与待遇。

然而，称帝之举遇到了强大的阻力。

"且天下立两帝，王以天下为尊齐乎？尊秦乎？""释帝，天下爱齐乎？爱秦乎？"（《史记·田敬仲完世家》《战国策·苏秦谓齐王》）

苏代（或说是其兄苏秦）的两问，问到了点子上。如果分庭抗礼，那么，一山能容二虎吗？如果"二而一"，那么，谁当为"主"帝，谁又为"从"帝？

于是，齐湣王与秦昭王，很快就去掉了两帝号。或者倒过来推理，正是秦、齐称"帝"的失败尝试，为荀子"帝王之术"的最终确立提供了有益范例。

总之，无论孰为因、孰为果，始于"大一"之道而败于"小一"之术，这就是问题的关键。"大一统"，才是正道。

韩非与李斯的志向，与老师一样，都想做一名入世者；不过，入世者也有理论家与实践家的区别。

比较而言，做一名理论家，要容易一些，而做一名实践家，要难得多，既要能以"大一之道"治人、治国，更要能以"大一之道"治己，而且，仅懂得"大一之道"还远远不够，还要懂得如何运用各种"道用"之术，否则，"道术"手段再多，也不能运用自如，达到目的。

这一点，韩非明显不如李斯。

为了实现自己的政治抱负，韩非的态度是，要有敢于"逆龙鳞"的勇气。

堂谿公就曾经提醒过韩非，"今先生立法术、设度数，臣窃以为危于身而殆于躯"（《问田》）。

韩非的回答是，在真理面前，我不怕死，所以我不会去做明哲保身的"贪鄙之为"，而是要"利民萌、便众庶"，勇于坚持"仁智之行"。

韩非是韩王的儿子，自然一身傲骨、目中无人，结果在不适当的场合下，口不择言，因小失大，惹下大祸。

李斯的态度就不同了，他从"厕中鼠"与"仓中鼠"的身上得到启发，懂得了"位置"的重要性。

生活在茅厕中的老鼠，个个饥肠辘辘、惊恐不安；生活在粮仓里的老鼠，个个肥头大耳、无忧无虑。这是为什么呢？还不是因为它们所处的环境不同。

不同的位置，就要适应不同的处境，就要有不同的作为，自然也会得到不同的待遇。所以，"人之'贤''不肖'，譬如鼠矣，在所自处耳"（《史记·李斯列传》）。

李斯以布衣之身，学会帝王之术。

李斯"学已成"，却不想以此"坐而论道""自托于无为"，而是要"得时无怠"，紧紧抓住时代机遇，成就一番大事业。

李斯之所以选择秦国，除了自己的判断外，老师荀子也起了很大作用。

当年，荀子也曾游学秦国，对秦国有着深刻了解。

荀子认为，秦国样样做得都不错，就是还缺了一点，那就是"儒"的精神。所以，秦国的政治离"大一"之道，还差上一步。

"粹而王，驳而霸"。只要奉行老子的"大一"之道，就能成就帝王之业；无论奉行的是哪一种"小一"之术，即使做得再好，也只能算是侯霸之业，更是长远不了。

荀子所推崇的"兼术"，就是"帝王之术"。

老师的这些认知，做学生的，肯定会照单全收。而与老师不同的是，老师认为，要行"王、霸道"；而学生则认为，要行"霸、王道"。

秦国是最能实现天下"大一统"的诸侯国，事实也正是如此。

嬴政称"始皇帝"前后，做了很多影响至今的大事，早已耳熟能详，这里不再一一列举；而这些大事的完成，都离不开李斯、尉缭等人的辅佐。尤其是李斯，更是关键的设计者与执行者。

李斯手握"帝王之术"，又深谙"'六艺'之归"，左右逢源，所以，司马迁称他"能明其画，因时推秦，遂得意于海内，斯为谋首"，李斯是谋臣中的第一人。

"以道佐人主"（《老子·30》）的李斯，十分懂得如何谨守本分。能成大事者，不会拘于小节是否有疵，仅从处理韩非之事，就能看出李斯的过人之处。

韩非一心为韩，傻瓜都能看得出；韩子学说的实用性，嬴政早已爱不释手、跃跃欲试；而韩、李二人的同门关系，更是尽人皆知。

与其冒着极大的风险保韩非，不如舍弃韩非，从而坚定嬴政对自己的信任，由自己去实现师徒三人的共同理想。

对李斯的种种治国成就，后人大都如数家珍。一谈到李斯的文字建树，却只有《谏逐客书》等聊聊几篇短文而已。从来没有听说李斯是如何谈论《老子》的。

看来，李斯是真正懂得《老子》的"道隐无名"（《老子·41》）、"知之者不言"（《老子·56》）、"自知者明"（《老子·33》）、"国之利器不可以示人"（《老子·36》）的，无不运用自如、炉火纯青。

可惜的是，李斯没有做到不忘初心、"慎终若始"（《老子·64》），最终晚节不保，以"大一"之道始，以"小一"之术终，作茧自缚，落得"腰斩咸阳"的悲惨结局。

总之，韩非与李斯都是入世者，观念也都相同。两个人相比较，韩非与李斯，无疑都是成功者。

不同的是，韩非的成功，在理论建树上；李斯的成功，在政治实践上。

对韩非子的冤死，多少人扼腕叹息，司马迁在为韩非作传时，全文引用了韩非的《说难》，并且感叹说："余独悲韩子为《说难》，而不能自脱耳。"

冤不冤？真的不知道该怎么说才好。

有些小错，真的犯不得。

韩非完全可以做到"自脱"。对《老子·50》，韩非有深刻领悟，他知道，"善摄生者"，与其借助各种防止灾害的设备，不如没有"争心"，远离各种危险，与"天地之道"融为一体。

可惜的是，韩非恰恰就是死在了"争心"上，虽然他并不是为自己"争"，而是为自己的侯国"争"，但是他情不自禁，一时顾不得"言善信""动善时"（《老子·8》）的真言。

"时也，运也，命也。"（《破窑赋》）

四、《列子》与《老子》

之所以最后讨论《列子》，是因为在先秦诸子百家中，《列子》是另类，是一部少有的奇书。

《列子》的存在告诉我们，人类对自身精神活动的研究与追求，从来没有停止过。

对列子其人其事，《列子》《庄子》《尸子》《吕氏春秋·审己·观世·不二》《战国策·史疾为韩使楚》等著作中都有记载。只是因为《史记》对列子只字未提，所以也有人怀疑，是否确有列子其人。这种怀疑，只不过是以"后"证"前"，理由并不充分。

1. 列子其人

列子叫列御寇，郑国人，生活在公元前450年—前375年，与郑繻公（公元前423年—前396年）同时。

刘向在有关列子的介绍中，认为列子是郑缪（穆）公时代（公元前648年—前606年）的人，恐怕有误（《辩列子》）。

因为"穆"与"缪"同，"缪"很可能是"繻"的误字。如果列子出生于郑繻公时期，到齐桓公田午（公元前374年—前356年）兴稷下之宫之时，正当50岁左右，正是思想成熟时期，时代背景也较为合理。

据说，列子年轻时，喜好旅游。（《列子·仲尼》《高士传》）

他的老师壶丘子问他，说："御寇啊，你喜好旅游，你告诉我，旅游时什么最能吸引你，让你快乐？"

列子回答说："老师，旅游时得到的快乐，每个人都不一样。有的人旅游时，最喜欢观察他所见的事物外貌。我呢，最喜欢观察事物的变化。你也游，我也游，对方在想些什么，谁又能说得清呢！"

壶丘子说："御寇啊，你爱好旅游的目的，其实与别人还是一样的，你却认为与别人不同。你知道吗？只要见到了事物的外貌，就一定也会见到事物的变化。

"你想过没有，当你玩味事物的变化时，你也同时处于变化之中。只知道观察外在的事物，却不知道审视自己，这就叫做只知追求'外游'而不知追求'内观'。'内观'这一面，你观察到了吗？

"世界那么大，'外游'的人，总是希望观察到的事物越多越好。可是'内观'的人，却希望了解自身越多越好。

"最大限度地了解自身，是'游'的最高境界。到处旅游，想把世界看个够，并不是旅游的最高境界。"

列子恍然大悟，才知道自己并没有掌握"至游""至观"的真谛。

"不出于户，以知天下；不窥于牖，以知天道。其出弥远者，其知弥少。是以圣人不行而知，不见而明，无为而成。"老师的教诲，正与《老子·47》相合。

于是，列子一辈子不再外出旅游，一门心思放在对精神世界的探索与追求上。

列子一生，穷困潦倒，常常面带饥色，居住郑圃四十多年，从里到外，就是一位普普通通的平头百姓，官场上下很少有人认识他。不过，"圃泽多贤"是出了名的，向列子求教的人也不在少数。

一天，有位国宾对郑国的执政者郑子阳说："听说贵国的列御寇是一位有道之士，却多年得不到重用，穷得家徒四壁，是不是贵国不好士呢？"

郑子阳一听，马上派人送粮食给列子。

列子出来接待使者，表示感谢，却没有接受粮食等礼物。

使者走了以后，列子回到屋子里。

他的妻子很生气，瞪着列子，顿足捶胸，埋怨说："我听说，别的有道者的妻子都活得安逸快乐。你这位有道之士可倒好，有上顿没下顿，过得是什么日子！现在郑子阳派人来给咱们家送粮食，你却装清高，不接受，难道我跟着你，就该是一辈子穷命吗！"

列子笑了，赶忙安慰妻子，解释说："你哪里知道，郑子阳这个人，其实根本不了解我。今天，他敷衍某人的好话，给我送粮食；明天，他会不会轻信谁的坏话，又来治我的罪？所以我必须婉拒，最好离这种人远远的，没有任何交集才是上策。"

后来，郑子阳治理无方，导致郑国内乱，郑子阳也被百姓所杀，列子并未受到波及。(《说符》)

凡人列子，的确与众不同。

在《庄子》中，从《逍遥游》到《应帝王》《至乐》《达生》《田子方》《让王》《列御寇》，我们还看到了列子神奇的另一面。

列子羡慕像神一样的神巫季咸，曾经先后向关尹、壶子、伯昏无人等人学习"至人之道"，逐步懂得"至人之用心若镜，不将不迎，应而不藏，故能胜物而不伤"的道理，做到"未尝死，未尝生""纯气之守""神气不变"，终于达到反璞归真、虚而遨游的境界，"巧者劳而知者忧，无能者无所求，饱食而敖游，汎若不系之舟"，据说已经修炼到"御风而行，泠然善也，旬有五日而后反"的"准至人"程度。

2.《列子》与《老子》的哲学异同

《列子》为刘向所校辑，据《汉志》记载："《列子》八篇。名圄寇，先庄子，庄子称之。"

先秦诸子百家多与齐国的稷下之宫有关，《列子》数处言"黄帝"、言"《黄帝书》"，更与早期稷下之宫的精神核心有关。不过，学界对《列子》的真伪争议，同样颇多。

有人说，《列子》这部书是晋人张湛的伪作，是由"魏晋以来，好事之徒聚敛"(《列子伪书考》)成书，其中的某些文字，反映出晋人的清谈与纵欲思想。

其实也不尽然。刘向在他的《列子书录》中，就曾明确指出，"孝景皇帝时贵黄老术，此书颇行于世"。明眼人看来，这还是一个光谱顺序问题，以"后"证"前"、倒"果"为"因"，从来就是一些学者易犯的通病。

《列子》中多处称"子列子"，其中肯定有列子徒子徒孙辈的很多作品。

《列子》的作者之中，也许有晋人，但不能因此而称之为"伪作"，因为书的主要内容与大量篇幅，囊括了先秦多家学说，这些文字是后人伪造不出来的。就像《文子》一样，《列子》应该是先秦各家留下的宝贵资料，而为后人所辑录、所复原的作品，这一点，已经是学界的共识，只差出土文献的佐证。

《列子》全书，共有139段落，除少数段落内容是纯议论文以外，寓言故事、传说故事、神话故事就有一百余则，奇闻异事，更是占了绝大篇幅。

《列子》记录谈论老聃事迹的史料，有九条，疑似的有二条，比如：

宋国的太宰与孔子相会。太宰问孔子，说："像您这样的人，应该就是圣人吧？"

孔子说："我哪里敢跟圣人相比？我不过就是学问、知识比常人广博丰富一些而已。"

太宰说："那么请问，古代的'三王'是圣人吗？"

孔子说："'三王'不过是善于任用智勇双全之士罢了，是不是圣人，我不知道。"

太宰又问："那么，'五帝'是圣人吗？"

孔子说："'五帝'不过是善于任用仁义之士罢了，是不是圣人，我也不知道。"

太宰追问道："'三皇'应该算是圣人吧？"

孔子说："'三皇'不过是善于任用懂得顺应时势之人罢了，至于是不是圣人，我更不知道了。"

宋国太宰大吃一惊，说："照您这么说，究竟谁才够资格称为圣人呢？"

孔子神色不定，想了一会儿，才回答说："听说鲁国的西方，有一位圣者，提倡'不治而不乱，不言而自信，不化而自行'，心胸坦荡，博大精深，百姓都不知道该怎么称颂他才好。我猜想，他或许就是圣人吧，可我又拿不准，他究竟是不是真的圣人？"

宋国太宰沉默很久，心说："好你个孔丘，一定是在欺哄我！"（《仲尼》）

宋国太宰是谁？已不可考。宋国太宰见孔子，应当是在鲁国。

老子身为周天子的史官，所居之处在周王城，位于鲁国之西。

孔子所说的"西方之人有圣者"，从他的描述来看，应该指的就是老子，可是，为什么又说得含含糊糊，模棱两可，让人觉得是在"欺我"？

《列子》的文风，常常化用老子经文或直接引用经文，多以《老子》经文为"骨"，丰富《列子》其"形"。

那位圣者所提倡的"不治而不乱，不言而自信，不化而自行"，与《老子》的"圣人处无为之事，行不言之教""我无为而民自化"等，何其相似乃尔。

再如，《天瑞》中的"圣人因阴阳以统天地"一段，就是对《老子·42》等"道论"内容的完整解读与发挥，与《易纬·乾凿度》的内容相近。

所谓"一者，形变之始也""有形者生于无形"，更是正确理解了老子的有关学说。

《老子》"有"与"无"的初始义，是源于对"形"的表述。

《老子·14》："三者不可至计，故混而为'一'。'一'者：其上不皦，其下不昧。寻寻兮不可命也，复归于无物，是谓'无状之状'。无物之象，是谓'忽恍'。"

"万物"一般指具体之物、有形之物，各有其名。

"物"一般指万物的总体、本源，称之为"一"。

"无物"就是指"无形之物"，又叫做"无状之'状'"。宇宙的本源是由无形之物组成，处于没有任何形状的状态，"不可名（命）"，所以只有一个总名。

人类所处的位置，只是宇宙中的一环。站在人类的角度观察，人类生活在万物之中，是万物中的一员。人类体验到的是"有无相生"。这些"物"在人类主观世界中的法象，又叫做"忽恍"。

《老子》为我们揭示了人类客观之道的"大一"内涵，理顺了客观之道与主观之道的关系。

据统计，《列子》中，内含解读《老子》经文的篇章，就有《黄帝》《周穆王》《仲尼》《力命》《杨朱》。

其中，《杨朱》中的"《老子》曰：'名者实之宾'"，经文却见于《庄子》、属于《庄子》。

《天瑞》中的"《黄帝书》曰：'谷神不死，是谓玄牝。玄牝之门，是谓天地之根。绵绵若存，用之不勤'"，经文却见于《老子》、属于《老子》。

另外，《列子》有关"黄帝"之说8处，有关"列子"之说19处，有关"杨朱"之说22处，有关"孔子"之说18处，其他还有《关尹子》《鬻子》《管子》《晏子》《公孙龙子》《穆天子传》《山海经》等书的内容多处。

无论是人物故事，还是各家学说，《列子》选取的目的性都很明确，全部与生命哲学或生命科学有关，应该是各家专项学术的总汇。

《列子》"其学本于黄帝老子"（《列子书录》），在"道本"层面上，以老子学说的"二而一"之道、即"大一"之道为核心。

在"道用"层面上，《列子》却与众不同，另辟蹊径，走出一条以研究生命哲学与生命科学为主要对象的"精神"之学、"性命"之学的新路，探索一条从"君权神授"到"人（君）命天授"的神化天路。

所以说，列子之学，就是以研究生命哲学与生命科学为主要对象的"人性天命"之学。

3.《列子》其书

（1）《列子》"贵虚"还是"贵正"

韩国有位叫史疾的，出使楚国。（《战国策·史疾为韩使楚》）

楚王召见史疾，问道："您最近在研究什么学问呀？"

史疾回答说："我在研究列子御寇的学问。"

楚王很好奇："列御寇？他的主要观点是什么呀？"

史疾说："就是要'贵正'。"

楚王问："'正'也可以用来治理国家吗？"

史疾说："当然可以。"

楚王又问："我们楚国盗贼很多，用'正'可以治理盗贼吗？"

史疾回答说："当然可以。"

楚王接着问："那您说说，怎么才能用'正'来防盗？"

史疾思索了一会儿，正巧有只喜鹊，落在屋檐上，于是，史疾便借题发挥，问楚王，说："请问您，楚国人管这种鸟叫什么呀？"

楚王说："叫喜鹊。"

史疾又问："叫它乌鸦，行吗？"

楚王回答说："不行。"

史疾说："就是这个道理。现在，大王的国家，设有柱国、令尹、司马、典令等官职。任命这些官吏时，一定会要求他们既要廉洁奉公，又能胜任其职。

"眼下，盗贼公然横行于国，相关的官吏却不能加以禁止，这就叫做'乌鸦不成其为乌鸦，喜鹊不成其为喜鹊啊'！"

这则故事告诉我们，楚王任命相关官吏时，多半没有做到"正"，以致用人不当。或德不配位，或才不配位，那么，这些官吏又怎么能够胜任其职、各司其职呢？

所以《老子》说，"以正治国"（《老子·57》），"朴散则，为成器；圣人用则，为官长"（《老子·28》）。

有人说，列子"贵正"；也有人说，列子"贵虚"（《尸子·广泽篇》《吕氏春秋·不二》）。

一"正"一"虚"，二者正相反。"贵正"与"贵虚"，恰恰说明列子学说在"道用"上的两大特点。

"自化"是《老子》的哲学术语，"万物将自化"。

"自"与"化"，都是《列子》的核心概念。"自正"是"自化"的前提，有"正"，然后才能言"化"。《列子》正是从老子的"自化"观点出发，对人的个体生命变化做出深刻研究。

《列子》认为，"自化"有"物化"，就是发生在物质世界的变化；"自化"又有"神化"，就是发生在精神世界的变化。

"'觉'有八征"（《周穆王》）、是"形所接"的"物化"。"物化"的终极课题，是对"死与生"的认知。

"'梦'有六候"（《周穆王》），是"神所交"的"神化"。"神化"的终极课题，是对"虚与实"的认知。

"物化"偏重于对"正"的研究。"神化"偏重于对"虚"的研究。

（2）"觉"与"梦"引出的四个结论

《列子》认为，现实生活中，人人都有两个精神世界，一个是"觉"，一个是"梦"。

人人又都有两个物质世界，一个体现在"觉"中，一个体现在"梦"中。两个物质世界，往往境遇相反，这其实就是"二而一"之道在人类潜意识中的客观反映。

然而，对热衷探究人类生命秘密的"列子"们来讲，这就给他们直接带来认知与体验上的困惑。

二者之中，究竟何为"实"、何为"虚"？何为"真"、何为"幻"？何为"正"、何为"化"？是精神世界中的两个物质世界在变化，还是物质世界中的两个精神世界在变化？究竟是以"'梦'中所为者'实''觉'之所见者'妄'"，还是以"'觉'之所为者'实''梦'之所见者'妄'"？而且，"死于'是'者，安知不生于'彼'"（《天瑞》）？

《列子》认为，即使是师父关尹与祖师爷老聃，也在苦苦寻找这些问题的答案，"老聃语关尹曰：'天之所恶，孰知其故'"（《力命》）？

"勇于敢则杀，勇于不敢则活。此两者：或利，或害。天之所恶，孰知其故？"（《老子·73》）

老子的提问，其实是对"所以然"的积极追寻，是有正确答案的；关尹子对列子说的"故圣人不察存亡，而察其所以然"（《说符》），与之一脉相承。

老子的循循善诱，在列子学派某些人的身上似乎没起作用，他们在学术境界上差了一个层次，学"老"学得不到家。

这些人误以为老子强调的是"迎天意，揣利害，不如其已"，与其妄自迎合天意，揣摩厉害，还是不必白费心思，算了吧。

于是，《列子》得出第一个结论："不知""不能知""不可知"（《汤问》）。

身外的"大宇宙"，不可知；自身的"小宇宙"，也不可知，确切说，都是不可尽知，"其道自然，非圣人之所通也"。

所以，《列子》反复强调，"梦与不梦，臣所不能辨"，"未尝生、未尝死"，一切只有"变化"，准确地说，应该都是"幻化"，并且列举出大量的奇人异事作为例证，借以证明人类对自身认知的局限性与不可知性，其中，就有"化人"与行"幻术"之人。

于是，《列子》得出第二个结论："尽幻也"（《周穆王》）。

之所以一切"不可知"，就是因为一切"尽幻"。

什么是"幻"？"穷数达变、因形移易者，谓之'化'、谓之'幻'"。

有"造物者"、有"因形者"，我们人类只是"因形者"，我们的一切，包括形体、生命，都是"造物者"赋予的，至于如何创造、又将会如何变化，我们统统不知道其"所以然"。

所以《列子》说："善为'化'者，其道密庸，其功同人。五帝之德，三王之功，未必尽智勇之力，或由'化'而成。孰测之哉？"

《列子》的这些认知，自认为源于老聃的教导，"有生之气，有形之状，尽幻也"；至于老子说没说过这样的话，同样"不可知"。

于是，《列子》又得出了第三个结论："皆'命'也夫"（《力命》）。

既然一切"尽幻"，那么，"变化不可觉"，一切变化都是觉察不到的、无条件的，一切结果皆有可能。

既然天意难测，还是听天由"命"的好，"此众态也，其貌不一，而咸之于道，'命'所归也"，"'势'使然也"，"'命'使然也"。"人命"取决于"天命"，因为决定权在"天"，掌握"幻化"的是"天"，而不是"人"。

至此，主宰命运与生命的"自"，就从"人之'自'"转换为"天之'自'"。"死生，自命也；贫穷，自时也。"也就是说，死与生、贫与富都不是自己所能掌握的。

所以说，列子始于"贵'正'"，终于"贵'虚'"；"虚者无实也"，"静也虚也，得其居矣"（《天瑞》）。

于是，《列子》最终得出第四个结论：要"信"，"至信之人，可以感物"（《黄帝》）。

"信"包括"自信"与"信仰"。既然我们人类的"命"与"运"，都不能由我们自己掌握，那么，我们所能做的，就只有"信"，选择性地接受。

信以为"真"，则真；信以为"假"，则假。信"实"则实，信"虚"则虚。"信'觉'不语，信'梦'不达"。信命、信理、信心、信性，甚至信神。

既然"一切非吾有"，皆源于天地，所以"不识不知，顺帝之则"，谋事在人、成事在天。"天道自会""天道自运"，所以要"知命安时"（《力命》）。

总之，《列子》的逻辑思路就是，人类有生有死、有觉有梦，这是符合客观事实的基本前提。"人自生至终，大化有四""始乎故，长乎性，成乎命"，这是符合客观事实的基本作为。

然而，经过一系列分析，得出的结论竟然是"生生死死，非物非我，皆'命'也"，一切皆"幻"，一切不由自主，一切听天由命。

于是，便遇到一个非常现实的问题，人类自己，到底应该如何"自正"，如何"自化"？"成乎命"以后，到底应该怎么办？

　　既然"自正""自化"取决于"天命"，所以自然而然又转回到人类的原始冲动，最终要由"天命"做主。这样，掌握决定权的主角，再次从"人"转换成"天"，只是不再由巫筮问"天"，而是由自己选择其所信仰者。

　　然而，就学术而言，这里隐藏着逻辑上的一大致命漏洞。

　　因为，既然是"人"的选择，就并非真的是听"天"由命、由"天"做主；做出选择的，最终还是"人"，而不是"天"。

　　千年以来的事实，也正是如此，例证数不胜数。难怪《老子》说，"大迷是谓'眇要'"（《老子·27》），"人之迷也，其日固久矣"（《老子·58》）。

　　（3）《列子》笔下的"生死之道"

　　明白这些道理之后，回到现实问题，每个人的走向，究竟应该是什么？说到底，就是究竟如何处理"生"与"死"、尤其是"生"的问题。

　　对"生死之道"，首先要有一个正确认识。

　　"晏子"说得好，人类的个体生命，总是会前前后后、来来往往，"迭处之、迭去之，至于君"（《力命》）。前人不死，又哪有你的位置？你若不死，又哪有后人的生存空间？

　　"杨朱"说得更透彻，"万物所异者，'生'也；所同者，'死'也"。既然无论"善"与"恶"，万物"同归于死"（《杨朱》），就应该多考虑考虑如何"生"。

　　"吾与汝亦幻也，奚须学哉"（《周穆王》）？每个人的人生之路各有不同，不必相互学习、相互模仿，所以，可以选择的路有好多条。

　　《列子》以自家与各家学派的名义，给出很多建议，提供很多榜样。

　　"杨朱"提出，要善"乐生"，善"逸身"（《杨朱》）。既然"理无久生""理无不死"，与其"要死后数百年中余名，岂足润枯骨？何生之乐哉"，不如"从心而动，不违自然所好""从性而游，不逆万物所好"，尽情享受万物的赐予。要做"制命在内"的"顺民"，不做"制命在外"的"遁民"。我的"命"，由我自己做主，不要被"清""贞"之虚名所误。总之，要及时行乐，一旦成为枯骨，一切皆无意义。

　　"杨朱"认为，他的观点来自"管子"的"肆之而已，勿壅勿阏"，用现在的话说，就是纵欲尽情。

　　持相同观点的，还有"邓析"。"邓析"认为，既然"生之难遇而死之易及"，何不"为'欲'尽一生之欢、穷当年之乐"？为什么不能像郑国子产的两位兄弟一样，即使好酒好色，及时行乐，也同样可以成为明哲保身的"真人"。

　　对"乐"的理解持不同观点的，是"孔子"。

　　"孔子"认为，"无乐无知，是真乐真知"。如果做不到，也至少要明白，及时行乐的"乐"有多种，有物质层面的享乐，有精神层面的安乐，有随遇而安的知足常乐，"处常得终，当何忧哉"？

"至信之人，可以感物"，所以，"孔子"对"自宽"的长寿之人荣启期，对"安知吾今之死不愈昔之生"的长寿之人林类，对"心'一'而已"的异人商丘开，都持肯定与赞赏的态度，因为他们的共同特点，就是"用志不分，乃凝于神"，乐天知命，乃至长寿。

总之，"孔子"属于"神凝"一派。这类人中还有"不知荣辱之在彼也，在我也"的觉悟之人北宫子、"心无顺逆"的驯兽大师梁鸯和不忧死的东门吴等人。(《仲尼·天瑞·黄帝·力命》)

（4）《列子》的"神凝"与"神游"

最后，全书的主人公"列子"，究竟持什么观点呢？还是"二而一"，既有"神凝"，又有"神游"。

据说，列子尊老商子为师，敬伯高子为友，向二人学习御风而行的本领，学成之后，亲自驾御长风，飞回家乡。

有位叫尹章戴的人听说了，很羡慕，便整天泡在列子的家里，只要列子一有空闲，尹生便死说活磨，非请列子教给他"御风而行"的本领不可。每次列子都没有搭理他。

尹生很不高兴，埋怨列子，说："您既然这么不愿意教我，那我还是回家去吧。"

列子还是不置可否。尹生只好灰溜溜地回家了。

思前想后几个月，尹生怎么也不死心，便又跑去列子家，追着列子转。

列子问："你这么来来去去的，究竟算是怎么回事，到底想干什么？"

尹生有点不好意思，说："上一次，我请您教我御风之术，您不告诉我，我的心里真的有点怨恨您。现在我的怨气消了，所以又来了。"

列子说："本来，我认为你是个通达事理的人，谁知道你竟然粗鄙到如此地步。你坐下，让我告诉你，当初我是如何向我的老师学习的。

"自从我尊老商子为师，敬伯高子为友以来，一连三年，我的心中不敢有丝毫的是非之念，口中不敢妄自评说利害之别，这才开始得到老师的正眼相看。

"到了第五年，我的心中才开始思考是与非的区别，口中才开始分析利与害的关系，这时，才开始得到老师的解颜一笑。

"到了第七年，无论是心中所念，还是口中所言，我再也不去思考是与非的区别，再也不去分析利与害的关系，这时，老师才开始让我与他们坐在一起研讨学问。

"九年以后，无论怎么想，无论怎么说，我再也不用是非利害的标准衡量一切，忘记了你我之间的区别，甚至忘记了与老商子、伯高子的师友关系。这时，我才初步达到内外兼修、天人合一的最高进境。

"从此以后，我的眼耳鼻口等感官，渐渐地没有任何区别，一切凝于心神，再也感觉不到肉身形体的存在，仿佛已经与天地融合，再也不需要有所依靠、有所支撑，就能像树叶干壳一样，随风飞舞。到了那时，我也不知道究竟是风驾驭着我呢，还是我驾驭着风。

"可是你呢，来我这里求学，没待两个月，就耐不住性子，怪话连连，怨气冲冲，那么心浮气躁。像你这个样子，即使是一小块肉体、一小节骨头，天地也嫌太重，不愿乘载。如此作为，你竟然还想一步登天，乘风飞翔，你说，可能吗？"

尹生听了，非常惭愧，好长时间，大气不敢喘，一句话也不敢再说。

（《黄帝》）

这则故事，恰恰说出了"神凝"与"神游"之间的关系。

《列子》首篇，以《天瑞》为名；终篇，以《说符》为名，首尾呼应，并为"符瑞"二字。"符瑞"指的是吉祥的征兆，多指帝王受命的征兆，"是以人主贵之，藏以为宝，剖以为符瑞"（《管子·水地》）。

要想打动帝王之心，《列子》提供的，就不能只有"神凝"一条路可走，还有一条"神游"之路，更加诱人。

如何做到"神凝"？

列子认为："神遇为梦，形接为事。故昼想夜梦，神形所遇。故神凝者'想''梦'自消。信'觉'不语，信'梦'不达，物化之往来者也。古之真人，其'觉'自忘，其寝不'梦'，几虚语哉！"就是说，"物化"才是根本，"生死"才是核心，"知幻化不异于生死也，始可与学幻矣"（《周穆王》）。

"神凝"之路，不止一条。

列子认为，无"觉"无"梦"，才能成为"真人"。

他的友人伯昏无人认为，"神气不变"，才能成为"至人"。

他的老师关尹子认为，"纯气之守"，能与"造物者"相通，才能成为"至人"，所谓"壹其性，养其气，含其德，以通乎物之所造"。

而老聃的弟子亢仓子则认为，要"体合于心，心合于气，气合于神，神合于无"，体与心"二而一"、心与气"二而一"、气与神"二而一"，一环套一环，"玄之又玄，众妙之门"。

《黄帝之书》也告诉我们，"至人居若死，动若械"，"无情"而已。

如何做到"神游"？

《列子》为后王们推荐了最重要的两位榜样，一位是黄帝，一位就是周穆王。

周穆王叫姬满，是西周的第五代君主，50岁登基，在位55年，活了105岁，是周朝在位时间最长、也最具传奇色彩的长寿君主，又称"穆天子"，后来的《穆天子传》，记录的就是周穆王巡游天下时所发生的种种事迹。(《史记·周本纪》)

"神游"之路，也不止一条。

黄帝自己掌握了"神游术"(《黄帝》)，可以做白日梦而神行万里，百年之后"登假"仙去，与"神人"同居"空峒之上"(《汤问》)。

而周穆王的"神游"，则还需要特定人物如"化人"的引领，才能享受到与"神人"差不多的快乐(《周穆王》)。与黄帝相比较，周穆王的"神游"差了一个档次。

不仅如此，《列子》还介绍了商汤向往的东方"蓬莱五山"(《汤问》)之上"不老不死"的"仙圣之种"、大禹向往的长寿之国"终北"，以及居住在"列姑射山"的神人(《黄帝》)，以此证明"神人"的存在。

世上究竟有没有"不死之道"(《说符》)？

公说公有理，婆说婆有理。

春秋战国时期，兜售"不死之道"的人并不少见，也很有诱惑力，却很难取信于人。

有对有限的"长寿不老之道"的追求，有对无限的"长生不老之道"的追求，就这样，"列子"们为后人提供了各种诱人的方向与可行的空间。

以"列子"为代表的学术思潮，对"道用"之一的"生死之道"描述得如此绘声绘色，活灵活现，令人神往。然而，令人意想不到的是，时机一旦成熟，这股思潮必然要汇合成一股不可忽视的"神力"，干扰并转移后人对老子"大一"学说的理论研究重心，干扰并转移后人对"大一"学说本质的深入认知。(详述见后)

"道者，万物之奥也"(《老子·62》)，这也许就是历史发展之必然吧！

最后值得一提的是，《列子》笔下的人物，大多是具有特异功能的人，具有特殊技艺的人。大量的奇人奇事，比比皆是。

比如，能让人产生幻觉而梦游的"化人"与"幻人"，运用幻术而变化莫测的壶丘子，乘风而行的列子，幻术大师尹文先生，善造云梯的班输，善造飞鸢的墨翟，扁鹊的换心术，文挚的望心术，以及称之为"神医"的心理学家、病理学家、药理学家，五行八作的技术高手，各展其能，令人大开眼界。尤其让今天的人们难以置信的是，几千年前，我们的祖先就会制造能歌善舞的机器人了。(《汤问》)

正是《列子》用实证的方式，让一大批普通劳动者中的能工巧匠，一大批具有特殊技能、特异功能的人士甚至"病人"，在中国哲学史上占据一席之地。

可惜的是，包括列子在内的这些能工巧匠、奇异人士，"终身不著其术，故世莫传焉"（《周穆王》）。

五、自谓"真人"的秦始皇

1. 秦始皇的"求仙之道"

从"真人"的角度观察与评价秦始皇的，似乎并不多见。

《列子》流传之后，第一位追求"不死之药""长生不老之道"的帝王，就是秦始皇。应该说，对"真人"秦始皇的人生影响最大的，也许是《列子》。

自从人类有了思维意识以来，始终困惑于两大疑问：我们周围的世界，谁是主宰？我们的先人究竟从哪里来，死后又去了哪里？

于是，"上帝"与"神鬼"的存在，就成了最为合理的答案。

在"上帝"与"神鬼"的面前，人类太渺小、太软弱。对"上帝"与"神鬼"，人类只有无限的崇拜与敬畏，也从未放弃过了解与亲近的冲动，因为，所谓的"神鬼"之中，也包括人类的先人。

在"上帝""神鬼"与人类之间，长期以来，有一道不可逾越的"天河"，无法沟通。

直到"天子"一词出现，第一次将人类与"上帝"直接联系到一起，才有了"天"与"人"之间的第一条血脉纽带。

所谓"天子"，就是"天帝之嫡长子"的意思。岂止是君权神授，更是君命天授，"天子"根本就是"天帝"的骨血，派到人间来代天职守。

传世文献中，可以查证的"天子"一词，是在五帝时代，"诸侯咸尊轩辕为天子"（《史记·五帝本纪》），也就是说，黄帝是中华大地上一统天下的第一位天子。

殷商也有"天命玄鸟，降而生商"之说（《诗经·商颂·玄鸟》），强调自己的祖先就是天神之子。《诗经·大雅·江汉》也有"天子万年""天子万寿""明明天子"之说。

出土文献中，《古器物铭》云："郑拜稽首，敢对扬天子休命，用作朕皇考龚伯尊敬，郑其眉寿，万年无疆。"其中的"敢对扬天子（之）休命"，又见于《尚书·说命下》。休命：美善的命令。多指"天子"或"神明"的旨意。

当秦始皇一统天下以后，他最想做而又未能做成的一件大事，就是求仙、成仙（《史记·秦始皇本纪》）。

我们看看他究竟都做了些什么。

秦始皇五次巡游天下，第一次出巡就是西巡，修建了一座象征"天极"的"极庙"，同时修了驰道和甬道，与首都咸阳相通，便于秦始皇与"天"神游。这些举动，明显受到有关"黄帝"与"周穆王"传说的影响。

之后，他几次东巡，到处建台立石、颂秦德，与天帝山川交流。在此期间，他派徐市率数千童男女"入海求仙人"。徐市的目的地，有海中蓬莱等"三神山"，正与《列子》记载的"蓬莱五山"相吻合。

派韩终（众）、侯公、石生"求仙人不死之药"。

派燕人卢生，入海求仙人。卢生回来，"以鬼神事"向秦始皇汇报，还献上"图书"，预言"亡秦者胡也"，惹得秦始皇疑神疑鬼。

后来，卢生知道完不成任务，又害怕受到惩罚，于是大谈特谈真人、鬼神以及如何求仙，蛊惑秦始皇，让秦始皇秘密行踪，然后才能得到"不死之药"。卢生一番话，居心叵测，居然说得秦始皇竟也以"真人"自居，可见这位卢生嘴上的功夫如何了得。

秦始皇命令博士创作《仙真人诗》，配成歌曲到处传唱。

最值得注意的是，这些求仙队伍的主要成员大都是"博士"。

"博士"是秦王朝新设的官职，主要职责是"掌通古今"（《汉书·百官表》），类似将史官与儒官合并，既掌管古今经典书籍的收藏，也负责古今经典书籍的教授。

很多儒家"博士"，本来只会做做学问，毫无政治历练，突然获得重任，自以为可以摩拳擦掌，大干一番事业，谁知干的却都是这些哄皇帝开心的骗人勾当，于是心中愤愤不平，难免要消极怠工，背后发发名士牢骚，最终导致了"坑儒"事件的发生。

2. 秦始皇与"焚书坑儒"

这是一个说了几千年、争了几千年，今人还是不得不说的话题。

对"焚书坑儒"的记载，《史记》至少有四处，相互之间多有矛盾之处。

秦始皇焚书坑儒，究竟是怎么回事？要分开来看。

"坑儒"确有其事，"焚书"却未必。

先说说"坑儒"。

先澄清一处误读，"'坑'儒"不是"活埋"儒士，"坑儒"的本字，应该是"阬儒"。

《说文解字》中说，"阬，门也"。对罪大恶极者的尸体，"阬"是一种处理方式，是古代最重的惩罚之一，起源于战争。

两军作战，战胜的一方，为了炫耀武功，往往将敌方阵亡者的尸体，堆积在道路两侧示众，然后用土封起来，外形像门阙一样，尸体称之为"京观"，两座封土堆称之为"武军"，类似军营的辕门，这就是"阬"的引申义。京：大也。观：示也。

公元前597年，史上著名的"邲（河南武陟东南）之战"，楚军大胜晋军。（《左

传·宣公十二年》)

楚国大将潘党建议说："应该堆积晋军阵亡者的尸体，作为'京观'示众；然后封筑成'武军'，让我们的后代永远观瞻，不忘前辈们的武功。"

楚王不同意，说："你对'京观'与'武军'的理解，一知半解。从文字上看，什么叫'武'？止戈为'武'。"之后，楚王引经据典，讲了一番道理。

最后，楚王说："古代明君的武功，只是将罪大恶极者(鲸鲵)，封筑成'武军'，于是才有了'京观'这种最严厉的手段，用以警告其他坏蛋。但是，这场战役中，晋军的阵亡者，都是服从国君的命令、以死效忠国家的忠勇之士，又怎么能将他们作为'京观'示众呢？"

于是楚王下令，将晋军阵亡者妥善埋葬，之后，楚军凯旋回国。

这位楚王，就是春秋五霸之一的楚庄王，"三年不飞，飞必冲天，鸣必惊人"的故事，主人公就是这位楚庄王。

由此可知，"坑儒"的意思，就是把犯下死罪的儒士们的尸体，堆积在一起示众，不得安葬，以示严惩。

"坑儒"事件是如何发生的？

罪魁祸首就是卢生。这位受到重用、享尽荣华富贵的人干了一件缺德事。

如前所说，卢生受到委派，入海求仙，自知完不成任务，又无法脱罪，便鼓动同僚及手下闹事，说："诸位想想，咱们这70名博士，看似都是特选出来的，其实却是有职无权，根本得不到重用。凡是可以办成的、能让咱们这位主子看得到的功劳，都交给李斯他们去办，而且皇帝自己还'天下之事，无大小，皆决于上'，却让咱们这些儒士出身、有本事的博士替他求仙药、寻仙人、唱颂歌，尽干一些虚头巴脑、没影儿的玄乎事儿，这位贪于权势的暴君，要是长生不老，还有咱们的活路吗？咱们不能再给他干这些事儿啦！"云云。

他的一席话就像"一粒老鼠屎"，搅得人心浮动，终于"坏了一锅汤"，朝野上下，群情激愤，议论纷纷。

卢生等少数几位挑头的儒士，都是些极端自私自利的败类，本以为可以法不责众、敷衍了事，见事情闹大了，赶忙逃得远远的，保命去了。

秦始皇得知后，非常生气，说："我重用你们这些博士，就是请你们运用你们所掌握的知识去求仙药、寻仙人。我的目的就是'兴太平'。你们可倒好，竟然是一群贪财、贪名的大骗子。我花了那么多钱，结果呢？韩终一帮人，拿钱不办事，一去不复返；徐市一帮人，只知道一再用好话、空话敷衍我，要了那么多钱，却什么也没办成；现在可倒好，就连我最看重的卢生之辈，竟也敢诽谤我，陷我于'不德'。那么好罢，我就命令御史立案审理，看看你们这些朋党，到底有没有犯罪。"

御史审问的结果，这些人中，犯下死罪的有460余人，受到了最严厉的处罚；剩下的，大都发配到边关效力。太子扶苏为这些"皆诵法孔子"的诸生求情，也受到牵连。

从以上事实可知，"坑儒"事件，就儒士而言，是某些人操守有亏，罪有应得；就法律而言，是"法"大于"情"，值得称道；就文化思想方面而言，则有其更深层次的原因，与所谓的"焚书"直接相关。

整个事件中，隐藏着一个天大的疑问，求仙药、寻仙人这种事，秦始皇为什么不找研习"黄老"或列子学派诸人士，而非要找儒家人士去办呢？也许只有儒家人士自己才能解答了。

"知其不可为而为之"（《论语·宪问》），这就是儒家的通病。

儒家的特长，是宣讲古籍经典的教条。

儒家长期宣教的是旧教条，应该如何让他们破旧立新、死心塌地宣传新帝国的新教条，就必须找个适当机会，给他们来一个下马威，用以惩后。用今天的话来说，叫做"思想改造"。

这中间，同样隐藏着一个合理的解释：这也许正是深知帝王之术的李斯设的局。

"大一统"的实践成功，使如何摆正《老子》的位置，成了进一步统一思想的关键。最应考虑的，就是《老子》如何去政治化。

再说说"焚书"。

"焚书"的举动，古已有之。比如，《左传·鲁襄公十年》中，就记载了郑国子产焚书这件事。

"众怒难犯"而焚书，说明古人的"焚书"之举，似乎并不需要多大的理由。

那么，"始皇焚书"的说法又是怎么来的呢？来自《史记》的各种版本。

先看看《史记·秦始皇本纪》是怎么说的："始皇置酒咸阳宫，博士七十人前为寿。仆射周青臣进颂曰……陛下……博士齐人淳于越进曰……陛下……丞相臣斯昧死言：古者天下散乱，莫之能一，是以诸侯并作，语皆道古以害今，饰虚言以乱实，人善其所私学，以非上之所建立。今皇帝并有天下，别黑白而定一尊。私学而相与非法教，人闻令下，则各以其学议之，入则心非，出则巷议，夸主以为名，异取以为高，率群下以造谤。如此弗禁，则主势降乎上，党与成乎下。禁之便。臣请史官非《秦记》皆烧之。非博士所职，天下敢有藏'《诗》《书》百家语'者，悉诣守尉杂烧之。有敢偶语《诗》《书》者弃市。以古非今者族。吏见知不举者与同罪。令下三十日不烧，黥为城旦。所不去者，医药卜筮种树之书。若欲有学法令，以吏为师。'制曰：'可。'"

对这件事的记载，《史记·李斯列传》中，有类似的记录："始皇三十四年，置酒咸阳宫，博士仆射周青臣等颂称始皇威德。齐人淳于越进谏曰……

（丞相李斯）乃上书曰：'古者天下散乱，莫能相一，是以诸侯并作，语皆道古以害今，饰虚言以乱实，人善其所私学，以非上所建立。今陛下并有天下，别白黑而定一尊；而私学乃相与非法教之制，闻令下，即各以其私学议之，入则心非，出则巷议，非主以为名，异趣以为高，率群下以造谤。如此不禁，则主势降乎上，党与成乎下。禁之便。臣请诸有文学'《诗》《书》百家语'者，蠲除去之。令到满三十日弗去，黥为城旦。所不去者，医药卜筮种树之书。若有欲学者，以吏为师。'始皇可其议，收去'《诗》《书》百家之语'以愚百姓，使天下无以古非今。明法度，定律令，皆以始皇起。同文书。治离宫别馆，周徧天下。明年，又巡狩，外攘四夷，斯皆有力焉。"

前后两段相比较，内容相同的李斯奏书，却在关键细节上有着截然不同的文字记载，说明了什么？说明某些关键细节有过改动。

经过分析对比，可以判断，前段《秦始皇本纪》的文字漏洞百出，很可能被特定人士动过手脚；也许是时人，也许是后人，身份很可能是儒家之博士。

值得庆幸的是，改动手法既不高明，又不彻底，为后人的研究留下了勘误的空间。

理由有七。

（1）称谓不合体例

臣子们与秦始皇奏对，前、后段均称始皇为"陛下"，而前段却多了一个"皇帝"的称谓，"今皇帝并有天下"，既突兀，又不合理。李斯或司马迁，都不会犯如此低级错误。秦始皇自称"朕为始皇帝"，"皇帝"之称也多在颂辞中出现。

（2）过分强调"博士"的地位

前段多次提及"博士"，"博士七十人前为寿""博士齐人淳于越""非博士所职"，其目的，就是要强调"博士"的职责及重要性。司马迁是"第三者"，并不是利益攸关方，没有必要这样行文；而李斯的意见，则与博士们的大相径庭，也没有刻意强调"博士"地位的必要。

（3）"不中用者尽去之"究竟指哪些书籍

用排除法找一找。

李斯位高权重，所学的"帝王之术"又大获成功，"帝王之术"肯定不包括在内。

秦始皇"推《终始》五德之传"，正是稷下邹衍的学说。

秦始皇第一次巡游就去了西部，修了天极之庙，还修了道路甚至甬道连通，其目的一目了然，肯定受到列子等神仙学说的影响。

秦始皇第二次巡游去了泰山，找鲁地的众儒生商议封禅之事，可见其对正宗的儒家学派的尊重。

赵高用"孔、墨之智"劝说李斯投靠胡亥。

李斯用"修申、韩之明术""修商君之法"来为秦二世的苛政开脱。

可见，以上这些"家"的著作都不在李斯所说的"去之"之列。

另外，马王堆汉墓是官墓，出土文献也可以证明，帛书甲本《老子》抄于汉高祖称帝之前的秦代，也没有被"去之"甚至"烧之"。不仅如此，同时出土的还有《周易》以及大量的医书和数术书，似乎也在说明，《老子》及"黄帝"类书不仅不在"去之"甚至"烧之"之列，而且根本就是属于"不去者"。

那么，哪些书籍需要"尽去之"？

这场大辩论，源于为秦始皇做寿。

庙堂之上，李斯反驳博士淳于越，说，你们这些利用私学乱发议论的"愚儒"，只会坏事。你们妄称"事不师古"就不能长久，根本不了解"五帝不相复，三代不相袭"的道理，各有各的治国之道，相互之间"何足法"？

你们以往热衷于私学教授，"语皆道古以害今"。现在陛下已经"并有天下"，这种不合时宜的状况，再也不能继续下去了。

我恳请陛下下令，过去那些在私学里讲授《诗》《书》的"百家之语"，一定要"去之"，不能再开这几门课程，否则，"主势降乎上，党与成乎下"，不利于"别白黑而定一尊"。

李斯信奉的是"执今之道，以御今之有"的观点，于是才有的放矢，提出"禁之便"的建议。

至此，问题已经清楚了，切不可一见"百家语"三字，便望文生义，想入非非。

"诸有文学'《诗》《书》百家语'者，蠲除去之"，"去之"的是某些"文学"，"文学"在这里是"学科"的意思，主要讲授古代文献；也就是说，要在学校、尤其是"私学"中清除掉某些学科，不许讲授。这些学科，主要指的就是《诗》《书》百家语"，"百家语"，这里指的就是某些儒家教材讲义。

"诸有文学'《诗》《书》百家语'者"，明显是专指使用"百家语"，也就是某些儒家教材讲授《诗》《书》的学科。讲授《诗》《书》，是儒家尤其是子游学派和子夏学派的专长，荀子称之为"子游氏之贱儒""子夏氏之贱儒"。

所谓"儒八墨三"（《韩非子·显学》），即使对儒家各学派，也并不是都要"去之"的。由此也可以看出，这里既有各家学派之争，更有儒家内部的学派之争。

（4）"藏"与"教"、"去"与"烧"的区别

前段说，"非博士所职，天下敢有藏'《诗》《书》百家语'者，悉诣守、尉杂烧之"，只要有敢在家收藏这些书的，就责令当地的官员找出来烧掉，而

博士手中的，则不在"烧之"之列。

先不说语言逻辑通不通、做法合理不合理，做得到吗？

后段说，"诸有文学《诗》《书》百家语'者，蠲除去之"，秦始皇本人也说，"吾前收天下书不中用者尽去之"，意思都是不许教授这些"不中用"的讲义；而且，说的都是"去之"而不是"烧之"。

至于如何免除、如何"去"，不见得一定就是"烧之"吧！

《史记》的《六国年表》中，也有类似的记述矛盾之处。

（5）惩罚所依据的罚则，说得离谱

后段提出的惩罚，不算太重，如果"令到满三十日弗去"，也只是"黥为城旦"而已。而前段提出的惩罚，却要离谱得多，"有敢偶语《诗》《书》者，弃市"，"以古非今者，族"，"吏见知不举者，与同罪"，"令下三十日不烧，黥为城旦"。

好家伙，只要几个人凑到一起谈论《诗》《书》，哪怕是只言片语，也要杀头；如果多说几句"以古非今"的话，更是要灭族；官吏知情不举，同样一起杀；最离奇的是，如果"藏而不烧"的话，却只是受到"黥为城旦"的轻罚，这是什么逻辑？这是什么罚则？两相对照，前段的前三项罚则，明显有添加之嫌。

（6）"教"与"制"的区别

前段"私学而相与非'法教'，人闻令下，则各以其学议之"。后段"而私学乃相与非'法教之制'，闻令下，即各以其私学议之"。

"法教"，强调的是私学教授的内容合不合法；"法教之制"，强调的是私学设制的学科合不合法。

博士负责教授，他的注意力多在教授的内容上，李斯负责制定国家大法，注意力就不仅仅放在私学教授的内容上，更要放在私学学科的制定上。

这就是执行者与制定者的区别。

（7）最后，还有一段语焉不详之处

前段是"若欲有学法令，以吏为师"，后段是"若有欲学者，以吏为师"。

"欲学"什么，要"以吏为师"？是《诗》《书》百家语"，是《诗》与《书》，还是"医药卜筮种树之书"？

根据逻辑推理，应该是《诗》与《书》。

因为，既然"医药卜筮种树之书"都属于"所不去者"，就必然早已有所教之师。

由此看来，《诗》与《书》至少在官家的"吏师"手里还是保存完好的，否则，他将如何去教"欲学者"？

然而，讲授《诗》与《书》，本应该是儒家博士的专职，很神圣，怎么能让"吏"来教呢？这也是让某些"愚儒"愤愤不平的原因之一，所以在前段，就又多了"法令"二字，"吏"讲授"法令"，这才顺理成章嘛。

可是偏偏有位叫徐广的，是刘宋学者，在《史记·集解》中说："一无'法令'二字。"可见，有的版本并没有"法令"二字。

《史记·集解》的作者，是刘宋的裴骃，他以徐广《史记音义》为本，兼采经、传、诸史及孔安国、郑玄、服虔、贾逵等人之说，增益而成，史料价值应该很高。

其实，与齐国稷下"坐而论道"时的虚衔不同，此时的"博士"，已经是有职有权有责的官吏，称之为"吏"，又有什么可争的？

"以吏为师"，就是指要由真正懂得"知古始"的专职官员负责讲解《诗》与《书》。至于那些靠"百家语"胡批乱讲《诗》与《书》的"愚儒""贱儒"们，则被剥夺了讲学的权力，只能靠边站。

这恰恰挑明了，李斯提出的，只是对官学与私学中某些学科的严格管制，实质上，就是一个掌控官方话语权的问题。

"焚书"的实质，就是禁用某些儒家私学的某些学科、教材。

在古代，对此有着清醒认知的，不乏其人。比如，清乾隆时期的大学者章学诚就曾说过，所谓秦人禁弃《诗》《书》，不过是后人有意无意的误解。

秦人要烧的，只是秦史以外的各诸侯国"史记"，《诗》《书》所以复见者，多藏人家，而'史记'独藏周室，以故灭"（《史记·六国年表》）。

秦人要禁的，只是禁相关"私门之著述"，也就是禁私学中的某些学科，目的是要维护"官守学业合一"的旧制，"其弃《诗》《书》，非也"（《校雠通义·原道》）。既然"学在官府"，所以同时明确提出"以吏为师"，也是要宣示这层意思。"吏"在这里，本来就是泛指专职官吏。

当然，所谓的"绝迹"，也并非大都被焚，"去之"即可，所以司马迁又说，《诗》《书》所以复见者，多藏人家"，大多是封藏起来。私下里，即使有胆大之人要学要看，也只能是偷偷摸摸的举动。

值得注意的是，为了秦政权的巩固，"臣请史官非'秦记'皆烧之"，"烧天下《诗》《书》，诸侯'史记'尤甚，为其有所刺讥也"。

由此可知，失传至今的，大多是除鲁国之外的各诸侯国的史书，以至当年魏国的史书《竹书纪年》一经出土，便被视为珍宝，其他至今仍然不见踪迹。

这些情况，在《史记》的《秦始皇本纪》《李斯列传》《儒林列传》《六国年表》中，多有详细记载。

总之，一次看似偶然的孤立事件，并非如后人所想象与宣扬的那样，令人毛骨悚然、不寒而栗。所谓的"焚书"，不过是小题大做，远抵不上西楚霸王项羽的一把火。所谓的"坑儒"，不过是处决了"犯禁者四百六十余人"，大都是一些犯了欺君之罪的类似江湖术士一样的儒士。

秦代讲"法"，比起"焚书坑儒"来，其实立"挟书之法"《汉书·楚元传》要厉害得多，影响也更大。

事要人干，靠谁？靠精英，靠众庶。

"所贵圣人之治，不贵其独治，贵其能与众共治"《尹文子·大道上》，圣人有治世之才，固然可贵，更可贵的是，他能调动大众，共同治理国家。

要想让所有的精英都能为我所用，要想让所有的众庶都能安居乐业，就要统一思想，统一于"上所建立"的"法教之制"。人才教育首先要抓德育，于是，为思想教育定规矩，成了立国之初的当务之急，是其"焚书"的主因。

至于秦始皇求仙求药，追求长生不老，也是人之常情。谁知"（博士）卢生等吾尊赐之甚厚，今乃诽谤我，以重吾'不德'也"，最终导致"坑儒"事件的发生。

客观而论，秦始皇怒其陷己于"不德"，使"大一"跛脚，直接危及"大一之道"的施行，是其"坑儒"的主因。

3. 秦始皇与《老子》

最让人好奇的是，秦始皇究竟知不知道老子与《老子》？秦始皇对老子与《老子》，究竟是什么态度？

秦始皇不会不知道老子与《老子》，虽无明证，却有佐证及迹象。

秦始皇身边的重臣吕不韦、"大一统"的主要设计者李斯，以及为得之而不惜为之一战的韩非，都是老子学说的继承者，对秦始皇不可能没有影响。

《吕氏春秋》与《韩非子》中，大量与《老子》经文有关的内容，秦始皇也不可能没有读过。

最重要的是，对秦始皇一统天下之后的三大愿望，有明文记载。

于国，要建立一个"二世三世至于万世，传之无穷"的秦帝国；于民，要建立一个"人乐同则"的太平盛世；于己，要成为长生不老的"真人"。

在他的心目中，要实现这三大愿望，应该都与老子学说有关。

既然"朕为始皇帝，后世以计数"，那么，"帝王之术"只能属于我一人，我一家，由我一人一家掌握。

做天子的，做臣子的，只有懂得什么是帝王的大忌，才是存身之道。这就是秦始皇以及荀子、李斯等人，为什么始终避而不提老子与《老子》的根本原因；虽说其时，完本《老子》已经在全国各地广泛流传。如何隐其学，如何"愚人之心"《老子·20》，始终是个难题。

"太平"一词，在《秦始皇本纪》中共出现三次，两次勒石为铭，一次出于始皇之口。

"皇帝奋威，德并诸侯，初'一'泰平"的意思，就是德、威并重，这才开始有了"大一统"的太平盛世。初：始也。

"兴太平"的意思，就是振兴太平盛世。

"黔首脩絜，人乐同则，嘉保太平"的意思，就是天下百姓，要像不同音符遵守同一条音乐法则一样，达到高尚纯洁的标准，这才是永葆太平盛世的最佳状态。

什么是"人乐同则"？这就要说说《吕氏春秋·大乐》了。

"黔首脩絜，人乐同则，嘉保太平"，正是由《大乐》的"天下太平，万民安宁，皆化其上，乐乃可成"演变而来。

"音乐之所由来者，远矣"，于是，《大乐》对音乐所遵循的原理，做了详尽解说，一言以蔽之，就是老子的"大一之道"。

《大乐》是《吕氏春秋》对"大一"之道论述得最透彻的章节之一，以音乐为例，使人们懂得，什么是"大一"之道，以及如何运用"大一"之术。

古籍中，《吕氏春秋》第一次使用了"太平"之说，很可能就是由《老子》的"执大象，天下往。往而不害，安平太"化用而来，以致后世的《老子想尔注》，将之断句为"安平大乐"。

"真人"之说，最早见于《庄子》，是对老子与关尹的评价。在《列子》中，"真人""至人"更是多次出现，并且将之上升到近乎神仙的位置。

卢生当初蛊惑秦始皇时所说的"真人"，正是借用了《庄子》《列子》之说，以致秦始皇说"吾慕'真人'，自谓'真人'，不称'朕'"，可见"真人"对秦始皇的影响之大。在他的心目中，"真人"不可能不包括老子等人。秦始皇心里想的只有一件事，就是如何长生不老、永坐江山。至于如何"长生不老"，则要靠臣下众人的帮助。

所以说，帝位只能属于始皇我一人一家，"长生不老"的梦想，可以属于大家，臣下众人都可以追求。

于是，治国、治身两大"道用"之术，最终得以确立。

后人有研究"道本"的，有研究"道用"的。有研究治国之"道用"的，有研究治身之"道用"的，至于"道用"之一的"帝王之术"，从此很少有人涉及。

4. 秦政权的兴衰所带来的启示

历史证明，旧"礼"必将为新"礼"所取代，这就是中华民族的"道纪"。而所谓"礼"，主要指的就是，不同时代所要遵从的不同秩序及典章制度。

当秦王朝已成历史，秦政权的兴衰得失所带来的经验与教训是深远的，后人刻石为铭，历朝历代座右警示，永志不忘。

以老子的"大一之道"为理论核心的"大一统"，为中华帝国几千年的传承提供了宪制基础，并以此设计、规定了政治、军事、经济、文化等各领域的各项制度。这就是短命的秦帝国为中华民族奉献的最大贡献。

秦政权的兴衰得失，成也李斯、败也李斯。

晚年的李斯，为了身家性命，放弃对"大一"之治国大法的坚持，一味迎合秦二世与赵高的私利，退回"小一"之用，是直接导致秦帝国二世而亡的主因。

这就是短命的秦帝国为中华民族提供的最大教训。

如何区分什么是"大一"之道，什么是"小一"之术？本质区别就在于所执行的是"大一"之"德"或"大一"之"法"，还是"小一"之"德"或"小一"之"法"。

"大一之道"的"大一"之术，就是同时做两件相辅相成的事，称之为"耦处理"；而"小一"之术，却只知做一件事，唱独角戏。

所以说，"大一"强调"相对"，强调"容"；"小一"强调"绝对"，强调"独"。

得"大一"之道，以"大一"之"用"治国治民，或"友之"，或"亲之"，或"誉之"（《老子·17》），就会产生向心力，就会众星捧月、众志成城、众人拾柴火焰高，国泰民安，民富国强。

失"大一"之道，以"小一"之"用"治理国家，或"威之"，或"侮之"（《老子·17》），就会产生离心力，就会离心离德。敬而远之者有之、侧目而视者有之、袖手旁观者有之、落井下石者有之，即使政权一时不会垮台，却整天防不胜防，身心俱疲，累也累垮了，何苦来哉！

"李斯"们为秦始皇设计、完成的治国之道，当时并没有详细的文字记载，直到百年后同一场景的出现，才被一位地位相当的人明说出来，他就是汉宣帝刘询（公元前91年—前49年）。

刘询是中国历史上有名的贤君，在其治下，西汉国力最为强盛，史称"孝宣之治"，又称"孝宣中兴"。

汉宣帝是第一位直接将"王霸杂用"思想明说的皇帝。

汉元帝刘奭（公元前74年—前33年）还是太子的时候，"柔仁好儒"，见父皇宣帝重用"文法吏"，以"法治"为主，很不以为然。

大臣杨恽因为公开拿皇帝开玩笑，被贬为庶人。不久，杨恽又写了一封信，叫《报孙会宗书》，直言讽刺宣帝，最终以大逆不道之罪腰斩于市。

杨恽是司马迁的外孙，正是他向宣帝进献《史记》，《史记》才得以流传。

杨恽死后，太子刘奭陪宣帝用餐，委婉劝说道："您那班手下用的刑罚是不是太过分了？还是应该重用儒臣为好。"

汉宣帝一听，顿时变了脸色，厉声说："治理国家，先帝们早就立下制度，就是'霸、王道杂之'的'大一'之道，法与德'二而一'，以法为主、以德为辅，怎能像周代那样，只靠'德教'来治理一切！

"更何况，你所喜欢的那帮俗儒，不但不懂得变化之道，还总喜欢'是古非今'，只会站在自身'小一'的角度，把一些名不副实的空洞教条说得天花乱坠，让人摸不清他们到底要干什么，这些人根本就没有治理国家的能力，又怎么能交给他们重任！"

最后，汉宣帝长叹一声，说："乱我家者，太子也！"

看在太子已故母亲许皇后的面子上，宣帝没有更换太子刘奭。

虽说刘奭没有像当年的扶苏一样受罚，逃过一劫，但也正是从他即位开始，汉家政权一步一步走向衰落。

"汉家自有制度，本以霸、王道杂之"（《汉书·元帝纪》），一个"杂"字，说得尤为贴切、到位。

"霸、王道"如何"杂之"？圣人如何执"大一"？

唐人赵蕤在他的《长短经》里，理解得通通透透，表述得明明白白："故曰理国之本，刑与德也。二者相须而行，相待而成也。天以阴阳成岁，人以刑德成治。故虽圣人为政，不能偏用也。故任德多、用刑少者，五帝也；刑德相半者，三王也；杖刑多、任德少者，五霸也；纯用刑强而亡者，秦也。"其中对秦的评价，似可商榷。

崇尚军功，法律严明，是秦国的传统。秦始皇发扬了秦法，又起用儒家，"霸、王道"杂用，可见他对"大一之道"，也有清醒的认识。

在接班人的问题上，秦始皇错就错在没有完全遵守老子所说的"圣人之道"，"奈何万乘之王，而以身轻于天下？轻则失本，躁则失君"，以致客死他乡，被人做了手脚。

至于汉宣帝，则是自己没有处理好，他没有让儿子明白"大一"之道与"小一"之术的区别究竟在哪里，就让儿子糊里糊涂接了班。

秦始皇一统天下，是老子学说之"道本"核心的成功实践。

历史上，无论哪一次变法，都是政治改革的产物，它带来的首先就是文化上的革命；时至今天，还是中国历史的铁律。

幸运的是，在此之前的春秋时期，老聃已经为中华民族的最高价值"道"与"德"做出哲学理论上的升华，打下坚实的基础。已经落实到文字上的老子学说，又恰逢其时，纷纷为春秋战国之交的各诸侯国所接受。

秦王朝确立了以老子的"大一之道"作为治国之道，以德与法"二而一"作为治国"兼用"的手段，建立起"大一统"的国家体制与官僚体制，"明法度，定律令，皆以始皇起"（《史记·李斯列传》）。从此以后的几千年，中华民族起起落落、兴衰存废，再也没有脱离过老子学说"大一之道"的轨道。

一旦老子学说形成理论，融于国家政治实体，历史的轮回与轨迹总是会沿着"大一之道"下的"大一"之术或"小一"之术交替前行。

既然"大一之道"的原理是"二而一"，那么，"大一"中的诸多"小一"之间，必然要有平衡与否的问题，有主次、显隐、多少等协调、互换的问题。

中国的变法与革新，实质上就是诸多"小一"之间孰为主、孰为从的转换。

诸多"小一"之间，一损俱损、一荣俱荣，谁也消灭不了谁，谁也取代不了谁，所以才能长久地维持"大一之道"的"共同体"的常态。

历朝历代的某家政权，总是逃不脱从"大一"之道退化为"小一"之术的历史怪圈。或始于"大一"之"德"，或始于"大一"之"法"；或终于"小一"之"德"，或终于"小一"之"法"。就像《列子·说符》中那位"不见人，徒见金"的睁眼瞎贼一样，从"你""我"和谐相处，变成只知有"己"，不知有"人"，不知足，不知止，越来越"过"，最终导致二者之间严重失衡，"易穷则变"（《系辞》），其结局，可想而知。

第五章　西汉以渐，传承千年的《老子》经学时代

一、汉家皇室崇"老"之风的兴起

秦、汉政权交替，历史的车轮暂短颠簸之后，重新行稳"大一"之道。当昨日成为历史，再认识汉家百年来文化传承所发生的一切，脉络更清晰、思路更准确。

汉王朝的建立，应该看作是老子学说的第二次成功实践，延续至今。

汉初的几位帝王，看懂了秦王朝的兴衰成败，决心"汉承秦制"，明智地恢复了早期秦始皇的作为，带头读《老子》，"尊其术"，以老子的"大一之道"为理论核心，"无为而无不为"（《老子·48》）。

在文化教育上，重视知识分子的作用，允许开办私学，废除"挟书律"，鼓励社会献书，任命诸学博士，使先秦诸子百家之学在宽松的大环境中得到复苏，教学传授也不再限制一家一派，使各家学派都有了一试身手的机会。（《汉书·景十三王传·艺文志》）

1."汉承秦制"的汉高帝刘邦（《史记·高祖本纪》《汉书·高帝纪》）

汉高帝（高祖）刘邦的容人之量、用人之术、从善如流的人格品质，是出了名的。

汉王朝建立之初，刘邦命令，"萧何次律令，韩信申军法，张苍定章程，叔孙通制礼仪，陆贾造《新语》"。

萧何参照秦朝的法律制度，"取其宜于时者，作律九章"，一般所说的"汉律"，就是指《九章律》。《九章律》为"霸、王道"中的"霸道"提供了坚实的实施重器。

叔孙通参照秦朝的仪礼制度，"少所变改"，根据"尊君、抑臣"的原则，"有所增损"，制定了一套适合当时形势需要的政治礼仪制度，撰写了《汉仪十二篇》等专著，为"霸、王道"中的"王道"提供了坚实的实施重器。

至此，"汉承秦制""德主刑辅"的"大一统"国策基本成形，这也就是后来汉宣帝所说的"霸、王道杂用"的汉家制度。

所谓"霸、王道杂用"，就是霸道与王道二而"一"，或以霸道为主，或以王道为主。

叔孙通是鲁地薛人，本来是秦王朝的文学博士，后来投降汉王刘邦，帮助刘邦打天下，当刘邦的博士。

当时，叔孙通有100多位儒生弟子，却一个也没有得到老师的提携。叔孙通反而推荐了不少习武的壮士甚至强盗。

弟子们不服气，背后乱骂。

叔孙通听说后，把大家召集到一起，劝说道："现在正是汉王争夺天下的时候，要冲锋陷阵，流血玩命，这是你们所长吗？你们个个手无缚鸡之力，能做到吗？现在需要的是勇士。你们耐心等待，老师我不会忘记你们的。"

后来，刘邦一统天下，群臣饮酒争功，闹得内外一团糟，刘邦很是头疼。

叔孙通一看，机会来了，便对刘邦建议，说："'儒者难与进取，可与守成'（《史记·刘敬叔孙通列传》），我愿意从鲁地召来儒家学者，和我的弟子们一起为您制定礼仪，在这方面做点儿事。"

刘邦问道："做这种事，有困难吗？"

叔孙通说："'五帝异乐，三王不同礼'，不同的'礼'，是为不同时代的人制定的。我打算博采古礼以及秦王朝的仪礼，选取适合我们本朝的，'杂就之'，就可以了。"瞧，又是一个"杂"字。

刘邦欣然同意，并且嘱咐说："你可别整得太复杂了，要易知能行才好。"

有趣的是，刘邦按照叔孙通新制定的礼仪，得意洋洋坐上皇帝宝座，南面俯视，见群臣穿着不同等级的服饰，按部就班，黑压压跪倒一片，不由得思绪万千，感叹说："吾乃今日知为皇帝之贵也！"（我今天才知道当皇帝有多么尊贵！）从此，刘邦对儒家的"文学"之用，有了新的认知。

司马迁引用《老子·45》的经文"大直若诎"以及"道固委蛇"（《史记·刘敬叔孙通列传》）的内涵，对叔孙通做出很高的评价，称他是"汉家儒宗"，是汉代儒家第一人。

"儒者难与进取，可与守成"，汉家儒宗叔孙通的这句名言，是对历代儒家的本质做出的最准确定位。

刘邦原来可不是这样的。

汉高祖刘邦鄙视儒家学者，也是出了名的。

刘邦常常骂儒者是"竖儒"，甚至抢过他们的帽子，往里面撒尿。

当初，叔孙通与刘邦刚见面，穿的是宽大的儒服，也曾挨过刘邦骂，于是赶紧换成了楚人常穿的短衣。

后来，天下即定，如何守天下？谋士陆贾的一句话点醒了他，"居马上得之，宁可以马上治之乎"《史记·郦生陆贾列传》？若要"治之"，儒家讲授的《诗》《书》等旧经典，还是有用的。

陆贾是楚人，出于荀子门下。

陆贾曾明确提出，"书不必起仲尼之门"《新语·术事》，"校修《五经》之本末、《道德》之真伪"，公开确认中华民族已经有了《五经》与《道德》两套门类不同的国家经典。

顺便说一句，所谓"校修""本末""真伪"，从另一方面证明，当时的《五经》与《道德（老子）》，已经与当初的原版多少有了出入，对部分内容已存疑惑。

后人作注，言此处之"道德"，"非是老子之《道德》也"，"此儒家之'道德'说也，与老氏之言，区以别矣"，实为此地无银三百两。欲盖弥彰，画蛇添足，反而露出马脚。

陆贾《术事》中的这段论述，多处化用老子经文，而言与老氏无关，谁信？此其一。

其二，从语言逻辑分析，所校修者，自然是文书典籍，"《五经》之本末、《道德》之真伪"为排比句式，《道德》正与《五经》相对，均是书名。

陆贾运用老子"大一之道"的基本原理，综合各家各派的观点，对历史上主要的经验教训一一作了总结。每写完一篇，陆贾就为高祖朗读解说，高祖听了，连连称善。这些篇章汇总成集，名之为《新语》。

《新语》中，老子、孔子的引言、借言随处可见，可以看作是陆贾学习"老""孔"的读书心得，也是专为高祖写的教学讲义。

其中，陆贾对"无为"这一当务之急最需要的"道用"之术，做了详尽论述。

陆贾明确指出，"无为者，乃有为也"《无为》。

对老子"无为而治"的理解，这一论点丰富了新的认知。无为绝不是一无所为，无所事事，而是上上下下，各行其事，各有所为。

有关老子的人与事，陆贾用《老子》的经文作为理论依据，称颂避世高人接舆与老莱子的行为操守，间接证明，老子与老莱子不是同一个人。《思务》

有的学者认为："今从《新语》一书去考察，陆贾者，盖兼儒、道二家，而为汉代学术思想导乎先路者也"，"盖内圣外王之道，亦儒亦道之教，这是中国两千年来封建统治阶级治国平天下之所倚为左右手者也"《新语校注·前言》，应该是中肯之论。

刘邦学没学过《老子》，史书没有记载，"刘项原来不读书"《焚书坑》嘛。但是，"每奏一篇，帝未尝不称善"，全盘接受陆贾的观点，却是事实；而且，从刘邦起，祭祀黄帝成为汉家的传统，这也许正是刘邦心目中的"黄老"之"黄"吧。

2."萧规曹随"的汉惠帝刘盈与"政不出房户"的吕太后（《史记·吕太后本纪》《汉书·惠帝纪·高后纪》）

汉惠帝刘盈，16岁便继承帝位，在母亲吕后的淫威与掌控下，只干了7年，便抑郁而终。刘盈去世后，吕后又亲政8年，这前后15年，姑且称之为"惠、吕时期"。

"惠、吕时期"的治国特点，就是"君臣俱欲休息乎无为"，其理论依据，就是"是以圣人之言曰：我无为而民自化，我好静而民自正，我无事而民自富，我欲不欲而民自朴"（《老子·57》）。

《老子》经文中的"圣人"指谁？既然自汉高祖始祭黄帝，自然应该与当年的田齐君主一样，指的也是黄帝。

《老子》的文风体例，"问答体"占了很大比重。

与《黄帝内经》作类比，《老子》的形式、内容与《黄帝内经》（黄帝问，天师答）等经典相当，本质上是老子学说，却让至尊的黄帝坐在老子的对面，当做招牌与包装，借以抬高老子的身份地位。

老子虽非生于黄帝之时，后代的有心之人却可以将老子升格为黄帝的"帝师"，与黄帝"君臣"相称，从而使"黄老"并称，就像与"黄岐"并称一样，合情合理。

黄帝与老子，一问一答、互问互答，与《黄帝内经》又称为"黄岐之学""岐黄之术"一样，很大可能，汉初常说的"黄老"，多数场合就是对《老子》的别称。"黄"为虚指，即《老子》中的"圣人"；"老"则为实指，即《老子》。《老子》的经典内容，由黄老二人共同承担。

这种问答体的典籍，先秦古书中多见，盛行一时，《论语》（弟子问，孔子答）如是，《文子》（文子问，老子答）亦如是，《尚书》中则更多，《庄子》称之为"寓言"。

《汉志》有一处也可以佐证，明言"与《老子》相似"的《黄帝君臣》一书，"君臣"二字就已经明示出，《老子》的形式与议论的内容必定与《黄帝君臣》相似，也是君臣问答，君问臣答。君是"黄"，臣是"老"。

先秦文献中，多引用《老子》经文，却少见"黄帝"类书，而这一时期的诸多文章中，也同样如此，更佐证了这种判断的可能性。

从某种意义上讲，《道·德（老子）》及源于依托的"黄帝"类书，都可以看作是"帝与师"之书，君臣论"道"谈"德"之书。

惠帝值得称道的，有这么几件事（《史记·曹相国世家》《汉书·萧何曹参传》）。

惠帝二年，萧何去世，曹参继任相国。曹参按照自己的标准，选配了各级属下之后，自己则"不治事"，日夜饮酒作乐，习以为常。

惠帝刘盈很奇怪，心想："是不是我还有什么让他不满足的地方？"

于是，惠帝叫来曹参的儿子曹窋，吩咐说："你回家去，私下里探问一下你的父亲，就问：相国'何以忧天下'？是不是还有什么忧求之处？不过，你要问得委婉一些，也千万别说是我让你问的。"

结果，曹参不但打了儿子二百鞭子，还斥责说："你好好侍候皇帝就得了，天下事，是你该问的吗！"

后来，曹参上朝时，惠帝责备曹参说："你为什么打曹窋，是我让他问你的！"

曹参一听，忙摘下帽子谢罪，然后，从容问道："陛下跟高帝相比较，您自认为，谁更圣明？"

刘盈忙说："我怎么敢跟先帝比！"

曹参又问："那么，我与萧何相比较，您看，谁更贤能？"

刘盈有点儿犹豫，说："您好像有点儿比不上萧相国。"

曹参说："您这就说对了。高帝与萧何，制定治理天下的制度法令，面面俱到，一清二楚，陛下只须拱手无为，臣下只需各守其职，大家共同遵纪守法，只要执行时没有什么大的过失，不就可以了吗？"

刘盈一听，恍然大悟，说："说得好！以后就照您说的办吧。"

曹参用自己的实际行动告诉惠帝，什么是政治上的"无为而治"，应该如何运用"无为"之术。

"无为者，乃有为也。"

"治大国若烹小鲜"（《老子·60》），治国大纲一旦确立，就不能朝令夕改，这就是制定政策层面上的"无为"；治国大纲一旦确立，上下都要坚决执行，这就是执行政策层面上的"有为"。

这就是著名的"萧规曹随"。曹参学的是"黄老之书"（《史记·乐毅列传第二十》），强调要与民休息，清静无为，所以他才能让"天下俱称其美"（《史记·曹相国世家》），为世人所称道。

还有一件事，值得一提。（《汉书·惠帝纪》）

前秦的"挟书律"规定，除了官府有关部门可以藏书外，民间一律禁止私自藏书。

西汉王朝初期，制度基本上是继承秦朝，"挟书律"也不例外。

惠帝四年，刘盈很有魄力，废除了"挟书律"，使得长期受到压抑的儒家思想与其他学术思想，重新开始活跃起来。

3.“以德化民”的汉文帝刘恒与“清静无为”的窦皇后（《史记·孝文本纪》《汉书·文帝纪》）

汉文帝刘恒是惠帝的弟弟，不仅“与民休息”“无为而治”的治国手段与惠帝一脉相承，而且，他更重视修德、重德。

汉文帝的皇后，原来是吕太后的侍女。汉惠帝时，她以“家人子”的身份，入宫伺候吕太后，后被赐予代王刘恒，也就是后来的汉文帝。

汉文帝与窦皇后夫妇二人，一生酷爱《老子》（《史记·封禅书·外戚世家》），他们学习采用的，主要是河上公的《老子》注本（《隋书·经籍志》）。

河上注本的特点之一，就是将治国与治身分开来说。（详述见后）

由于境遇、身份、位置不同，汉文帝夫妇学《老子》各有侧重。汉文帝主外，侧重“治国”的“修之天下，其德乃博”；窦皇后主内，侧重“治身”的“修之身，其德乃贞”（《老子·54》）。

先说说汉文帝的“治国”。

“孝文好道家之学”（《史记·礼书》），“本好刑名之言”（《史记·儒林列传》）。

与“子承父业”的传统不同，汉文帝是“兄终弟及”当上皇帝的，所以，从他接受诸臣劝进时起，他的行为处事就更加谦让谨慎，“以百姓之心为心”，“不为百姓，朕甚愧之”，生怕“重吾不德”。

汉文帝执政20余年，“布德偃兵”，废苛刑，开言路，除租税，强调“农，天下之本”，对“不善者”多“以德报之”，“专务以德化民，是以海内殷富，兴于礼义”。

汉文帝的这些治国手段及其指导思想，都能找到老子学说的痕迹。

汉文帝手下有位臣子，叫贾谊，洛阳人。贾谊师从荀子的弟子张苍。贾谊与师爷爷荀子的“德法”之学，亦步亦趋，对老子、庄子、列子以及儒家学说多有研究，深知各家的长处与短处，著作“《贾谊》五十八篇”（《汉志》），代表作有《治安策》《过秦论》，以及为后人称道的文赋多篇。

贾谊少年得志，深得汉文帝的器重，20多岁便当上博士，一年之内，又越级升迁，遭众人所忌，后来远离京城，成为长沙梁怀王的太傅。梁怀王不慎，坠马而死，贾谊认为是自己失职，自伤而死，时年33岁。

“孝文帝初即位，谦让未遑也。诸律令所更定，及列侯悉就国，其说皆自贾生发之。”（《史记·屈原贾生列传》）

汉文帝曾经说过，我许久没见贾生了，以为经过这些年的努力学习，已经超过他了；今天一聊才知道，与他相比，我还是差得远呢。可见汉文帝与贾谊的关系，非同一般。

贾谊认为，“近古而无王者久矣”（《过秦论》），盼宇内一统，是天下大势、众望所归。

当初，秦王成功的关键，是行"素王之行"，"素王"主要指的就是老子。秦王人品虽差，好自以为是，独断专行，但是，与其他诸侯不同，秦王懂得"取与、攻守不同术"，"其道不易，其政不改"，终于"南面而王天下"。

秦始皇成功之后，应该及时由"道法"之"霸、王道"，转为"德法"之"王、霸道"。你方唱罢我登场，"德法"之"王、霸道"，同样是"素王之行"。"道法"强调天理，"德法"强调人情。

但是，秦王不懂得"通其变，使民不倦"（《系辞》）的道理，不懂得要"安危之统"、攻守异势的道理，甚至"孤独而有之"，由"大一"之道，退化为"小一"之偏，失去精英阶层的支持，"忠臣不谏，智士不谋"，结果秦帝国"本末并失，故不能长"，让后人讥为"剧秦"。

"前事之不忘，后之师也"，实际上，贾谊是在用老子学说，分析总结秦王的这些成功经验与失败教训，供汉文帝治国参考，靠"霸、王道"进取，靠"王、霸道"守成，对西汉王朝之后的长治久安起到至关重要的作用。

正是在汉文帝时，"大一"国策的调整时机逐渐成熟，"汉兴，至孝文四十有余载，德至盛也"。

汉文帝不动声色，循序渐进，由"霸、王道"转为"王、霸道"，使"霸"与"王"二者的主次关系，实现平稳过渡，所以，汉王朝给文帝以极高的评价，"世功莫大于高皇帝，德莫盛于孝文皇帝；高皇庙宜为帝者太祖之庙，孝文皇帝庙宜为帝者太宗之庙"（《史记·孝文本纪》），建立了天下祭祀祖宗的制度。

"善建者不拔，善保者不脱；子孙以其祭祀不绝"，汉文帝不愧是"善保者"。

贾谊在他的著作《新书·道德说》中，尝试将老子的"大一之道"等哲学理论为儒家所借用、吸收，充实儒家思想体系。所谓"德之有也，以道为本"，代表了西汉初期，儒家学派急欲改头换面的新动向。

再说说窦太后的"治身"。

据《道藏》记载，尊《老子》为"经"，是从汉景帝时期开始的。

"吴阚泽对大帝曰：'至汉景帝，以《黄子》《老子》义体尤深，改子为经，始立道学，敕令朝野悉讽诵焉。'"（《三国志·吴书·张严程阚薛传》）

阚泽是三国时期吴国的大儒，言必有本，而且，《汉志》记录的几部"老子经传""老子经说"，以及出土的帛书《老子》乙本，也都佐证了他的言论。

改"子"为"经"，多少与窦太后有关。

汉景帝刘启即位，贵为太后的窦老太太更加强势，她让景帝刘启、太子刘彻，以及窦家的子孙们，都要好好学习《老子》，尊崇老子的学说，对儒家的学术却不感兴趣。

有一天，窦太后召见一位叫辕固的老先生，与他讲讲学习《老子》的心得。辕固是当时的大儒、汉景帝时的《诗经》博士，也就是教授《诗经》的官员。

辕固一向为人高调，好强词夺理，又喜欢倚老卖老，便口无遮拦地说："《老子》说的嘛，只不过是教教像您这样的老人家应该怎么去修身养性的'家人言'罢了。"

窦太后一听，勃然大怒，说："真不知怎么惩罚你才好！"于是命令辕固进到猪圈里，让他杀猪。

这则故事，在《汉书·儒林外传》里记得更详细，后来，全靠汉景帝暗中给了辕固一把利刃，他才算把猪杀死。

窦太后生气时说的原话是："安得司空城旦书乎！"（《史记·儒林列传》）要是过去的刑书还有效就好了！

什么意思？

"司空"，是古代的官名，主管水利与营建事务，也称作"司工"。孔子就曾经担任过鲁国的司空，所以有人就穿凿附会，认为"司空城旦书"喻指儒家经典。不敢苟同。

"城旦"，是秦汉时期的一种刑罚名称，劳役体罚之外，还要受到断肢、黥面等肉刑。

后来，"缇萦救父"，愿代父受刑，汉文帝很感动，"其除肉刑"（《史记·孝文本纪》），废除肉刑，"城旦"便成了较轻的刑罚。

到了汉惠帝，又更进一步，从以肉刑为主改为以徒刑为主。而且，据《汉书·惠帝纪》记载："民年七十以上，若不满十岁，有罪当刑者，皆'完'之"，"完"的意思，就是保全受刑者的身体，不受任何肉刑的残害，甚至免于刑责，相当于现在的缓刑。

当时，辕固老先生已经七八十岁了，体弱气衰，依律，当免于各种刑罚。

可是，"家人言"三字，已经深深刺痛出身"家人子"的窦太后。

窦太后心想："好呀，你这可恶的家伙，竟敢瞧不起老子的学问，更瞧不起我这老婆子的出身。你不是不屑修身养性、强身健体吗？你不是自恃可以免于刑责吗？好罢，那就让猪给你一个教训。"

于是，想借杀猪之"家人事"，刁难甚至伤害辕固，结果，让她的儿子景帝给解了围，不了了之。

窦太后对"清静无为而治身"的过分强调，以及对《老子》的极力推崇与学习推广，对后世的皇家乃至民间，影响至深。

一时，"清静无为而治身"几乎成了老子学说的全部，《老子》俨然成了一部修身养性的卫生专著，而"大一之道"等诸多哲学精髓却常常被隐藏其后，甚至被人们有意无意地忽略或误导。

比如，东汉的开国皇帝刘秀，效法汉文帝的制度，更主张以柔道治理天下，勤劳不息。太子劝他注意保养身体，颐爱精神，优游自宁，享受"'黄老'养性之福"。刘秀却说，"我自乐此，不为疲也"（《后汉书·光武帝纪》）。这就是成语"乐此不疲"的来历。

这段历史的记载，忽略了"治国"与老子学说的关系，单单强调《老子》的"治身"之术，也许，这正是历代统治者的有意为之吧！

真想见识一下当年窦老太后所读的"黄帝"之书，究竟是副什么模样，也许就是《黄帝内经》吧！也许正是从她的时代起，民众对"黄老"经典的研习开始与政治分道扬镳，继而转向养生之路吧！

4."得如黄帝"的汉武帝刘彻（《史记·孝武本纪》《汉书·武帝纪》）

到了汉武帝时代，"大一"国策更加健全。

《老子》已成国家经典，汉武帝在继承前人成果的基础上，主要做了很多拾遗补缺的工作，"表章《六经》"就是重中之重。

汉武帝刘彻从小就听老祖母的话，学习《老子》，走的是秦始皇的老路子。不过，帝王的"无为而治"，汉武帝做到了极致，对修身养性、追求健康长寿等"有为"之事，刘彻的一生追求也比他的祖母要过分得多了。

刘彻要学秦始皇，崇拜的是神仙，追求的是长生不老，所以，即位后的小皇帝特别敬重"鬼神之祀"，尤其是对黄帝的祭祀。发展到最后，连司马迁都感慨说，我跟咱们这位皇帝走遍天下，"巡祭天地诸神名山川而封禅"，"后有君子，得以览焉"，是非功过，还是留给后人评说罢。

与秦始皇信任燕人卢生一样，汉武帝对那些大吹特吹神仙故事的人，也很感兴趣，像李少君、少翁、栾大等人，无不得到重用。尤其在他听齐人公孙卿讲了黄帝"且战且学仙"，最终成仙的故事以后，甚至憧憬说，我要是能够成为黄帝一样的神仙就好了，什么妻子儿女，我都可以抛弃。这与那位想当"真人"的秦始皇，何其相似乃尔。

前面说过，窦老太后对《老子》的推崇近乎狂热，甚至偏执，而对儒术、儒者又不喜欢，所以被征召的大多儒者，虽然入朝为官，却"具官待问，未有进者"，得不到重用。

窦老太后去世以后，汉武帝再次征召"贤良文学之士"上百名，"受策察问，咸以书对"，让他们写出自己的论文，供皇帝选拔。

征召之士多为"文学儒者"，至于鼓吹"申商韩苏张"这些先秦改革家理论的人，则认为他们的学说与当今时代已经不合，只能"乱国政"，所以一概不予征召。

被征召的儒者中，有董仲舒，有公孙弘，甚至前面说过的辕固，已经90多岁了，也来应征（《资治通鉴·汉纪》）。

董仲舒受命所写的"对策"，又称"天人三策"，核心之一就是办教育（《汉书·董仲舒传》）。

董仲舒认为，"大一统"的国策已经确立，当前，国家最需要的人才，应该是忠实的执行者，是尽职的公务员，而不再是变革者。所以，国家急需"兴太学、置明师，以养天下之士"，培养人才，"量材而授官，录德而定位"，为国家服务。

因为，"大一统"的国策，需要"大一统"的思想，而战国诸子百家已经完成历史使命，不再是今天的学习重点，否则，"法制数变，下不知所守"。

董仲舒提议，学校教育除基本知识技能外，要以德育为主；兴办的学校应该以"孔子之术"为教学方式，以"六艺之科"为基本教材，其他的一概不用。至于其他专业，另有传承，不归太学教育负责。

汉武帝采纳了董仲舒的建议，这就为儒家学者出人头地、儒家学派的复兴，提供了最佳契机。所以《汉书》总结说，"孝武初立，卓然罢黜百家，表章《六经》"《武帝纪》，"推明孔氏，抑黜百家，立学校之官，州郡举茂材孝廉，皆自仲舒发之"（《董仲舒传》），认为董仲舒功不可没。

提起汉武帝与董仲舒，就不能不再讲一讲今天某些人言之凿凿的"罢黜百家，独尊儒术"之说。

几千年来，"独尊儒术"一直就是儒家的梦想。

然而很可惜，"独尊儒术"的梦想，从来就没有实现过，即使在汉武帝时期，"独尊儒术"的情况也根本就没有发生过，甚至根本就没有"独尊儒术"之说，有的只是"罢黜百家，表章《六经》"与"推明孔氏，抑黜百家"，而且，还都是有前提条件的。前提就是"兴太学、置明师"。

"兴太学"，"兴"的是以《诗》《书》为代表的《六经》、"礼""乐"为代表的"六艺"。《六经》是儒者负责讲授的"皇家经典""国家经典"。"皇家经典""国家经典"不是"儒家经典"，也不能等同于"儒家经典"。"六艺"是皇家规定的必学"术艺"。

"置明师"，"置"的是以孔氏为代表的"明师"，以孔子为榜样、为宗师，效法孔子的教学方法、教学态度、教学精神，这就是讲授"六艺之科"的"孔子之术"，或称之为"儒者之学"。"孔子之术""儒者之学"是教学之"术"、教学之"学"。

此"术"非彼"术"，此"学"非彼"学"。"推明孔氏""表章《六经》"，不等于"独尊儒术"，不能偷换概念。而所谓的"罢黜"或"抑黜"，也绝非禁其学，只不过是不将这些"百家"之学纳入官学教材而已，与既定的国策无关，没有必要对"罢黜"或"抑黜"二字小题大做。

几千年来，在"大一统"的"道本"国策下，有进取之学、有守成之学，"道固委蛇"，从来没有哪家"道用"学派可以"独尊"，包括老子的"道用之术"；否则，政权就不会有更替，历史也不会前行。

"独尊儒术"之说，出现于近代。

"五四"学者易白沙曾在《孔子平议》中指出："汉武当国，扩充高祖之用心，改良始皇之法术，欲蔽塞天下之聪明才志，不如专崇一说，以灭他说，于是罢黜百家，独尊儒术，利用孔子为傀儡，垄断天下之思想，使失其自由。"

本来，易白沙首创"独尊儒术"之说的本意，是对"独尊儒术"的批判，谁知，却为他人做了嫁衣。

多年以来，"罢黜百家，独尊儒术"八个字，以假乱真，弄假成真，将儒家"独尊"之梦幻化为"独尊"之实，一直为近现代众多儒家学者津津乐道，成了自我陶醉的精神鸦片。

那些津津乐道"独尊儒术"的学者，大都回避了《汉书》明确的文字记载，也回避了一个关键，就是董仲舒心目中的儒术，是强调"天人感应"的"谶纬之学"，是儒家神学，是将传统的儒家经学神学化的新儒家学说。"谶"是一种隐语，"纬"是相对"经"而言。

"仲舒治国，以《春秋》灾异之变，推阴阳所以错行"，搞得一塌糊涂，最后险些惹下杀身之祸。从此，"仲舒遂不敢复言灾异"（《董仲舒传》）。

董仲舒是今文经学的代表人物之一、《春秋》博士，自然精通《春秋》，他所创建的思想体系，明确提出"屈民而伸君，屈君而伸天，《春秋》之大义也"（《春秋繁露·玉杯》），认为"天人之征，古今之道也"（《董仲舒传》）。董仲舒详细解答了汉武帝有关"天人之应"的疑问，并且用预言的方式，强化刘氏皇权的正统性，甚至神化刘氏帝王，这恰恰才是汉武帝最感兴趣也最看重的。

董仲舒又认为，天道与人事的关系，是"道之大原出于天，天不变道亦不变"（《董仲舒传》）；又说，"天地之常，一阴一阳"（《阴阳义》），"天之常道，相反之物也，不得两起，故谓之'一'"（《天道无二》），"凡物必有合。合必有上、必有下，必有左、必有右，必有前、必有后，必有表、必有里。有美必有恶，有顺必有逆，有喜必有怒，有寒必有暑，有昼必有夜，此皆其合也"（《基义》）。这些议论，听起来是不是很耳熟？源自《春秋》，源自《论语》，还是源自老子学说？今文经学大家董仲舒没有说，也不会说，相信古今学界自有判断与公论。

"谶纬"之风起于先秦，最著名的谶语，就是燕人卢生对秦始皇说的那句"亡秦者胡"（《史记·秦始皇本纪》）。

到了董仲舒一代，"谶纬"之风越刮越盛，儒家经学神学化，成为当时的重要思潮。从西汉哀帝、平帝到东汉，在帝王们的提倡与支持下，"谶纬之学"盛行于时，成为官方的统治思想。

东汉开国皇帝光武帝刘秀，更是称"谶纬之学"为"内学"，将其尊为"秘经"，定为"功令"的必读书，规定"言五经者，皆凭谶纬说"，使逐渐"儒教"化的儒学进一步"国教"化，成为东汉官方意识形态。(《后汉书·光武帝纪》)

"飘风不终朝，骤雨不终日"(《老子·23》)，"谶纬之学"毕竟充斥着浓重的迷信色彩，注定不能与正统经典长期抗衡，所以到了东汉末年，渐渐败退，最终分道扬镳。而神学化的结果，却为宗教的产生提供了土壤，被具有中国特色的本土宗教所取代。

汉武帝的一生，时刻不忘对神仙之术的追求。

正是以此为中心，汉武帝才对各家学派出身的人，包括儒家学者，都能一视同仁，量材征用。对儒者，征召重用"守成"之士，"稽古礼文"，多有建树；对《淮南子》等著作，广泛收集，"上爱秘之"，更是偏爱有加。

从秦始皇开始，历代君王就十分了解，儒家的特长就是"教育"与"文学"，所以又称儒者为"文学之士"，授的官职称为"博士"。到后来，"以'文学'为公卿"的儒者，才渐渐多了起来，官越做越大、越做越广。

所谓"文学"，与现在的含义不同，指的是"文饰之学"，反倒与"文科"培养"笔杆子"相似。

办教育，要有文献典籍作为基本教材，教材要有教师来讲授，讲课用的讲义，古人归之于"文饰"之类。

古人的各种文书，甚至皇帝们的诏书、制令，最喜欢引经据典，引用最多的，就是《诗》《书》中的语句，这些写作手法，古人也归之于"文饰"之类。

"神仙之学""谶纬之学"盛行，祭祀活动多了，更需要有人引经据典，妙笔生花，写出各种祭祀以及称颂文章，这些工作，也多半由儒者担任。秦始皇如此，汉武帝同样如此。

"颇采儒术以'文'之"(《史记·孝武本纪》)，这才是"儒术"之用的本义。

汉武帝"置《五经》博士"，"为博士置弟子员，学者益广"，"以'文学'为公卿"，"令诸儒习射牛，草封禅仪"，封禅黄帝，"颇采儒术以'文'之"。结果呢，群儒不能胜任，于是又"尽罢诸儒弗用"，看来，武帝对儒者、儒术，并非满意到"独尊"的地步。

总之，一家学说、一种理论，在官方与民间地位的认同、地位的高下及传播如何，最高统治者的态度至关重要。

汉王朝与秦王朝不同的地方，主要有两点：

其一，汉王朝明言学习《老子》，从而确立了《老子》的经典地位，超然于诸家学派之上，汉竹本《老子》称其为"经"就是确证；而秦王朝对《老子》的尊称，目前的文献并无明确记载。

其二，秦始皇禁"《诗》《书》'百家语'"的"百家"，与汉武帝"罢黜百家"的"百家"，内涵有所不同。前者主要针对某些儒家学派，禁的主要是有关《诗》《书》之类的旧教材；后者则不包括儒家，而且还恢复了《诗》《书》之类旧教材的合法地位。

汉代刘姓王朝初建伊始，在文化建设上，继承并发扬了前朝的既定国策，几位帝王、太后更是极力推崇、积极提倡学习《老子》，尊《老子》为"经"，使《老子》成为当时的"显学"。

《老子》的国家经典地位，得到皇家正式承认，第一次有了明确的史学记载，正式进入"经学"殿堂，使学习《老子》进入以注经为主的经学时代，成为汉代文化复兴的转折点。

几千年来，《老子》几乎成了历朝历代帝王与皇室的必读书、必修课。

《韩非子》说过，"术者"，"人主之所执也"；"法者"，"臣之所师也"（《定法》），就是说，人主有人主需要掌握的学问，臣下有臣下需要师法的学问。人主与臣下，各有各自的学问重心。人主的学问与臣下的学问，侧重点不同，各有各的用途。

老子学说的"大一"之"道本"，应该是由人主等极少数人所执掌的学问；而各类"道用"之术，包括《老子》的各种"道用"之术，应该是由臣下所师法的学问，这似乎也成了几千年来的传统认知，今人应该扬弃的认知。

于是，老子"大一之道"的"道本"核心，被有意无意地越说越玄，越隐越深，很少为世人所注意，"知者稀，则我贵矣。是以圣人被褐而怀玉"（《老子·70》）。

内外至尊的窦太后，当时代表了最高国家意志。国家意志决定了舆论导向，从而引导了朝野上下学习《老子》的社会风气。从治国、治民到治身，重心从帝王之术逐渐转移到修身养性之术，或走向内涵，即强调精神修炼的"道家"之路，或走向外延，即强调精神崇拜的"道教"之路。

二、儒道同源与《老子》的经学化

战国时代，绵延了一百余年的变法革新，最大的成果就是终于在理论上确立了中华民族以老子的"大一之道"统领全局。

西汉王朝第一次正式承认了《老子》的国家经典地位，从而使学习《老子》正式进入了注经时代。

什么是中国特有的经学传统？

有了"经典"，才有了"经学"。所谓"经学"，就是研究、注释经典之学。

国家有国家的经典，如"六经"；儒家有儒家的经典，如"四书"；道家有道家的经典，如"三玄""四经"；道教有道教的经典，如"三洞""四辅"；佛教经典之多，更不用说。

比如，道家的"四经"，指的就是道家四圣的四子真经，即文子的《通玄真经》，列子的《冲虚真经》，庄子的《南华真经》，庚桑楚的《洞灵真经》。

后人常常把"六经""五经""十二经""十三经"的经学研究挂在嘴边，却有意无意地忽视《老子》经学研究的实质。要明白，《老子》同样是国家信奉的经典之一，而不仅仅是"子书"之类的一家之言。

从历史文化的进程看，"经学"始于春秋时期的"孔子之术""儒者之学"。

"经学"的第一要旨，应该是注释、解说经典，"序其指意"，如孔子之于"六经"的诸多讲义。至于"因发明"（《史记·孟子荀卿列传》），对经典有所发挥，甚至又成一家之言，反倒是第二位的。

学界广泛使用的注述"经学"的形式，盛行于两汉，主要表现为经、传、说、记、章句、注、疏、论等。这就是中国的经学系统。

经学系统有多家，主要基于《诗》《书》等国家经典，以及先秦百家学派的主要著作。这才是汉代经学的全部内涵。

所谓"家"，有两个层次：一个是先秦的所谓"百家"之家，多以人名为代表，记一家之言；一个是"六家""九家""十家"之家，如道家、儒家等，是学术流派之集合，相当于现在的学派。

"百家"一词，始于《庄子》；学派之"家"，始于《史记》。

对"家"，先秦的《庄子》《荀子》《淮南子》《韩非子》等都有所论述，其说不一，大多就事论事，缺乏科学的归类。

到了汉初，司马谈、司马迁父子再认识、总结、归类，于是才有了"六家"学派之说，就是"阴阳、儒、墨、名、法、道德"（《史记·太史公自序》），最终又统合成儒、道两家。

就这样，经过时代的大浪淘沙，先秦诸子大小学派，终于下车、上车，各自归队，重新组合，重新出发。

作为一家学派，战国百家争鸣以来，儒家学派真正走上政治舞台，第一次崭露头角，在参与国家大政方针的制定上，与道家诸学派发生正面冲突，是在汉昭帝时代。

1. 汉代朝野的第一次国策大辩论

汉武帝驾崩，汉武帝的小儿子，幼主昭帝（公元前94年—前74年）即位，武帝时期积累的种种社会矛盾迅速激化，国力渐衰，国家进入下行期，到了不得不解决的时候，到了国策调整的时间节点。

于是，由皇帝下诏，命令丞相田千秋、御史大夫桑弘羊等人，从全国各地征召著名的"贤良文学"之士60多人，聚集长安，就武帝时期盐铁官营、治国理念等国策，共同讨论应该如何调整，以解决日益突出的民生疾苦问题。这就是史上著名的"盐铁之议"（《汉书·昭帝纪·食货志》《盐铁论》）。

其中，公卿大夫一方，以"合时变，推道术，尚权利"的御史大夫桑弘羊为代表；"贤良"人士以唐生为代表，"文学"人士以万生为代表。

"贤良文学"，是汉代选官取士、特举人材的重要科目名称。"贤良"又称"贤良方正"，指"德行"，代指品德优秀的士人。"文学"指"经学"，代指儒者，即擅长各种"经学"的专业教师，是以研究"六艺"典章为生的读书人，所谓"善礼乐典章"。

公元前81年二月的一天，朝堂之上，众臣群贤正襟危坐，由丞相田千秋主持，双方的辩论正式开始，就民间疾苦的原因展开激烈交锋。

"贤良文学"一方首先发难，说，治人之道，以仁义道德为本，物质利益为末。盐、铁、酒榷、平准、均输等财政大权都由国家垄断专营，是与民争利，是造成百姓疾苦的主要原因。所以，应该进本退末，废除这些垄断专营。

公卿大夫一方据理反驳，说，盐铁专营等经济政策，是根据当时的实际国情制定的。匈奴作乱，战争不断，导致国家财政空虚。靠这些政策的实施，对匈奴的平叛战争才得以支持。所以，不能废除。

"贤良文学"说，孔子教导我们，"有国有家者，不患贫而患不均，不患寡而患不安"；而且，"善克者不战，善战者不师，善师者不阵"，这些也都符合老子学说，如果能够行仁政，就能"无敌于天下"（《孟子·公孙丑上》），还需要那么多军费吗？

"公卿大夫"再次反驳，说，国防是大事，与匈奴的战争也没有结束，这时取消盐铁专营等政策，只能"扰边用，损武略"，道理上讲不通。

"贤良文学"步步紧逼，说，靠盐铁专营等手段支持战争，绝对不是久长之策，所以应该废除。

"公卿大夫"一方，越听越不耐烦，说，"通其变，使民不倦"，事有缓急，理有变通，所以，盐铁专营等手段，现在不能废除。

"贤良文学"咄咄逼人，说，《老子》说："贫国若有余"，国家的富强，不能建立在百姓的贫穷之上。

"公卿大夫"说，《管子》强调器械与商工的重要性。盐铁专营等手段，符合天下百姓的根本利益，不能废除。

"贤良文学"说，上梁不正下梁歪，"诸侯好利则大夫鄙，大夫鄙则士贪，士贪则庶人盗"，盐铁专营等手段，是为贪腐犯罪搭梯子，一定会为某些豪吏富商轻贾奸吏创造贪盗的机会。

"公卿大夫"说，胡说八道，"平准则民不失职，均输则民齐劳逸"，这些手段，强调公平交易，主要目的是方便百姓，"非开利孔而为民罪梯者也"，怎么能以偏概全？

辩论越来越激烈，双方的火气越来越大，火药味也越来越浓。

"公卿大夫"指责"贤良文学"说，你们这些"文学"之士，张口孔子，闭口孔子，从来目中无人。可是，你们以往提出的"安国尊君"之策，哪一条不是正确的废话，有任何效用吗？你们这些人，要本事没本事，有的只是"蜂虿介毒而自害"，乱打七伤拳。

"贤良文学"反唇相讥，说，不知道反省自己，只会责难他人，是你们这些执政者的大失败。我们"文学"之士，也许不配当官掌权，但是，说不说在我，听不听在你，我们的观点即使不合你们的口味，也不至于给国家带来祸殃呀。何况，国家有那么多的贤士，却不知道如何使用，这不是我们的过错，而是你们的耻辱。

"御史默不对。"

"御史默不答也。"

"大夫不说，作色不应也。"

"大夫视文学，愠愠而不言也。"

场面气氛十分紧张、尴尬。

丞相田千秋一直很冷静，他判断，"公卿大夫"与"贤良文学"，或者以"权利"为重，或者以"仁义"为重，双方只是强调的重点不同，也各有所本。国力与民力"二而一"，二者之间并不矛盾，本来就应该是相辅相成的、互补的。目前情况下，国策应该调整。

丞相田千秋及时掌控会议的走向，说，辩论国家政事、执政得失，大家为什么就不能心平气和，以理服人，有必要"切切如此"吗！

依我看来，大夫们认为，废除盐铁等专营有很多困难，并不是因为他们有什么私心，而是担忧国家财政与军费的不足，更多是考虑目前的现况，要为国积财，着眼于"国"。

"贤良文学"们争辩，应该废除盐铁专营，也不是为了自己的私心，而是希望像古人一样，多以仁义道德治人，让利于民，更多是考虑长久之策，为民请命，着眼于"民"。

你们双方都有道理，但是，一定要实事求是，"执今之道，以御今之有"，不能教条主义。

"贤良文学"们，你们想一想，为民请命，大夫们难道不懂国与民的关系吗？如果没有战争，不用说盐铁均输，就是其他租税，也可以为民减免。而且，你们所秉持的儒术，讲究谦让，以理服人，像你们今天这样，不顾身份，口不择言，我还是第一次见。大夫们的话，有过分的地方，而你们呢，不是更过分吗！你们还不赶快向大夫们赔罪。

"贤良文学"们一听，连忙纷纷站起身，赔罪说，我们这些乡下的读书人，以前很少有机会在这么大的场合发言，不会说话，口不择言，说了不少得罪人的话。请诸位大夫公卿多多原谅，就当我们的话是"良药针石"吧。

"公卿大夫"们意识到，国营与民营，缺一不可；国营垄断的弊端，在于单一经济。应该是以国营为主导，而不是垄断；与其国营专营专利，不如按适当比例，让利给民营，以达到"二而一"的内部平衡。"治未形，睹未萌者，君子也"，民心从来都是重中之重，无论什么时候，都不能忽视。而且，"能言而不能行者，国之宝也。能行而不能言者，国之用也。兼此二者，君子也"，对贤良文学之士，应该给予应有的尊重与信任。"善人者，善人之师；不善人者，善人之资。不贵其师，不爱其资，唯知乎？"不会合理使用各种人才，就是不智。

"贤良文学"们也意识到，"称引往古，颇乖世务"，己方过于教条，强调古人的经验多，关注现实的具体情况少，与现实相悖。"有备则制人，无备则制于人"，国家请我们来的目的，是要共谋调整之策；如何既要国家有备，又能让利于民，急需的是具体方略手段，而不是冠冕堂皇的大道理，更不是炫耀学问，夸夸其谈。"口能言治乱，而无能以行之"，说的多，做的少，不正是我们的短处吗？"论者不必相反，期于可行"，参与国策的讨论，最好不要为反对而反对，一定要提出切实可行的建议。

一天乌云散。

"盐铁"罢与不罢的大辩论，终于从对错之争，逐渐走上主从之争的正轨。

散会前，"公卿大夫"问，你们到底有没有可行的解决之道，可供参考？

"贤良文学"终于提出了一条具体建议：解决匈奴侵扰问题，除了战争，应该还有一条"和亲"的道路可供选择。"兵强则不胜，木强则竞"（《老子·76》），按照老子的学说，"弱中强"要胜于"强中强"（《显隐老子》）。

"以道佐人主者，不欲以兵强于天下"（《老子·30》），对"贤良文学"一方的建议，"公卿大夫"一方默认，至此，双方终于取得共识。

最后，"贤良文学"们都被任命官职，参与改革的策划。

在议的各项经济议题，盐铁与民生的关系最紧密，异议也最多，经皇帝批准，暂时废除了"郡国榷沽、关内铁官"，即酒类专卖权与关内的铁器官营。后来发现矫枉过正，三年后，又恢复了国家对盐铁的主要管理权，使财富分配趋于合理、平衡。

执政当局进一步改革，罢不急之官，减轻赋税，"贤良文学"建议的"和亲"政策，也开始付诸实施，使执政者们腾出手来，压缩军费，减少财政开支，用来让利于民，大大缓解了积聚已久的社会矛盾。由于内外措施得当，西汉王朝的衰退趋势得以扭转，国力开始恢复，"百姓充实，四夷宾服"，为汉代的"昭宣中兴"揭开了序幕。

事过30年，桓宽根据这次会议的官方记录，以及当时参与者的回忆，加以整理，写成《盐铁论》。

"盐铁之议"，是中国古代史上，第一次规模较大的有关国家大政方针的官方大辩论，是涉及政治、经济、军事、外交、文化的国策大辩论，争论的核心之一，是如何正确处理国营经济和民营经济的关系，这也为当今中国的改革开放，提供了汉代第一次经济改革成功的文字模版，值得借鉴。如何处理计划经济与市场经济的关系，计划经济与市场经济如何"二而一"，不仅取决于经济层面的动因，更取决于文化层面的价值取向。

桓宽的《盐铁论》，记载了儒道两家第一次正面交锋，从中映射出"儒道同源"的内在影像。"贤良文学"因此受到执政者的重视，真正成为政治舞台中央的一股中坚力量。郭沫若先生称《盐铁论》是一部"对话体的历史小说"，有兴趣的话，值得一读。

回顾大辩论，有一个意味深长的文化现象，值得重视。

整场辩论中，双方引经据典，你引"诗书"，我也引"诗书"；你引"孔子"，我也引"孔子"；你引"孟子"，我也引"孟子"；你引"管子"，我也引"管子"，针锋相对，互不相让，颇有"以子之矛，攻子之盾"的战术运用意味，辩论也由此渐变为你中有我、我中有你的大混战。

最有意思的是，对《老子》经文，"大夫"一方始终没有涉及；而"文学"一方，却数次引用或化用《老子》经文，除前面所提及的外，再如"《老子》曰：'上无欲而民朴，上无事而民自富'"（《老子·57》）。

这说明了什么？恰恰说明，儒道双方在对"经典"的认知与研习上，已经合流。实质上，恰恰证明"儒道同源"的必然与合理。

其中，给人印象最深的，就是"老子曰：'贫国多有余'"（《盐铁论·本议》），传世经文虽无此句，但确是老子观点，应该是《老子》佚文。

"天之道，损有余而益不足；人之道则不然，损不足而奉有余。孰能有余而又取奉于天者，唯有道者乎！"（《老子·77》）

当国家有余而百姓不足的时候，应该怎么办？

正确的做法是，合理减损国家的"余"，以弥补增益百姓的"不足"，而不应该让百姓更加"不足"而国家更加"有余"。

如果国力财富的"余"，是源于多占甚至损害百姓的利益，那么，国家越有余，则百姓越贫穷，到头来，水可以载舟，也可以覆舟。

所以《老子》认为，"有道者"若要能够使国家"有余"，就要善于按"天之道"行事，在国家与百姓之间合理发展经济、分配财富，使二者取得内部平衡。因为这个"有余"，既包括物质方面的"余"，同时也包括"政权稳定"诸方面上层建筑的"余"，"二而一"。

"盐铁之议"中，还引申出两个有趣的问题，值得进一步探讨。

双方引证先秦诸子时，自始至终都没有提及"黄老"与"道家"；那么，究竟什么时候有的"黄老"与"道家"之学术称谓？

先秦诸子百家中，早期儒家学派对《老子》只字不提；而在这次大辩论中，儒家第一次大量称引《老子》经文，那么，儒家学派内部，究竟发生了什么？

2. 儒家经学的两次回归与《老子》

有广义的"儒者"，有狭义的"儒家"。

广义的"儒者"，泛指所有知识分子，也就是所有受过传统教育的人，传统的基础教育，以"六艺""六经"为经典。

狭义的"儒家"，专指知识分子中的一个特殊群体，最初就是讲授"六艺""六经"的教师，包括吃皇粮的官学教师与不吃皇粮的私学教师。

"儒者难与进取，可与守成"，正是由于先天的原因，儒家在战国时期的学术思想领域，始终不占优势，因为"讲经"才是他们的专业与特长。

汉初，儒家要想争得政治与学术思想"大一统"的主导地位，只能另辟蹊径，在"守成"上想想办法，以便在自己最擅长的领域扳回一局。

这时的儒家学者，主要做了两件大事，一件是前面提到的"谶纬之学"，将儒学神学化，投统治者所好，锦上添花，以此取得政治主导地位；一件就是"高远其所从来"，向老子靠拢，移植"大一之道"，以此提高身价，占领学术高地，结果祸起萧墙，引发了儒家内部的百年儒争。

汉初拨乱反正，儒家讲授的旧教材大多重见天日，有了用武之地，儒家也因此开始向其"经学"本质第一次回归。

一些老儒，在官方的恩准下，手持"家法"，也就是自己的讲义，纷纷恢复或取得经学博士的官学地位，并且借机打压别家学派。

"臣愚以为，诸不在六艺之科、孔子之术者，皆绝其道，勿使并进。"（《汉书·董仲舒传》）

正当他们摩拳擦掌、准备重整儒家权威的时候，一批贡献给朝廷的儒家"宝藏"，打乱了儒家回归的步调。

让老儒们始料未及的是，这批儒家文献竟然发现于孔子旧宅，而且多出了不少以前从未见过的经典古籍。这是怎么回事？

汉景帝有个儿子，叫刘馀，封地在今天的山东。这位鲁共王有个嗜好，就是酷爱修建房子。宫室扩建多了，建筑材料不够用，于是不管三七二十一，让人去拆孔子的家宅。

谁知刚刚动工，不知从哪里隐约传来一阵古乐之声，吓得人们赶紧停工，查个究竟。

结果令人振奋，在复壁中竟然发现一大批六国文字古书，其中最有名的，就是《古文尚书》，还有《礼记》《论语》《孝经》等好几十篇。因为汉代官方文字是隶书，所以历史上称这批古书为"孔壁古文经"（《汉书·景十三王传》）。

儒家阵营，顿时大乱。

手持"家法"的儒家博士们，直斥"孔壁古文经"中的某些古文《尚书》经典是"伪书"；对"孔壁古文经"中研习教授《礼经》的一批《礼记》，也就是礼学讲义或学习笔记的学术观点，更是嗤之以鼻。

比如，无论是《大戴礼》、还是《小戴礼》，忽然多出了不少有关曾子的言论记载，其中就有四处明确记载了孔子向老聃学习的记录，不仅明确了老子与孔子之间的师承关系，而且学的还是儒家奉为至宝的古"礼"。

这还了得，所以就有人跳出来，忙不迭地遮掩，注说这位"老聃"，只是"古寿考者之称"，不是《老子》的作者。

再如，《大戴礼》中，多出《五帝德》与《帝系》两篇，其中，更有孔子的"黄帝三百年"之论，这些都与儒家"言必称尧、舜"的固有认知大相径庭。

要知道，春秋战国之交，诸子百家皆盛称"黄帝"，只有两家是例外，一家是儒家，一家就是墨家。

在儒家与墨家的著述中，对"黄帝"都是只字不提。因为儒家"祖述尧、舜"，尧、舜才是他们最为推崇的古代圣王明君。《论语》中，分别有四次与八次提到尧、舜，《孟子》中，更是多达58次与97次。而墨家，则是标榜以大禹为榜样的。

既然儒家独尊尧、舜，乃至"言必称尧、舜"，儒家避而不谈黄帝，也就不难理解了。现在突然大谈特谈尧、舜之前的黄帝，还是出自孔子之口，一时真让人转不过弯来。

又如，《盛德》对"天法""德法""刑法"的认识，与老子的"大一"学说如出一辙，这比儒家旧学说只强调"仁义"要更进一步，而且，所谓"天法"，更是老子"道法"的变通之辞。

且不说《盛德》与《老子》孰先孰后，仅就"趋同"这一点来讲，就已经让某些旧儒者不能忍受。因为，"黄帝刑、德，可以百胜"（《尉缭子·天官》），刑与德二而"一"的观念，早已为先秦诸子所接受，甚至认为是直接源于"黄帝"。

引起最大争论的，就是古文《尚书》中的《大禹谟》，其中的"人心惟危，道心惟微；惟精惟一，允执厥中"的十六字论述，更是石破天惊，将古人对"道"的理论认知一下子提到周代以前，远远超过老聃的时代研究成果。要知道，《尚书》第一次出现"道"，是在《禹贡》，还都只是"河道"或者"引导"的意思。

不过，这种超前认知，不仅没有得到与之同时代的《皋陶谟》《益稷》的佐证，而且在《荀子》中，一句"故《道经》曰：'人心之危，道心之微'"，言明了它的出处是《道经》，使得某些儒家学者在两段文字记载之间，至今不能自圆其说。

更何况，又怎么能证明，《荀子》所说的《道经》，不是老子切实存在的《道经》？又怎么能证明，"人心之危，道心之微"，不是现存《老子·道经》的佚文呢？"危"与"微"相对，这种音近字异的文字技巧，在《老子》中，不是很常见吗？

以上这些内容，统统都是儒家旧经典里所没有的。为什么？

原因很简单，旧儒家学说，只是独尊"仁义"的"小一"之术，为了弥补这一致命缺陷，秦汉儒家学者中的有识之士，小心移植老子的"大一"之道，真真假假，主动向老子靠拢，认为只有这样，儒家才能重新获得学术思想上丢失已久的主导地位。

特别值得一提的是，《古文尚书》是由孔安国考证整理进献给汉武帝，从而开创了西汉《古文尚书》学派"，又称"古文经学"。

孔安国是孔子的十世孙，官居谏大夫，是司马迁的古文经学老师（司马迁的今文经学老师是董仲舒）。孔安国又是《神仙传》中的人物，据说他经常练气，服用铅丹，可见他与道家、神仙家的渊源不浅。

谁能想到，孔宅中一次颇具神秘色彩的有趣发掘，竟然引发了今文经学派与古文经学派的长期儒争，整整争了一个时代，成为汉代儒家经学的最大特色。

这期间，儒家今文经学派的最大战果，只是将其他学派，甚至是儒家自己的古文经学派，挡在了官学之外，如此而已。

今文经学与古文经学，长期以来壁垒分明，说到底，两派之间更多的不是学术之争，而是经典版本的真伪之争，以及随之而来的名利之争。

经过汉代大儒郑玄的调和，两派合流，直到唐代，古文经学最终也取得官学教材的合法地位。儒家学派终于承认现实，二次回归，正式走上"儒道同源"的道路。

"孔壁古文经"的出现，说明了什么？说明汉代儒家早已开始重新定位。

旧儒家讲"仁义"，新儒家讲"德道"；所谓"新"，指的是他们的学术观点发表时间的"新"，因为他们都是"儒八"之一。

孟子的时代，"显学"是杨、墨。韩非的时代，开始儒、墨并称，成为"显学"。到了汉武帝之初，有了"罢黜百家，表章《六经》"之举，有了董仲舒"推明孔氏，抑黜百家"之首倡，尊孔才逐渐形成规模；后世所谓的"罢黜百家、独尊儒术"之说，只不过是儒家学派李代桃僵、偷天换日的小动作罢了。

历史的演进，并不以主观意志为转移。也正是由于儒家自身的今、古经学之争，使得他们切切实实地认识到与道家学说"趋同"的必然性，渐渐承认了儒与道并驾齐驱的现实。

秦汉以来，像孔安国、司马迁这样身兼儒、道两种身份的当权者及学者，比比皆是。他们极力将儒、道两家"二而一"的内在冲动，能说没有吗？就像前面所记述的"盐铁之议"一样，这时的一些儒家学者，已经开始堂而皇之引用《老子》经文了。

曾经奉《老子》为经典的百家学派，主要成就在政治、哲学领域；曾经只奉《诗》《书》等"六经"为经典的儒家学派，主要成就在文学、教育领域。

至此，再也看不出儒、道两家的学术观点有什么本质上的不同之处，或"霸、王"、或"王、霸"，不过就是"道用"上的主次、多少不同而已。

儒家学派也不再纠缠于其学术核心究竟是"仁""仁义""礼义谦耻""仁义礼智""仁义礼智圣""仁义礼智信""孝悌忠信礼义廉耻"，还是"礼义仁德道"，所有这些，统统归为中华民族的传统美德了。

不同时期的儒家，宣扬的内涵不尽相同；不同的教师教授的知识不尽相同；不同的知识分子，掌握的知识不尽相同。

"大儒唱，小儒和"（《庄子·外物》）中的"大儒""小儒"之称谓，就相当于今天的大学教授、讲师、助教，以及中小学教师等大小知识分子。

记载这些教学知识的文献，古代又简称为"文"，也就是《论语·述而》"子以四教：文、行、忠、信"中的"文"。所以，后来秦始皇召集这些儒者，多以"文学士"相称。

从某种意义上讲，各家学派的人物都具有"儒"的身份。

就中华文化传统的整体而言，严格说，儒家学说只能算是对一种学派的称谓，"儒家"只能算是对一种阶层或阶级的称谓，这正是千百年来对"儒家学说"的解释混乱不清的主要原因。所谓的"学者治国""教育治国"，有帽子而无内涵，说了等于没说。当政者有谁不是学者？又有谁不重视教育？各级官僚都是教育出来的各类学者，不在于有没有论文存世。

总之，自汉代以来，最终引领中国传统思想文化的，是"道德"核心双价值，是老子的"大一之道"，"道家"与"儒家"是它的左右手。

所谓"儒道同源""儒道互补""外儒内道""道中有儒、儒中有道"，其至认为"道家及儒家是中国人灵魂的两面"（《信仰之旅·道山的高峰》），既是千真万确的历史事实，也是历代大多学者的学术共识。

3. 道家学术的两次统合与《老子》

目前的先秦典籍文献中，既没有"黄老"之说，也没有"道家"的称谓。

至于多次出现的"道术"一词，使用也很宽泛，基本涵盖了当时"道用"层面上的各家各派。可以说，先秦时代的诸子中，并无所谓的"道家"流派。最早的"道家"，应该是史官中专门研究"天道"的人物。

还记得那位单襄公说的话吗？"吾非瞽、史，焉知天道"，这应该是"道家"的本源。

某些史官记录并研究"天道"与"人道"（老聃时称之为"道"与"德"），留下有关"道德"的经典著作，为后人之典范。

春秋战国之交，应时代需要，造作一大批"黄帝"类书等著作，以壮变法革新之声势。

在此基础上，各家之言相继问世，分流、合流，直至汉代，终于形成由各家学派统合而成的"道家"学派。

"道家"与"黄老"之说，始于西汉司马谈（公元前165年—前110年）与司马迁父子。司马父子合力，分两步完成了道家学术史上的第一次统合。

第一次提出"道家"这一学术称谓的，是司马谈，"道家使人精神专一，动合无形，赡足万物"。

第一次使用"黄老"之说的，是司马迁，"学黄老道德之术"，"本归于老子之言"。

"黄老道德"，本归于《老子》。二人的观点同中有异，大同小异，各有侧重。

（1）司马谈的"道德"与"道家"

就学术而言，在"史家"与"道家"之间，有一个过渡，就是"道德家"；而"道德"二字，正是源于先秦《道·德（老子）》之经典。

第一次也是最后一次提出"道德家"称谓的，是司马谈。

司马谈写过一篇《论六家之要指》，"夫阴阳、儒、墨、名、法、道德，此务为治者也，直所从'言'之异路，有省不省耳"。这是汉代人第一次给学派分类。

仔细研读司马谈的《论六家之要指》，总述"六家"时，以"道德家"称之；分述"六家"时，则以"道家"称之。从行文逻辑判断，说明司马谈将"道家"等同于"道德家"，"道家"应该就是"道德家"的简称。

这就有意思了。

司马谈的这种叙述方式，不是在偷换概念，而是在统合学派时学术定位上的犹豫。

哲学概念中，应该有两个"道德家"，一个是指《道·德（老子）》，是以老子全部学说为代表的"道本"之家，今人习惯称之为"老学"；一个是"稷下黄老道德家"中以"德"为主的"道用"之家。两个"道德家"，一大一小，不能混为一谈。

司马谈简称"黄老道德"为"道德"，是以百家学术理论归类统合。若想在学术理论上有所建树，必须要占领《老子》的"道德"高地。

"道本"层面上只有一家，就是"道德家"，也就是老子学说，既讲"大道"之本，也讲老子的"道用"之术。

"道用"层面上，只要是"直所从'言'"的、也就是以老子"大一"学说为本的，都可以同归于"道德家"的麾下。

司马谈最终选择了"道家"一词。

司马谈认为，"（道家）其为术也，因阴阳之大顺，采儒、墨之善，撮名、法之要"，一句话，就是在"术（道用）"的层面上，阴阳、儒、墨、名、法这五家，各有长处与短处，只有道家最有资格将这五家之"善术"，兼收并蓄，"六而一"。

司马谈认为，在"为治"的"道用"六家中，只有"道家"，才是"道德家"的正统继承者与执行者，才有资格分享"道德家"的称谓。

司马谈详论"道家"之文，完全是一篇研习《老子》经文的学术论文。

所谓"道家无为，又曰无不为，其实易行，其辞难知"，云云，都是对《老子》经文的引用、化用与认知。

总之，司马谈认为，应该由道家致"一"，总领全局，有主有从，扬长避短，相互补充，相辅相成，在学术上，完成符合老子"大一之道"精髓的"大一统"，统合各家学术派别于"大一"之下。所以，道家理所当然应该是"道德家"的总代表、代言人。

这就是司马谈给道家下的定义，走出道家学术统合的第一步。

至于对早期儒家的评价，司马谈认为，"儒者以'六艺'为法"，却"博而寡要，劳而少功"，根本无法与道家争高下、执牛耳。

然而，"儒者则不然"，不以为然。也许儒家认为，只有儒家最有资格将其他五家之"善术"，兼收并蓄，"六而一"。

但是，这要有一个条件，就是儒家学派要有所发展，扬长避短，不能还是停留在先秦时代，这就为儒家向经学回归、向老子学说靠拢，提供了方向与动力。

如前所说，事实正是如此。

道家与儒家，最终都可以称之为"道德家"，只不过是各自"二而一"的主从关系及侧重点不同而已；也就是说，汉代的道家与儒家，先后同源于老子的"大一之道"。

（2）司马迁的"黄老"与"道家"

司马迁简称"黄老道德"为"黄老"，是以百家学术实践归类统合。若想在学术实践上有所斩获，必须要抬出"黄帝"至尊。

使用"黄老"，多强调人物；使用"道德"，多强调内容。

与父亲的观点稍有不同，司马迁不称"道德"而称"黄老"的主要考虑，或许是便于区分"道德家"与"道家"的内涵，不致混淆；同时，也是有意抬高"黄老道德"的身价，以迎合皇家的认知。

于是，司马谈所说的六家，在司马迁的笔下，很快便从另一个角度再次归类，进一步统合为两大主流学派，"黄老"与"儒学"分庭抗礼。

"黄帝"类书与《道·德（老子）》曾经共存，是事实；但是，从一开始就没有所谓的"黄老学派"之说。

后人称之为"黄老之学"，只不过是泛指，因为它既无明确的领军人物，又无代表群体。

这也正是为什么当时的显学是杨、墨、儒，却没有势力强大的"黄老"或"道家"在内的主要原因。

所以，司马迁的父亲司马谈所说的六家学派，就没有使用"黄老"一词。可见"黄老"作为学派，始终就没有明确过它的定义与内涵，直到司马迁的"黄老道德"。

从学术发展的源流来看，道家一派的主流始于稷下，均学于"黄老道德之术"，后世简称为"稷下道家"。

将齐国的稷下与"黄老"联系在一起，也是首见于《史记》。

稷下道家分为两支，一支是以"黄帝"类书为代表的"道法家"，强调"天理"，援"法"入"道"，后人习惯称之为"黄老道家"，简称"黄老"。一支是以《管子》杂书为代表的"道德家"，强调以"德治"为主，在荀子学说中发扬光大。

以司马迁为代表的时人，论述先秦诸子百家时，多用"黄老"一词，多称"黄老道德之术""本归于老子之言"。

关于"黄老"之说，几千年来人们大多忽略了一个极为关键的认知，就是在"黄"与"老"问世之初，先秦的学者们从未将"黄"与"老"视为"学派"，而是视为研习的"经典"，新的"经典"。

至汉初，《老子》已有完本及作者归属，而"黄帝"类书却多剩其名，已无其实，完成历史使命后，已纷纷淡出人们视野，彻彻底底成了《老子》的陪衬与包装。

"黄老"一词，已经逐渐演变成一种习惯用语，成了当时最神圣的文化符号（唐人也是如此）。

某些场合，"黄老"只是《老子》一书的代称，就像《黄帝内经》又称为"岐黄之术"一样；更多情况下，实际上指的就是一人一书。人，就是黄帝其人；书，就是《老子》经典。

有关"黄老"一词，《史记》中，司马迁至少有这么几种提法："学《老子》者""黄老""黄帝老子言""黄帝老子之言""黄老言""老子言""《老子书》""黄老之术""术黄帝老子""读'黄帝'、《老子》""学'黄帝'、《老子》""本归于老子之言""本于黄老""归本于黄老""皆学黄老道德之术"。

有人认为，这些不同的提法，是司马迁未加严格区别的结果，其实恰恰说明，汉初所谓的"黄老"一词，不同场合有不同的解读。

《汉书·司马迁传》认为，司马迁"其是非颇谬于圣人，论大道则先黄老而后六经"。

司马迁明知"黄帝"类书都是时人伪托"黄帝"之书，却常常简称"黄老"，不过是约定俗成，是史家对世俗说法的从俗之举。由此推断，司马迁笔下的"黄老"之"黄"，更多的是指黄帝其人，而非"黄帝"类书。

（3）"学者不能必其有无"的第二次统合

第一次将道家与史官联系在一起的，是东汉班固的《汉书》，"道家者流，盖出于史官，历记成败存亡祸福古今之道"。

前面多次提到，稷下时期，以《道·德（老子）》为经典的，不只一人一家。如果细分的话，大致可分为朝、野两大派别。

在朝派多为稷下之士，皆养于朝，有官身，以"论治"为主，探索治国之策，行"内圣外王之道"。后世称之为"稷下道家"学派。

在野派多以"论学"为主，专事哲学理论研究，以庄周为代表，多在野，为野士，所以其言多喜笑怒骂，桀骜不驯，"洸洋自恣以适己"。既然无官一身轻，如此率性而为，也就见怪不怪了。后世称这些"道理家"为"老庄道家"学派。

先秦诸子百家之学的本质，就是老子"大一之道"下的"道用"之学，或称之为"道数"之学、"道术"之学。

先秦诸子百家之学的关系，正如《淮南子·齐俗训》所说："故百家之言，指奏相反，其合道一体也，譬若丝竹金石之会乐同也，其曲家异而不失于体。"

相反而相成，异曲而同工，就像侗族大歌一样，不同声部相和，唱同一首歌曲，金声玉振，浑然天成。

百虑致一，殊途同归。将先秦诸子百家从各个"小一"之"道用""道术"，经过百家争鸣后扬弃为"大一"之道下的各个"小一"之"道用""道术"，是古代哲学史的一大进步。

由此不难理解，"大一之道"的成功实践，使老子学说像"龙"一样隐隐显显，为人所尊崇、所亲近，使很多复兴的学派尝到甜头，纷纷动起垄断其说、总领学术的念头。

其中，来自神仙之学的强力冲击，使道家学术史上的第二次统合，来得很快，影响也更深远。

宋代的苏轼在《上清储祥宫碑碑文》中说得明白，"道家者流，本出于黄帝、老子"，"自秦汉以来，始用方士言，乃有飞仙变化之术"，把各种神仙之说，统统归于道家，混为一谈，"学者不能必其有无"。其实，"黄帝、老子之道，本也；方士之言，末也"。

如前所说，《列子》作为神仙之学的余脉及道教先驱，刘向以及《汉志》将其归于"道家者流"，也正是从这时起，长期被指斥为另类的神仙之学，便开始登堂入室，在成军不久的道家之中，占有一席之地。

作为至尊人物，从秦汉开始，黄帝早已走出《老子》经文中的"圣人"位置，登上神坛。宗教兴起，老子也随之走出"史官"位置，首次登上神坛。

一神一仙，"黄老"又有了新的内涵，成为两位神仙人物的代名词，千百年来受到中华民族的供奉与景仰。

至于《道·德（老子）》与"黄帝"类书，毕竟是源与流、上与下的关系。将"黄帝"类书与《道·德（老子）》并列为经典，本来就先天不足，所以也不可能长久。

"黄帝"类书很可能大多失传于稷下百家之后，汉初所称"黄老"之"黄"，也多是随波逐流，泛指而已；或与"黄岐""养生"甚至"神仙"有关，以致《隋史》将其归于汉之"道书"（《经籍四》），讲经"以《老子》为本"。到了宋代，"黄"已直接是《黄帝内经》的称谓，《宋史》更以"《黄帝内经》《道德经》为大经"（《选举三》），传授道徒，早与政治无关了。

下一节将会看到，随着《老子》的神学化，各种神仙之说及方士之言裹胁着皇帝的余威，成为道家中的一员，迅速扩大其影响力，冠冕堂皇，喧宾夺主，模糊了道家的本来面目与出身。

4. 对法家的再认识

当道家与儒家的学术观点定位于"趋同"，"法家"的地位就变得有点儿尴尬，因为，似乎再也无法给"法家"一个准确的独立定位。

长期以来，"法"的概念，有极其宽泛的内涵。学术论述中，张冠李戴、鱼目混珠、模棱两可、此"法"非彼"法"的现象，时有发生，使"法家"长时期成了模糊的称谓。

"法家者流，盖出于理官"（《汉志》），班固的学术定位似是而非，他所罗列的类书，多出自变法者之手。

本来，"法家"应该是对春秋战国时期历代变法者的称谓，"法家"的内涵，就是"变法"之"家"。

战国时代的变法，绵延了一百多年。

比如，魏国的李悝变法、楚国的吴起变法、齐国的邹忌变法、韩国的申不害变法、秦国的商鞅变法、赵国的公仲变法、燕国的乐毅变法，而韩国的韩非，更是为变法做出理论上的贡献，最终将诸多变法事件，推向指标性的理论新高度。

虽说变法的手段多种多样，所变之"法"也各有不同，但其本质却全部是"同一"的，就是"变"，用现在的话来说，就是"改革"。

变法必然要以新的法律形式，确定变法的合理性；必然要用新的"刑法"，作为变法成功的保障手段。

于是，每次变法，都会引起社会阵痛。新"刑法"的制定与使用，如果手段激烈一点儿，便显得格外刺眼，常常为保守者所诟病。

曾几何时，"法家"最后几乎成了"苛政""酷吏"的代名词。

对这些"变法者"的学术定位，大多都是"本于黄老而主刑名"（《史记·老子韩非列传》），后人习惯称这些"变法家"为"法家"或者"道法家"。当然，"黄老"不等于"刑名"但包括"刑名"，这一点，各家各派的认识都很清楚。

"刑法"从来就是国家的重器之一。

据现有的文献记载，周穆王的"吕鼎"上，记录的罚则就有3 000多条；后来的晋国"法鼎"、郑国"刑鼎"，以及邓析的《竹刑》等，都是中国法律界"成文法"的先驱。

但是，有一点必须申明，无论谁执政，治国之道从来都不会没有"刑法"，也从来都不是只靠"刑法"。"刑法"不过是"六典"之一。

早期，同样是对犯罪的惩罚，不同的法典，适用不同身份的人。

对于犯罪的士大夫来说，古"礼"规定了对其惩罚需要执行的道德程序，但是，并不等于不受罚。对于犯罪的庶人来说，"刑"（主要是肉刑）是最直截了当的惩罚手段。

比如，同样犯了死罪，士大夫多死于自杀，以维护其最后一点自尊；而庶人则由刽子手来取命，毫无自尊可言。

法家与儒家有什么不同？

一般的认知，似乎是法家强调"刑"，儒家强调"礼"。直到孟子提出

"法先王"（《孟子·离娄上》），这才算触及到问题的实质。儒家不是不讲"法"，而是要"法先王"，反对的是"变法"之"变"，反对"变"先王之"法"。

比如，在早期正统儒家学者看来，先王施仁政，"礼不下庶人，刑不上大夫"（《礼记·曲礼》），所以，"礼法"是给士大夫们制定的，"刑法"是给庶人们制定的。

可是那些变法者，偏偏不行先王之道，六亲不认，"一视同仁"，不分上下亲疏，犯了罪，统统以"刑法"论处，对士大夫，一点面子也不给，这不是"严而少恩"吗！所以，司马谈给"法家"的定位，就是"不别亲疏，不殊贵贱，一断于法，则亲亲尊尊之恩绝矣"。

然而，用今天的眼光来看，这不正是社会的进步吗？

细品司马谈对"法家"的定义，他所说的"法家"，实际上已经被压缩在"刑法"的范围以内，而且将"刑"与"情"相对立，给了"法家"一个新的狭义定位，成为后人的习惯认知。

今天的人们，总是将"法"与"刑"相对等，而将"法"与"情"相对立。于是，就有了后人约定俗成的分类称呼。

讲"法理"的，就称之为"法家"；讲"情理"的，就称之为"儒家"，其实，就学术而言，这种简单的分法并不科学。

儒家不是不讲"刑法"，孔子杀少正卯，不是也没有手软吗？（《孔子家语·始诛》）

于是，儒家的有识之士，为了跟上时代的脚步，对使用"刑法"的认知悄悄做了修正（《孔子家语·五刑解》）。先是不厌其烦，对"礼不下庶人，刑不上大夫"的意涵做出各种解释，继而明确提出，"刑法者，所以威不行德法者也"（《大戴礼记·盛德》），把"礼法"换成"德法"，把"刑法"作为"德法"的补充与最后保障；至于有关大夫与庶人的区别对待，也不再刻意提及，不知从什么时候起，变成"王子犯法，与庶民同罪"（《野叟曝言》）了。

这时的儒家，与孟子时代"法先王"的儒家还是一回事吗？当然不是。

所以说，历代变法引起的社会阵痛，是"共震"而不是"偏震"，绝非是某一家、某一派的特殊嗜好。

"道法"是法，"德法"也是法；"礼法"是法，"刑法"也是法。从这一点来说，"道"与"儒"同时又都具有"法家"的身份。

后世所谓的"儒法斗争"云云，实在是瞄错了"靶子"、乱点了"鸳鸯"。

三、本土宗教与《老子》的神学化

老子是谁？老子就是无所不能的神仙化身，叫"太上老君"。在一般百姓大众心里，这种说法流传最广。

老子是谁？老子就是西方佛教的佛陀释迦牟尼。在本土宗教界，这种说法流传最神。

老子是谁？民间记载最全的，就是谢守灏（公元1134年—1212年）的《太上老君混元上德皇帝实录》，简称《老君实录》。这位赐号"观复大师"的南宋道士，编考三教经典传记，旁征博引，编造了《老君年谱》，记载了自开天辟地以来直到大宋宣和年间，朝野流传的有关老君的种种事迹本末。

"太上老君混元上德皇帝"，是北宋真宗于大中祥符六年（公元1013年）对老子的加号，是历代帝王对"太上老君"的最后一次加封。在谢守灏的笔下，这位"太上老君混元上德皇帝"竟然与天地同寿，言之凿凿，令人瞠目结舌。

不过，套用一句时髦话，"想象很丰满，现实很骨感"。老子是"太上老君"，是"神仙"，甚至是"释迦牟尼"？可惜都只是传说，都只是本土宗教的传说。

既然是传说，还是从传说说起罢。

1. 从"永平求法"谈起

东汉永平三年的某天夜晚，汉明帝（公元58年—75年）睡觉，梦见一位神人，全身散发着金光，从天而降，与明帝欣然相处，和谐愉悦。

第二天上朝后，明帝问遍每一位大臣，说："有谁知道，我梦见的究竟是哪位神人？"

有位叫傅毅的大臣，通晓古今，回答说："我听说，西边的天竺国出了一位得道者，能够在天空中飞行，全身散发着金光，大家都称他为'佛'。您所梦见的，可能就是这位神人吧？"

汉明帝恍然大悟。于是，委派张骞充任使者，带领秦景、王遵等12人，出使西域，求拜这位称作"佛"的神人。

最后，在大月支国，张骞使团抄写了佛经42章，带回汉地，收藏在宫庭兰台的第十四间藏书室。同时，在洛阳城西的雍门外修建佛寺，又在好几处场所画上佛像，供人瞻仰。

这就是著名的"感梦遣使""永平求法"的传说。张骞、秦景、王遵分别是两汉不同朝代的人物。《后汉书·西域传》《弘明集·牟子理惑论》都有类似记载。

本土宗教的形成，除了官方因素外，还要有广泛的民间基础。两汉时期，儒家的"谶纬之学"盛行，社会上充斥着各种神仙祭祀活动，数不胜数。（《汉书·哀帝纪》）

据正史记载，东汉明帝年间，各种神仙祭祀活动如火如荼。人们把传入不久的"佛教"也看作是一种祭祀方术，与种种神仙"斋戒祭祀"方术混合一起；继而，又把黄帝、老子神化，与佛一起，都当作神仙来祭祀。

这种风气传到社会上层，很快就被部分上层人士所接受，楚王刘英就是最早的信奉者之一。（《后汉书·光武十王列传》）

刘英是汉明帝的异母弟，被封为楚王。楚王到了晚年，特别崇拜黄帝与老子，时常仿照斋戒祭祀"佛"的做法祭祀黄帝与老子，结果被人告发，说他图谋不轨，犯了死罪，被关押起来。可见《老子》的帝王之术，是如何为时人所忌惮。

永平八年（公元65年），明帝下诏，天下犯死罪的人可以赎罪。于是，刘英派人向国相（中央派驻封国主持政务的人）交付黄缣白纨30匹，用以赎罪。

明帝得知后，下诏说，刘英信奉黄老学说，诚心诚意在祭祀"佛"的祠堂里共祭黄帝、老子，而且，按照敬神的规定，洁身斋戒三个月，这些做法，只是为了求得长生之福而已，并没有不轨之心。最后下令，退还刘英用以赎罪的缣纨布匹，让他充作供养居士、僧人之用。

到了永平十五年，汉明帝到东海祭祀恭王的陵墓（《后汉书·显宗孝明帝纪》）。回来途中，明帝到孔子的旧宅祭祀了孔子及其七十二弟子，还亲自到讲堂命令皇太子以及各位诸侯王讲经。顺便说一句，西汉东汉，前后有好几位恭王，都对孔门孔学深感兴趣。

值得重视的是，以上三则故事中，有一个共同的特征，就是宗教之"经"的存在。"儒、释、道"三教的官方确认，似乎都与汉明帝有关，实在罕见。

是否是宗教的最大标志，除了具备神仙供奉、宗教信仰、祭祀场所、祭祀专职人员、祭祀仪轨活动、信教群体等要件以外，还要具备宗教经书，不可或缺。

所谓"本土宗教"，主要指"儒、释、道"三教，也就是"道教""汉地佛教"与勉强称之的"儒教"。

"儒教"之所以勉强称之，是因为它既无宗教意义上的经书，也从未让孔子以"神仙"的身份受到供奉，似是而非。所以，所谓的"儒、释、道"三教，其实只是一种约定俗成的说法。

应该说，中国本土宗教的产生，主要是儒、道两家的功劳。

"道教"二字连用，首见于《墨子·非儒下》，"儒者以为道教"，它的本义是指儒者教导儒术之教，而非宗教意义上的"道教"。

道教的萌芽，发端于秦皇、汉武"求奇药"，欲成仙，崇信神仙方术的所作所为。考诸典籍，《史记》《汉书》虽已把老子描绘成神秘人物，但他毕竟是人不是神；把《老子》列入"道家"而非"神仙家"，可见当时"道家"与"神仙家"并不混同。

西汉成帝时，有位叫甘忠可的写了部《包元太平经》，托言真人赤精子

（《汉书·李寻传》），也就是所谓的"黄帝师"下凡，教他此道。《包元太平经》最终成书于东汉中晚期，被认为是道教史上首部宗教经书。

道教的兴起，当在东汉中晚期，一般认为，是在东汉中叶的安帝、顺帝之时。

东汉顺帝时，琅邪人宫崇进献《太平清领书》，托言后圣李君（老子）所授。这部书被时人认为妖妄不经。后来，崇信"黄老道"的汉灵帝，却欣然接受了此书。

到了汉桓帝时代，道教已经初具宗教所必备的主要形态，第一次以黄帝、老子为对象，有了官方的祭祀活动，而且也有了专门的祭祀场所，祭祀黄帝与老子的规格也上升到皇帝本人。汉桓帝派官员到苦县去官祭老子，目的也是一脉相承，"听于神"（《后汉书·孝桓帝纪》），"共祭黄老君，求长生福而已"（《后汉书·孝明八王列传》）。

"桓帝事'黄老道'"（《后汉书·循吏列传》），"黄老道"正是道教最早的名称。由此可见，早期的宗教活动，得到了最高统治者的认可。

道教从一开始，就有自己的致命弱点。

《老子》的"道用"之一，是帝王们的"南面君王之术"，始终最易触犯最高统治者的忌讳。现在，《老子》忽然被道教的兴教传道者供奉为他们兴教立命的圭臬，兴教传道者的底气并不充足。

兴教传道者有自知之明，他们既要争得对神仙"老子"的合法拥有权、对《老子》的合法解释权，又要竭力避免统治当局的各种猜忌，投其所好而不会对帝王的统治有所伤害，所以，总是要千方百计要一些花招、障眼法。比如，尊老子是"神仙"，称老子为"太上老君"，称《老子》是《道德经》，这样一来，兴教传道者研习老子学说，自然与觊觎帝王之位无关了。

统治者既没有了"为下者"的觊觎之忧，也乐见百姓局限于修身养性之道，沉醉于成神成仙之术，政、教双方，各取所需，达成默契。

然而，障眼法只能是障眼法。不要忘记，随着民间道教的兴起，以兴教为名，造反、起义、武装割据者层出不穷，《老子》的帝王之术，从来就没有被有心人士所遗忘。比如，早期道教创始人之一的张鲁割据西川，北方的黄巾军起义，后人耳熟能详。

佛教传入汉地，与西域的丝路贸易有关。佛教初传，影响很弱，史书上只有零星记载。比如，鱼豢的《魏略·西戎传》记载："汉哀帝元寿元年（公元前2年），博士弟子景卢出使大月氏，大月氏王使臣伊存口授《浮屠经》。"《魏书·释老志》称"景卢"为"秦景宪"，《牟子理惑论》有"秦景"其人，很可能说的是同一个人。

汉地佛教从一开始，也有自己的致命弱点。

佛教是外来宗教，信奉的是佛陀释迦牟尼，初期在汉地传道相当不容易，最大的问题，就是对佛经翻译的高难度。佛教要想取得在地认同，必然要向在地文化求助。

鉴于佛、老共祭的事实，佛经译者自然而然想到，要借重《老子》中大量的抽象辞汇与概念来翻译佛经。

结果，汉译的佛经，不可避免濡染上了老学的色彩，自觉或不自觉地借用以致接受了老学的部分理论，形成别具一格的汉地佛教教义。最夸张的，就是佛教学者道安，用《老子》经文解说佛教经典《般若经》，这就使得佛教的教理很容易与道家思想相混淆，一直为某些道家与道教人士所诟病。

佛教与道教，一个是外来传入的，一个是本地土生土长的，如何相处？如何共存？一直是个大问题。

共祭黄帝、老子与佛等的官方举动，从根本上为道教、汉地佛教以及所谓的"儒教"之间的关系奠定了基调。所以说，中国本土宗教的产生，从一开始就是"三教连衡""三教合一"的和谐关系。

没有儒家的谶纬之学，没有道家的《老子》神学化，没有佛学的汉地化、玄学化，就没有"三教连衡""三教合一"的中国神学的确立；没有佛陀、黄帝、老子的神仙化，就没有宗教崇拜的对象及信仰的依托。正是儒、道两家合力，催生了本土宗教的萌芽。这一点，当时的人们最有体会，其中，以南朝梁帝时期僧祐编撰的《弘明集》最具代表性。

《弘明集》是中国佛教史上第一部以佛教为主体的"弘道明教"的文献汇编。佛、道、儒三教关系与三教论争，是《弘明集》涉及最多的问题。

东汉学者牟子的《牟子理惑论》，是《弘明集》所汇集的第一篇论文。有趣的是，为了论证"三教"的互融关系以及很多相近观点，《理惑论》不仅记录了"永平求法"的传说，详细描述了汉明帝派人去西域抄回第一部佛经《四十二章经》的过程，还引用了大量《老子》经文以及孔子的言论作为论据，其中不乏精辟的见解。

应该说，本土宗教兴起伊始还是比较融洽的。同时，也不必讳言，各教之间的磕磕碰碰从兴教之初就从来没有消停过。各教在统治集团心目中的地位，也是高高低低、消消长长，更是不足为外人道。其中，冲突最大、争吵最久的，就是所谓的"老子化胡"说。

2."老子化胡"引发的释道大辩论

佛教进入中原不久，民间便有了"老子化胡"的传说，说是老子当年西出，并非不知其所踪，而是到了胡地，化身为"佛陀"释迦牟尼，创建佛教以教化胡人。

有人说，这种说法起于道教中的有心人。因为佛教毕竟传教于先，道教要想后来者居上，或要平起平坐，总得找个理由。

也有人说，这种说法起于佛教中的有心人。既然到汉地传教，一定要入乡随俗、化难为易，权宜之计，无非是宣称佛教与道教两教同源，老子与释迦牟尼"混而为一"，"青莲白藕，本是一家"。

"老子化胡"的传说，在各教教众中流传很久，一直沿袭到汉末，大体相安无事。直到《老子化胡经》的出现，事情才开始变了味儿。

西晋惠帝时期，有位道士叫王浮，他根据汉魏流传下来的传说，编造出一部《老子化胡经》，很快成为道教信徒攻击佛教的依据之一，借以抬高道教地位于佛教之上，由此引发了释、道之间的激烈冲突，引发了持续近千年的释、道大辩论，吵得一蹋糊涂。

据记载，道教与佛教之间分分合合，恩恩怨怨，一直不断。"老子化胡"之争，释、道两教至少有过五场大辩论，其间，佛教的赢面多一些，但总体上，一直不分胜负。

到了金元时期，成吉思汗与道士丘处机曾在大雪山论道。成吉思汗给予丘处机最高礼遇，称之为"丘神仙""老神仙"，"我这里常思量著神仙你，我不曾忘了你，你休忘了我者"（《长春真人西游记·附录·〈诏书〉》）。

之后，成吉思汗又几次诏令，给予丘处机及道教高规格的待遇，"照使所据神仙应系出家门人精严住持院子底人等，并免差发税赋"。

同时，替成吉思汗拟定诏书的重臣耶律楚材，也在《诏书》中明确提及，"达磨东迈，元印法以传心；老氏西行，或化胡而成道"，隐约中，似乎感受到信奉佛教的耶律楚材对"老子化胡"说的变通与默认。

当此时，道教正是一帆风顺，予取予求，俨然成为第一国教。

然而很可惜，丘处机的某些当权弟子，主要是曾经跟随他西行、写了著名的《长春真人西游记》的李志常，背离了老子的学说，背离了丘处机生前的教诲，他得意忘形，做了很多不该做的错事，其中，编造谎言的举动更是蠢得可以。

李志常印发所谓的《老子八十一化图》，公然宣扬老子神通广大，能随着时代的不同变化为各种形象。这些谎言很快引起蒙古皇室的警觉与反感，诱发了数年之后的最后一场规模空前的释道大辩论。

公元1258年（元宪宗八年），在开平府的大安阁，忽必烈以宗王的身份亲自主持了这场大辩论，焦点正是《老君八十一化图》和《老子化胡经》。

参加辩论的双方人数众多，佛教方面有300余人，道教方面有200余人。以尚书姚枢为首的官员、谋士200余人，被聘为裁判及见证人。

辩论刚要开始，忽必烈忽然宣布，要采取佛教辩论的规则，给辩论定了调子，也给道教人士的心头蒙上一层阴影。

辩论中，佛教一方，咄咄逼人，步步紧逼；道教一方，则节节败退，左支右绌。

据记载，道士们当时或者"无答"，或者"不曾闻得"，或者"不敢持论"。他们被逼无奈，只得不停地引经据典，结果，忙中出错，居然引证到了司马迁的《史记》上。

这时，藏传佛教萨迦派教主、年仅23岁的帝师八思巴亲自出马，赢得佛教一方的决定性胜利。

以下是《至元辩伪录》中记载的辩论片断。

八思巴首先问道："《史记》是部什么书？"

道士回答说："记载前代帝王的书。"

没等八思巴回答，忽必烈先不高兴了，斥责说："辩论教法，你们扯上帝王做什么！"

听话听音，这时的忽必烈，倾向性越来越明显。

八思巴又问："我们天竺国也有'史记'，你们听说过吗？"

道士回答说："没听说过。"

八思巴说："我告诉你，天竺有一位国王，盛赞佛的功德，说是'无论天上天下、十方世界以及人世间的一切，没有比得上佛的了'。当时他说这些话的时候，老子在哪里？"

道士不能对答。

其实，不是不能对答，而是不敢对答。因为道士们已经明白了忽必烈的态度，还敢说佛陀就是老子的化身吗？

八思巴接着问道："你们的《史记》中，有'化胡'之说没有？"

道士回答说："没有。"

八思巴又问："那么，老子传授的经书是什么？"

道士答："《道德经》。"

八思巴问："除了《道德经》之外，老子还写了什么别的经书没有？"

道士回答说："没有。"

八思巴追问道："《道德经》中，有关自己'化胡'的事情，老子有没有提到过半点？"

道士答："没有。"

于是，八思巴做出结论，说："最有权威的历史典籍《史记》中，没有说过'老子化胡'这么一回事，《道德经》里也是只字未提，《老子化胡经》是部伪造的虚妄之书，不是再明白不过吗！"

道士无话可答。他们没有忘记，由于刊印《老君八十一化图》，李志常为此曾经付出代价，蹲过大牢。

辩论到了这里，总裁判姚枢当众宣布："辩论结果，道教败，判负！"

最后，"上命如约行罚"，忽必烈命令，依据事先的约定，责令道士樊士应等17人到龙光寺削发为僧；被道教强占的佛寺237所，勒令其归还佛教；焚毁道教伪经45部，《老子化胡经》从此亡佚，千古公案也至此了结。

由忽必烈亲自主持的最后这场释道大辩论，规模最大、规格最高、影响最为深远，从此，释道双方的力量对比才真正发生了转变。

短短几十年，道教就从中兴辉煌滑向衰败。应该说，这种结局，与道教上层人士不遵从老子"功成身退""知足""知止"等教诲有直接关系。

当然，佛教一方也并没有因此而成为真正的胜利者。

年轻的八思巴同样做了一件画蛇添足的蠢事。事后，八思巴忘记佛家"慈悲为怀""四大皆空"的教理，盛气凌人，得意洋洋，逞口舌之快，写了一篇《调伏道教大师记》，把道教贬得一文不值，称道教为"邪门外道"，认为道教"自吹自擂，近于疯颠"，所以，他要遵照人主的命令，把"以清净正见驳倒"道教大师的实况"特记于此"，云云。

八思巴为道教人士竖立一块耻辱碑，从而使并未真正被调伏的道教人士与佛教结下新的孽缘。

不过，八思巴还是没有把话说绝，他对称之为"太上老君"的老子还是持肯定态度的，也承认"太上老君"的神通。

八思巴写道："如是，以前在汉地出生之太上老君，据说在母胎中住了82年，出生后性喜寂静，努力修定，获得预知世间及神幻等成就，并使其弟子们亦入于此道。"（《萨迦五祖全集》第15函，第319叶）

佛、道之争，连累了老子上千年。所幸的是，老子作为宗教中"太上老君"的神圣地位，并未因此受到影响，而且经过佛教的渲染其传奇色彩反而更浓重了。

3. 捅不破的"窗户纸"

没有哪种学问能像《老子》一样，几千年来既让人非常重视，又让人非常忌惮。

秦始皇曾经说过："吾慕真人，自谓'真人'，不称'朕'。"

汉武帝"初即位，尤敬鬼神之祀"，晚年更是感叹，"嗟乎！吾诚得如黄帝（与神会），吾视去妻子如脱躧耳。"

秦皇、汉武都喜欢神仙术，追求长生不老。继而，道教人士更是推波助澜，为草创道教，又进一步神化老子，于是就有了所谓的"太上老君"之说、"一气化三清"之说，说老子有三个化身，等等，无外乎是在为老子的养生长寿甚至长生不老找依据。

帝王皇室纷纷祭祀黄帝、老子，学习《老子》经典。当他们把重点放到修身养性、追求长生不老之后，养生之风吹遍神州大地，很快成为一种社会时尚，进而成为一种信仰，为宗教的产生开垦出一片沃土。

政治上，既然对帝王、圣人的要求是"无为""无为而治"，那么，帝王、圣人的主要兴趣就自然而然转移到生活上。修身养性，甚至追求长生不老，就成了很多帝王的第一选项和要务。在《汉志》记载的十余种"黄帝"类书中，只有《黄帝内经》流传至今，不是没有道理。

本土宗教的产生，都与老子与《老子》有着千丝万缕的联系。尤其是道教，它们尊老子为神、为祖，称老子为"太上老君"的化身，称《老子》为《道德经》，奉其为道教经典，使《老子道德经》终于具有了独特的双重经典地位，即世俗经典与宗教经典。

至此，无论什么人，无论出于什么目的，学习《老子道德经》，都可以游走于世俗经典与宗教经典二者之间，游刃有余，不再有什么疑惑或顾忌。

绝大部分"子书"，都是"道用"之说，分别侧重谈"德"、谈"道"、谈"法"、谈"刑"、谈"名"、谈"阴阳"等，不一而足。

《老子》则不同，既谈"道本"，也谈"道用"。

《老子》的"道本"，被百家定为一尊，为百家之共主；而《老子》的"道用"部分，也是"一家言"，与百家平起平坐。这也许就是不好给《老子》学术定位的主要原因。

为了安全保险，很多学者宁愿将《老子》隐于"子书"一类，再糊上一层"窗户纸"。

之后出现的本土宗教，推波助澜，执意奉老子为神仙，执意奉《老子道德经》为其宗教经典，更加混淆了《老子》经典的本源性质，拉低了《老子》崇高的学术地位。当然，这也是历代帝王所乐于看到的。

据《道藏》记载，白居易有过这样一段论述："玄元皇帝五千言，不言药，不言仙，不言白日升青天。"对老子学说的本质，白居易其实看得很透彻。

头脑清醒的人，不只白居易。

宋代的司马光在《示道人》中这样说："天覆地载如洪炉，万物死生同一涂。其中松柏与龟鹤，得年稍久终摧枯。借令真有蓬莱山，未免亦居天地间。君不见太上老君头似雪，世人浪说驻童颜。"

唐宪宗曾经询问大臣，说："神仙之事，可信吗？"

李藩回答说："一般认为，神仙之说，出自道家。道家学习的《老子》五千言，本来与古传的《老子》也没有什么不同之处，只是随着时代的变迁出现了一股'好怪之流'，把神仙之说假托在老子的身上，以致秦始皇与汉武帝都受到这种观点的蛊惑，信以为真，最终却都求仙不成。"

唐宪宗听了，深以为然。

然而，后来呢？

唐宪宗最终还是听信了方士的一派胡言，追求长生不死，妄用"火毒难制"的金丹，中毒而死，年仅42岁。（《旧唐书·宪宗本纪》）

为什么在历代帝王的心目中，孔子无论怎样"显"也不过分，老子无论怎样"隐"也不过分？

又是一层"窗户纸"，捅破了，再糊上，捅破了，再糊上，多少帝王，同样乐此不疲。

为什么？

因为对历代统治者来说，神学《老子》、养生《老子》的政治风险最低，也最好使。

四、《老子道德经》的经本、注本及其他

时至秦王朝"大一统"以前，完本《老子》经文便已风靡天下，在政治及学术上定为一尊。

天下底定，"大一统"的国家一切都要随之制度化，文化典籍的归类工作也同样如此。于是，便有了最初的六艺、诸子、兵书、数术、方技、诗赋六大部类，以至唐初的经、史、子、集四大部类。

现存最早文化典籍的史志目录，就是班固的《汉书·艺文志》。

1. 从私撰《汉书》到奉诏修史的班固（《后汉书·班固传》）

公元62年，朝廷收到一封检举信，告发扶风郡一位叫班固（公元32年—92年）的人，说他私自改修国史，大逆不道。

汉明帝一听，那还了得，当即下令逮捕班固，关进京城洛阳的监狱，同时还查抄了他家的所有书籍与书稿。

班固有个弟弟，叫班超，胆识超人，他担心朝廷偏听偏信，哥哥班固关在监狱又无法自辩，便骑马赶赴京城，上书汉明帝，为哥哥鸣冤。

机缘巧合，汉明帝特旨召见班超，仔细听取了班超的申诉意见。这时，班固被查抄的书稿，也被扶风的官员送达京城。汉明帝仔细阅读了班固的书稿，非常吃惊，认为班固是个不可多得的奇才。

于是汉明帝下令，无罪释放班固，任命他为兰台令史，到皇家的校书部门工作，让他继续编写他的著作。

从私撰《汉书》到奉诏修史，国家打破传统，使班固成为第一位不是史官世家出身的国史大家。

弟弟班超也因"诣阙上书"的行为，得到汉明帝的赏识。后来，班超投笔从戎，两次出使西域，先后22年，立下丰功伟业，被封为定远侯。(《后汉书·班超传》)

公元82年，班固的《汉书》基本完成，成为继《史记》之后的又一部重要史书。《艺文志》就是其中一篇。

《汉书·艺文志》，简称《汉志》，是在西汉《七略》的基础上增删完成的。刘向、刘歆父子"总群书而奏其七略，故有辑略，有六艺略，有诸子略，有诗赋略，有兵书略，有术数略，有方技略。今删其要，以备篇籍"(《汉志》)。

经典著作大多有"经"有"传"，或有"经"无"传"，各类专著也都是以原文为主。其中，只有一部重要著作是个特例，那就是《老子》。《汉志》中，《老子》无"本经"。

"六艺"自古就是国家经典，有"经"有"传"。

"儒家者流"，"游文于六经之中，留意于仁义之际，祖述尧舜，宪章文武，宗师仲尼"，也就是说，儒家"游文"，是在为"六艺"传注。《汉志》将儒家宗师孔子的《论语》，升格至"六艺"类别，给予最高的"国家经典"地位。

那么，《老子》呢?

伴随着大汉王朝的建立，朝野上下学习《老子》蔚然成风。近期出土的帛书《老子》、汉竹《老子》等文献告诉我们，完本《老子》以"本经"的形式，早已广泛流传于汉家天下，但是，《汉志》反映出来的，却与这些事实相去甚远。

《汉志》只在"子部"中，记载了三部有关《老子》的传注本，而《老子》本经竟未收录于目录之中，通篇不见踪影，成了唯一一部本应大书特书却又没有"本经"记载的经典书籍，有"传"而无"经"，岂非咄咄怪事?

如果从作者身上找原因，可能有这么两点。

班固称司马迁"论大道则先黄老而后六经"。然而，司马迁的这种学术态度，儒家出身的班固并不赞同。班固批评说，司马迁的"是非颇缪于圣人"，"此其所蔽也"。

班固对"道家者流"的界定，是"君人南面之术"。不言而喻，"君人南面之术"主要指的就是《老子》的"道用之术"。这是一记警钟。

《老子》讲"道本"，也讲"道用(道术)"；既可称"经"，也可称"子"，如此看来，《老子》本经无论归于哪一类别，似乎都不合适。

如何给《老子》归类?始终是个难题。

"国之利器不可以示人"，老子的"道本"之"大一"理论以及"道用"之"帝王术"，都是国器之中的利器!这也是秦汉以来，帝王第一忌讳之事。怎么办?

从私撰《汉书》到奉诏修史，班固已经有过一段因祸得福的可怕经历。与当年的司马迁一样，警钟长鸣，避嫌避祸自然是他的第一选择。这也算是由于史家不知所措而采取的超然手段吧！

2. 对《老子》成书过程的总体判断

判断《老子》一书产生的背景、过程、实践、传播、时代烙印，先要有一个总体上的认知。

最早的古书，并非像今人所认知的那样，客观地说，它还只是单组分段，既无逻辑上的篇章顺序，也无固定的格式，往往要经过很长的一个演变过程才能最终成型。

除帝王外，只有天子的史官才能接触到大量的坟、典、谟、记、志等图书，连一般诸侯的史官都看不到，更何况他人。

老聃作为东周王室的"守史"和"征史"，有着得天独厚的条件，可以接触到几乎全部的"三坟""五典""书""记""志"等诸多古今典籍，以及从各诸侯国与民间收集到的诗歌、谚语、俗语、记事等。

史官众多，各有分工。老聃很可能主管或记载有关"德"与"道"的经典文书。老聃所"守"与"征"的重点，很可能是有关"德"与"道"方面的内容。

春秋时代的变革，不能不引起老聃的思索，他试图在理论上找到答案，找出世代交替的合理性。

老聃既要对"德"重新定义，又要逐渐引入"道"这一哲学概念。

经过不断学习、整理、扬弃、吸收，集腋成裘，逐渐成册，最终形成了《老子》（其时尚无此称谓）的初貌，称之为"老聃之'言'"。

老聃著书的行为，应该是职务行为。当时的老聃之"言"，即使成书，也是"公书"之中的"中秘书（秘书）"，是密藏于内的公书经典之一，处于最高等级，隐而不宣、藏之秘室、束之高阁，只供天子参考。

随着几次文化下移，老聃之"言"才一点一滴从公室高层传入中下层，再渐渐传入各个私家乃至民间，最终成为我们今天看到的《老子道德经》。这也就理解了，为什么《老子》的流传会如此之漫长，版本会如此之繁杂，经文会如此之分散，解读会如此之不同。

从流传过程中的实际情况判断，有一点可以肯定，老聃之"言"的祖本结构，一定是无序的；老聃之"言"的内容，也不是首尾完整的文章，而是由短篇章句汇集而成。

其间，老聃之"言"的各个不同段落，或多或少，渐渐散传于各诸侯国。他的诸侯各国的弟子后辈先后向他学习讨教，然后，各自辑录老子之教，为其传言，为其"因发明序其指意"。

有些后学者，尝试加上自己的认知与注解，逐渐形成各自的集本、散本，使老子的很多议论、很多经文、很多佚文散见于这些先秦诸子书之中。

在这些集本或散本中，内容、字数、文字的书写多有不同，也谈不上分篇分章，只是根据内容的需要，各集本多有分段，用墨块区隔而已。

直到战国中后期，有些后学者开始有意识地收集散见于各诸侯国的《老子》集本。更有甚者，他们开始试图将各种版本汇总后集于一身，直到完本《老子》的出现。

对《老子》一书，人们看到了很多矛盾之处。比如，重见迭出的地方比较多，前后矛盾的经文比较多，相同的字多为异音异用，文体多样、不统一，虚字、语助词的使用也比较随意。

由此是否可以认为，今天我们所见到的《老子》五千言，并非一人一时之作？答案应该是肯定的。身为史官的老聃是它的源头与原创，这一点也应该是肯定的。

根据众多古籍对老子的矛盾表述，以及上古时期官书、私书的成书过程推断，大部分的古籍都不是一人之作、一时之作，《五经》如此、《论语》如此、《管子》如此，《老子》同样如此。

《管子·小匡》中有一段话，发人深省："昔吾先王，周昭王、穆王世法文武之远迹，以成其名。合群叟，比校民之有道者，设象以为民纪，式券以相应，比缀以书，原本穷末。"就是说，让天下百姓知道应该怎么做，同时也要有相应的监督管理机制，并且将这些法律法则详详细细记录成书，让上上下下、子子孙孙照此执行。而"设象""式券"，最终"比缀以书"的工作，是合了"群叟"之力，甚至还征求了"民之有道者"的意见。

如此看来，"老子"之称谓，是否正是以老聃为首的"群叟"及"民之有道者"的代名词？或许，老聃至少应该是群叟之中的先驱者、佼佼者或是领军者吧？

老聃的作品，也像其他上古古籍一样，本来并无篇名。起初，典籍中称之为"老聃之'言'"；之后的很长一段时期，称之为《道德》"《道》《德》二篇"或《老子》，其经文内容与今天见到的《老子》也不完全一样。

为了行文方便，本书将从叔向的"老聃有'言'"到完本《老子》出现之前这段时期有关"老聃之'言'"的各种称谓，一般称之为《道·德（老子）》，以便与后来的完本《老子》《老子道德经》等名称相区别。

3.《老子》目前有多少种经文本与传注本

随着中华民族实现"大一统"，社会结构、政治框架、官僚体系逐渐完善，先秦诸子百家，"大一"也罢、"小一"也罢，大都完成了各自的历史使命，纷纷回归学术殿堂。

诸子百家立说著书之形式，多以《尚书》为范本，多以具体经验或感性知识为依据，并以此建立各自的思想体系。而《老子》则不同，其五千言多为抽象概念，并以此建立自身的思想体系及思维体系。

从先秦诸子百家倒推至《尚书》，《老子》是第一部抽象性最强的著作，也由此造成了对其理解上的众多岐义。所以，《老子》也是一部争论最多的著作。

《老子》流传至今，有太多种不同的传世本。其版本、注本之多，文本序列之完整，无论在中国的学术界，还是外国的学术界，上千年来都是首屈一指、绝无仅有的。仅凭这一点，就足以昭示老子学说的至尊地位。

据南宋的谢守灏考证，从西汉刘向雠校中秘书算起，《老子》的版本就有中书《老子》、史书《老子》、向书《老子》等多种，这些校理之初的《老子》定本都是上下二篇。

至于81章的分际，有上经34章、下经47章，上经37章、下经44章，以及上经36章、下经45章之别，后来，又有严遵的72篇之分。到了明太祖朱元璋学《老子》时，他的用本则是67章本。

总之，这些版本，有"依文连写"的、有"分题81章"的，有"有经有注"的、有"有经无注"的，不一而足。

经文的字数，各版本也多有不同，但都不满6 000字。某些经文的位置，也有所移动，各不相同。

"历年既久，各信近传"（《太上老君混元上德皇帝实录·卷三》），各家的注说，也由于《老子》流传太久，各种版本的经文多少有些偏差，所以注者多以"近传者"为信本，难免受到各自时代精神的影响，直接导致了对经文理解上的差异。

所谓"注疏传统"，是对古代经典不断加以诠释与发挥，这也是中国文化传承的一大特点。

从类型分，《老子》主要分为"经文本"与"传注本"两大类。

《老子》经文本，又称"白文本"或"原文本"，如历代诸《老子》经文碑，初唐傅奕校定的《老子道德经古本篇》，以及陆续出土的《老子》写卷、竹简本、帛书本、汉竹简本，它们都是"经文本"。

《老子》传注本，主要分为"解本"与"章句注本"两大类。

战国时期，《老子》传注本以"解本"为主，"解本"又称"说本"或"传本"。

由于没有文字理解上的障碍，所以春秋战国人解说《老子》，重点放在阐述心得、借题发挥、喻说经文之意方面，形式多为大段议论，最后以"故曰"一句《老子》经文作总结；也有的做法是，先说一句或一段《老子》经文作为引言，然后再大发议论。

《汉志》所记载的《老子邻氏经传》《老子傅氏经说》《老子徐氏经说》，以及刘向《说老子》，虽说早已亡佚，但从书名判断，可能采取的都是"解本"的体例，甚至本身就是战国晚期的作品。

汉代开始，《老子》传注本以"章句注本"为主，逐渐成为主流。

以文本结构分，"章句注本"可分为《道经》各章在前、《德经》各章在后与《德经》各章在前、《道经》各章在后两大排列顺序，分别以《老子道德经河上公章句》（简称"河上注本"）和严遵注《老子指归》（简称"严遵注本"）为代表。

以注释体例分，"章句注本"可以分为一句一注的"句注本"，和一章（篇）一注的"章注本"两大体系，同样分别以河上注本与严遵注本为代表。"《春秋》三传"就是经前传后、一经一传式的格局。

"章句注本"的主要特点，就是围绕着经文作各种注解，基本上是串讲，以经文为主干，"注"在"经"后，或是一句一注，或一章一注，注解的内容包括经文主要用字的音义、释义，经文的直译、意译，内容提要，通论等。

随着后世研习《老子》的人越来越多，注解的内容与手段更加宽泛，前人的成果后人全都用上了，如为注作疏、专题释义、衍义心得、集注集解等，五花八门。其中，将多家注解集中到一起作比较研究的，以明清时期焦竑的《老子翼》为代表。

据统计，汉代注《老子》共有12家，魏晋南北朝41家，唐35家，宋78家，元29家，明清两代200多家，到今天，早已超过千家。元代的道教天师张与材甚至有"《道德》81章，注者三千余家"的说法。

各家注本的总体特点，就是将老子"大一之道"的"道本"理论，融入对各种"道用"之术的发挥之中。

4.《老子》主要的几部经文本与传注本

（1）《老子道德经河上公章句》（《隋书·经籍志》）

《老子道德经河上公章句》分81章，《道经》在前，有37章，《德经》在后，有44章，内容规模与帛书经文本上下两篇基本相同，两篇顺序则相反。

河上注本流传最广，时间最久。河上注本的解释，也最浅显，最实际。

河上注本的主要特点，就是将"道"分成两类："经术政教之道"，用来治国；"自然长生之道"，用来治身（第1章注）。

河上注本首先界定经文"言圣人治国与治身也"（第3章注），强调"治国治身之要"，但将"治"的重点悄悄转移，多由"治身""养生（卫生）"入手，主张"贵清静而民自定"，用"无为治国，清静养生"的观点注释经文。

至于诸如"育养精神，爱气希言"（第5章注）、"天地长生久寿"（第7章注）、"魂静志道不乱，魄安得寿延年"（第10章注）、"治身者，爱气则身全；治国者，爱民则国安"（第10章注）等大量议论，甚至"北极紫微宫""太古无名之君""天降神明"等对非现实世界的暗示与诱惑，更加深了人们对"得寿延年""长生久寿"的憧憬。

将治国与治身明确区别开来，把"道用"之"帝王术"分解成治国术与治身术，从而巧妙地淡化老子学说中帝王专利的"帝王之术"，凸显人人可行的"修身卫生之术"，将帝王专属的"'无为'之治国"，逐渐演变成人人可行的"'无为'之治身"，使统治者与普通民众各取所需、各有所得，使平民百姓也有了学习《老子》的正当理由。这就是河上注本流传最广、最久的根本原因。

作者河上公，或称"河上丈人"，很可能是位民间隐者。

"河上丈人"之称，首见于《史记》；"河上公"之称，首见于《隋书》。两部史书互证可知，"河上丈人"与"河上公"指的是同一个人。

河上注本在汉文帝时已经流传。与汉文帝一样，汉文帝的皇后窦氏（窦太后）读的《老子》，很可能也是河上注本。如此看来，当初辕固讥讽《老子》是"家人言"，很可能与河上注本强调"治身""养生"有关。

汉朝初定，百废待兴，民心思安，治身之术得到充分的发展，从修身于内到修身于外，从养生以至行气、固精、养神（三大养生要术），直至追求长生、成仙成神，到了极致，"帝王术"终于演变成了"神仙术"。

（2）《老子指归》严遵注（《隋书·经籍志》）

严遵（或作尊），本姓庄，避讳改姓严，字君平，生于西汉中叶，王莽时隐于蜀，卜筮于成都，授《老子》，作《老子注》《老子指归》。

对严遵的记载，最早见于《汉书·王贡两龚鲍传》。

严遵注本依旧保持着帛书《老子》经文本上下两篇（上篇为《德》，下篇为《道》）的内容规模与顺序，并且将经文段落细分为72章（篇），明确称名《老子》为经，即"《上经》配天、《下经》配地"，《德经》40，《道经》32，经、注分开，一章一注。

严遵的《老子注》早已失传，《老子指归》的《德经》部分尚存，《道经》部分如今只剩下保留在其他典籍中的百余条佚文。

严遵注本的特点，是对天地宇宙演化过程，尤其是人类在其中位置的探究，所谓"天地，物之大者，人次之也。夫天、人之生也，'形'因于'气'，'气'因于'和'，'和'因于'神明'，'神明'因于'道德'，'道德'因于'自然'：万物以存"（第42章注）。"道德为母""天地为象"（经目），"道德天地，各有所章"（第41章注）等。注文紧扣"天地""道德"四字，反复论述天人之间的关系。

严遵认为，所谓"一""神明""太和"等，都是各种"气"；而所谓"道"，则是一种无处不在、无时不在的法则。

通过对"气"与"道"的研究，严遵得出结论，既然"万物自生""万物自化"（第5章注），所以一切以"无为""自然"为根本，"无为之为，万物之根"（第48章注）。任何"道用"之术（道术）都只有特定用途；以有限的用途，不可能"授无穷之势"，所以还是任由万物自生、自化为好。

至此，"无为"与"自然"真正成了哲学命题与哲学术语。"无为"与"自然"画等号，只是视角不同而已。

同时，严遵又说："有名，非道也；无名，非道也。有为，非道也；无为，非道也。无名而无所不名，无为而无所不为。"（第1章注）

严遵认为，"有名"与"无名""有为"与"无为"都是平行对等关系。"有名"与"无名"都不是"道"，或者说，都不是"道"的全部，只有"无为而无所不为"才是完整的"大一之道"，这正是对老子学说中"二而一"模式的具体表述与继承。

"有分"之说，也是严遵的重要学术用语。

严遵认为，任何事物都"有'分'"（第75章注），"大一（二而一）"之下的"有'分'"。要学会"不失其'分'"，才能各守其名、奉其职分；要学会"守'分'"，不可越权相代；要学会"损己余'分'"，才能行"大一之道"。

对老子学说作哲学理论研究，严遵注本是战国时期以来承上启下的关键。从庄子的"建之以常无有，主之以大一"，到严遵的"元于虚，始于无""因其本，修其无""无为之为，万物之根"，究其本因，都是源于《老子》的"有无相生"四字。

（3）《老子想尔注》张陵注

《老子想尔注》，全名《老君道德经想尔训》，二卷，是道教早期教派五斗米道的教典，是从河上注本派生出来的道书。

《老子想尔注》与其他道经，在北周武帝时被定为禁书，几近失传，究其原因，很可能与它的"注语多浅鄙，复多异解，辄与老子本旨乖违"有关。现在能见到的，是涵盖大部分《老子·道经》的残本。

《老子想尔注》最大的特点，同时也是最大的弊端，就是对《老子》经文动手动脚，通过删改的手法有意改动原文，以便在诠释中曲解《老子》本旨，试图将哲学《老子》改造成宗教《老子》，为道教传道所用。其后遗症，甚至影响到各种《老子》传世"多字本"的用字与断句，直接扭曲了对《老子》本旨的正确理解。

出于宣教的需要，《老子想尔注》以河上注本为基础，对《老子》经文作了字数上的删减，使其强合5 000字之数，所谓"五千文上下二卷合八十一章四千九百九十九字，太极左仙公序，系师定，河上真人章句"，"太极左仙公"据说是葛玄之号，"系师"是张鲁的尊称。

于是，以经文字数区分，从此便有了所谓"损字本（五千文本、少字本）"与"多字本"的区别。

据统计，帛书甲、乙本均有5 400余字，河上公注本（多字本）的经文有5 500余字，王弼注本的经文有5 600～5 700字、其现存本仍有5 460字。

后世敦煌五千文本《老子》出自于《老子想尔注》系统，可以推见到损字本的全貌。敦煌本《老子》写卷数量不少，在《老子》的文本序列中，占有相当重要的地位。

《老子想尔注》宣教，从老子的"无为"思想出发，主要强调"守道诫""长生之法""帝王行道"。

《老子想尔注》按照传经布道的需要，"想当然尔"地将老子神格化，将《老子》神学化，将"道"人格化、神格化。

尤其是道教产生以后，其信众以追求长生成仙为最高信仰，诵经、写经为常业，更使得社会上学老之风如虎添翼，开启了道教信众注解《老子》的蹊径，使"神仙长生之道"成为《老子想尔注》所追求的终极目的。

所谓"三日不读《道德经》，便觉舌本间强"（《世说新语·文学》），正是当时的写照。其中著名的事迹有，王羲之为山阴道士写《河上公老子》换鹅，王羲之本人就是士族中的五斗米道徒。

《老子想尔注》的作者，据南北朝及初唐的文献记载，一般认为是张鲁。后来的唐玄宗等人则认为是张道陵所作。从二人的血缘关系以及损字本为系师张鲁所定来看，《老子想尔注》很可能是作于张陵而定于张鲁。

张陵，又称张道陵，是东汉顺帝时人，居蜀修"道"，创建了"五斗米道"，后传道于其子张衡，张衡又传道于其子张鲁。

《三国志》中说，张道陵"造作道书"，目的很明确，就是"以惑百姓"。后来，张鲁在汉中割据，建立了政教合一的政权。由此看来，《老子想尔注》所追求的终极目的并不那么简单，"帝王之术"再怎么"隐"，也始终无法"隐"掉它的政治诱惑力。

何谓"想尔"？有人猜是人名，有人猜是书名。从其强改"句"、强改"字"、强改"义"的作为来看，不过是其"想当然尔"的简称而已。

（4）《老子道德经》王弼注

王弼（公元226年—249年），是三国曹魏时期的经学家与哲学家。

王弼为《老子》作注，侧重理论的思考与体系的建立，所谓"文虽五千，贯之者'一'；义虽广瞻，众则同类"（《老子指略》）。

他写的《老子道德经王弼注》（王弼注本）与《老子指略》，流传至今，与

《老子道德经河上公章句》并列，是千百年来影响最大的两种《老子》注本，代表了文人哲学系统与官民养生系统两大经学流派。

我们今天见到的《老子》81章本，章与章之间大多是无序的，没有内在的逻辑联系，王弼的《老子注》，是按照传统手段，一句一注地解说经文。

王弼的《老子指略》，几乎就是一篇逻辑严谨、表述清晰的源于隐本《老子》的学术论文。

《老子指略》打破传统的章节界限，按照老子学说的内在逻辑，对《老子》经文重新解构、排序，作总体性分析，重点剖析老子的"大一之道"，完整梳理老子学说之"道本"理论核心及各种"道用"之术。

王弼认为，"老子之文"的"大归"（道本），就是"论太始之源，以明自然之性；演幽冥之极，以定惑罔之迷"；第一句概括为"道"，第二句概括为"玄"。

"'名'生乎彼，'称'出乎我"，就是说，称之为"道"、谓之为"玄"，是根据它的客观自然属性"无形"与"无名"，由"我"给予的主观定义。不过，即使是"道""玄""深""大""微""远"这些称谓，也同样是"各有其义，未尽其极"，言不及义，不如直指明言它的自然属性来得更确切。

所以，《老子指略》开宗明义，提出了"无形"与"无名"这两个属性概念。"无形"与"无名"，界定出"道"与"玄"的本质，所以又称之为"道本"。

王弼认为，"老子之文"的"大要"，也就是"道用"之术，有四点，即"因而不为，损而不施；崇本以息末，守母以存子；贱夫巧术，为在未有；无责于人，必求诸己"。

王弼学说的理论推理是这样的："'无形''无名'者，万物之宗也"，也就是说，"无形"与"无名"是天下万物的根本，是天下万物共有的自然之性。

什么叫做"无形""无名"？

"无形"是一切"具形"的"共形"，"无名"是一切"具名"的"共名"，总之，天下万物，都是既有个性，又有共性，所以既有具形、具名，又有共形、共名。

"无形"与"无名"的重要性就在于，我们所见到的万物都是有具形与具名的，但这只是表象。"妙出乎'玄'，众由乎'道'"。"'玄'，'谓'之深者也；'道'，'称'之大者也"。

"玄"与"道"告诉我们，万物的本质，都是"二而一"的，都是"不温不凉，不宫不商"的混成之物。

然而生活中，我们需要"辩名""定名"。

"名生于形""各有其实"，由此一来，"有此名，必有此形；有此形，必有其分""形必有所分""名必有所分""有分则不兼"。所谓"不兼"，就是受到具形与具名的局限，只知其一，不知其二，没有意识到对"大一"之中的另一个"小一"的包容。

"无形"又称为"大象"。"象而形者，非大象也"，就是说，"有分"的具体物形，不是无形之"大象"。

然而，如果没有或温或凉之类的具体之形，"则大象无以畅"。

王弼又说，"四象形而物无所主焉，则大象畅矣"，这里，王弼对老子学说的理解有误。其实，"形"的"一中之二"，还是有所"主"的，否则就成了相对论。"一中之二"在不同的条件下，有不同的"主"、不同的"从"，始终互为主从。

"夫欲定物之本者，则虽近而必自远以证其始。夫欲明物之所由者，则虽显而必自幽以叙其本"，近与远二而"一"，显与隐二而"一"，"一"就是"物之本""物之所由"。

究竟什么是王弼所说的"本"？"道"是"本"，也就是"道本"，"末"是"用"，也就是"道用"。"道用"万千，"同类"于"道本"。

掌握了"道本"的精髓，就会正确运用"道用"之术，这一点，王弼自己说得很清楚：《老子》之书，其几乎可一言以蔽之。噫！崇'本'息'末'而已矣。"也就是说，老子学说的"道用"核心，用一句来概括，就是"崇'本'以息'末'"，就是分析问题要全面，处理事物要善于抓住"大一"之本质。

王弼列举了很多例证，都是对"大一之道"的具体运用，尤其强调"物之所以存，乃反其形"，从正反两方面论述，用"分"来表述。"有分"是"末"，反之，"本"就是"无分"，就是"无形""无名"。"分则不能统众"，所以，要站在"无分"的高度处理一切"有分"之物，也就是"耦处理"。

有的学者认为，王弼的所谓"无"，是以属性概念的形式存在，是对"道""一"属性的说辞，认为王弼的哲学思想，是以"以'无'释'道'"为主旨，提倡"以'无'为本"的"贵无"思想。这种理解，是对王弼观点的误解与偏差。

"以无为本"与"有生于无"，是后人对《老子》经文中"天下之物，生于有、生于无"（《老子·40》）的误读或改经，而经文"有无相生"，才是原经正论。

"有"与"无"二者之间，是"以无为主"，还是"以无为本"，本质不同。

"以无为主"，"有"与"无"二者之间，是兄弟关系；"以无为本"，"有"与"无"二者之间，是母子关系。

"无"既不是"道"，也不是"一"。"无"与"有"，都只是"道"与"一"的一部分。就像"老聃贵柔"一样，所谓"以'无'为本"，是基于"道用"层面的泛论，是"道用"之一，而绝非指"道本"。

所以，王弼既说"凡'有'皆始于'无'"（第1章注），"'有'之所始，以'无'为本"（第40章注），也说"以'贱'为本"，还说"'本'在'无为'，'母'在'无名'"，要"用一""守一"，否则"恐丧其本"（第39章注），这些注文，散见于一句一注之中，而完整的答案，要从"隐本"论文中去找。

"有"与"无"都是抽象术语，具体论述时，都有其具体内涵。比如，以"有"与"无"为引领，"难"与"易""长"与"短""高"与"下""音"与"声""先"与"后"这六对"二而一"，"皆陈自然，不可偏举之明数也"（第2章注），让我们理解了什么是"自然"，什么是"道数"，如何使"大一"之中的两个"小一"（道数）缺一不可、相互包容，使两个"小一"不可偏举，经过"耦处理"而保持"大一"的平衡。

所谓"道数"，就是"大一"之道中的"小一"之数，缺一不可。

王弼在《指略》中又说："故古人有叹曰：甚矣，何物之难悟也！……寻斯理也，何往而不畅哉！"首次提到了学老要"悟"，要"悟"其理，为我们提供了学习老子学说的正确途径。

王弼注"老"，另辟蹊径，主要还是与其所处的时代背景有关。

东汉后期，随着民间道教的兴起，《老子》的"帝王之术"被不少有心人所重视，于是南北起义、战乱频仍，到三国两晋时期，更是社会动荡，政权多次易手。

生死无常，成败难料，当时的士大夫阶层中的一些饱学之士，既无帝王之想，又惧杀身之祸，大都远离政治，远离庶务，专事清谈，以"三玄（老、庄、易）"为史料，探求宇宙本体。这就是魏晋"玄学"产生的时代背景。

王弼虽然年轻早逝，但是他的两部老学著作影响很大，理所当然被后人归为"玄学"之中；不过，与真正的"玄学"，还是有所不同的。

相较河上注本而言，王弼注本重在阐发《老子》的哲学义涵，这比较符合一些尚清谈的文人士大夫的口味，但距下层社会较远，自然在大众之中的影响不如河上注本。

再者，王弼为人高傲，"颇以所长笑人，故时为士君子所疾"，文中又明言指斥法家、名家、儒家、墨家、杂家都是"用其子而弃其母"，是"舍本而攻末"，是"术之下此者""术之贱此者"，所以都是"小一"之术，将诸家一网打尽，以致多年来王弼注本一直没有得到应有的地位。

唐代玄宗以前，厚"河"而薄"王"，河上注本始终为主导。唐初官学教授《老子》，课本就是《河上公章句》；直至开元七年，才以唐玄宗的御注本取代河上注本，不过，所据经文，仍然采用河上本。

之后，所谓的"义理之争"逐渐受到重视，有人请河、王两家兼行。玄宗下诏认可，这才有了唐代以后河上注本、王弼注本并行的局面。

据考证，当时各家的注本数量激增，竟有53家63种之多。注本的性质也有了很大的丰富，如通论、注疏、音释、提要、版本校勘、集注集解、专题释义、衍释阐述等。

总之，唐以前，河本流传得广一些；宋以后，王本被认为是"还古者也"，流传得广一些。目前所见的河本与王本都不是原本，而是宋人所改本。

宋代活字印刷术对手抄本的替代，既扩大了《老子》的传播范围，同时，以讹传讹的概率也大大上升，影响了对《老子》真经的认识与理解。

（5）《老子道德经古本篇》傅奕经文本（《太上老君混元上德皇帝实录·卷三》）

傅奕（公元555年—639年）是隋末唐初的大学者。傅奕开创了异本勘合之风，将各种版本的《老子》经文相互对照，版本校勘，择善而取，称之为"校定"。

南北朝北齐武平五年（公元574年），彭城人盗发项羽妾冢，出土文献中竟然收藏有《老子》等古书，足见《老子》流传之广。

后来，傅奕就以这部项羽妾本为主，参考了九家注本经文进行整理，校定了一部《老子古本篇》。

傅奕校定的《老子古本篇》，是按照传世通行本的体例，《道经》在前、《德经》在后，为81章本，共5 556字。傅奕经文本保存了较多的古句、古语、古字，与帛书文字有许多类同之处，其时代特征应与马王堆帛书《老子》甲本相当。

之后，唐景隆碑、宋范应元《老子道德经古本集注》、元至元二十七年陕西盩至县（周至县）楼观台道德经碑，皆宗于此本。

（6）四位皇帝的《御注老子》

两汉以来，历代帝王心目中的《老子》，究竟是个什么样子。

从汉文帝开始，史书中就有了皇帝研习《老子》的明确记载。历朝历代学《老子》的帝王很多，注《老子》的帝王也很多，一查便知。

汉代诸帝王，已经说了很多，其他较有名的还有：

南北朝的梁武帝撰《老子讲疏》。梁简文帝撰《老子义》。梁孝元帝萧绎"复所爱习""三玄"，不仅著有《老子讲疏》，还在兵临城下、国破家亡之际给群臣讲授《老子》。

李唐认为老子即李耳，是其先祖，所以高祖李渊宣布"今可老先，次孔，末后释宗"。太宗李世民下令修建老君庙，第一次追封老子为"太上玄元皇帝"。唐高宗诏令"自今已后，《道德经》并为上经，贡举人皆须兼通"（《旧唐书·仪礼四》）。唐代崇道，以玄宗李隆基为最。也正是从唐代开始，《老子》《列子》《文子》《庄子》被尊为道学的"四经"。

元太祖学《老子》于邱处机，等等。

御注《老子》中，流传至今、最引人注目的完整注本有四种，即唐玄宗注本、宋徽宗注本、明太祖注本、清世祖注本。后人辑录成册，将这四位皇帝的注本放到一处研读比较，体会更深。

有趣的是，四种注本分别出自两位开邦建国的武皇帝、两位中兴时期的文皇帝之手，各有千秋。四位皇帝注《老子》，各有各的目的与认知，各有各的时代特色。

文皇帝注"老"，似乎更接近学者的方式；而武皇帝的文化水平不高，索性简明扼要，直截了当。四种注文相比较，深浅优劣，一目了然。

唐玄宗李隆基认为，《老子》的核心，在于揭示"'玄元'妙旨""'无为'之理"。他不满意严遵一派对《老子》的注解，也不满意河上一派对《老子》的注解，而是继承了李氏王朝崇道崇佛、三教合一的传统，用佛道用语及思想去理解《老子》。

宋徽宗赵佶认为，《老子》讲的是"道德之常"，直指人心。《上经》讲"道本"，所谓"道者，人之所共由；德者，心之所自得"；《下经》讲"道用"，所谓"道无方体，德有成亏"，"仁义礼智，随量而受，因时而施"。

明太祖朱元璋认为，"朕虽菲材，惟知斯经乃万物之至根，王者之上师，臣民之极宝，非金丹之术也"，他对《老子》的认识与评价较为准确。

清世祖爱新觉罗·福临认为，《老子》讲的是"清静无为之旨"。他对前人之注多有不满，"自河上而后，或以为修炼，或以为权谋，斯皆以小智窥测圣人，失其意矣"。他认为，《老子》既不是"虚无寂灭之说"，也不是"权谋术数之谈"，更不是"小智"，而是"日用常行之理，治心治国之道，或亦不相径庭也"。

四位皇帝中，只有明太祖出身寒微，没有文化，学《老子》似"明镜水月""物外求真"，不受前人注说的束缚，只求自身的实践体验，反而学得最专注、最实在，也最通透。

中国古代的开国帝王，大都重视反腐倡廉，无论决心，还是气魄，明太祖朱元璋都算是佼佼者。朱元璋恨贪官，是出了名的，砍头剥皮，绝不赦免。杀，肉体消灭，算得上是"绝弃"（《老子·19》）的极致，然而效果如何？刚杀了十个，跟着又冒出一百个，杀不胜杀。问题究竟出在哪儿？朱皇帝的苦恼可想而知。

"又久之，见本《经》云：'民不畏死，奈何以死惧之？'当是时，天下初定，民顽吏弊，虽朝有十人而弃市，暮有百人而仍为之。如此者，岂不应《经》之所云？朕乃罢极刑，而囚役之。"这个《经》，指的就是《老子道德经》。

不怪人性有贪欲，要怪制度不合理。用德制、法制教育人、约束人，使之有所敬畏、有所不敢、有所不为，才是正道；建立各种有效的"他者"机制，才是正道。

于是，洪武六年，"颁定《大明律》"；洪武十四年，"颁《五经》《四书》于北方学校"（《明史·本纪·太祖》），令人刮目相看。

更令人称奇的，还有他的那位大脚马皇后，竟然也是一位研究《老子》的专家。

马皇后在内宫的治理上，很注意借鉴前朝的经验。（《明史·列传·后妃》）

有一天，马皇后问女史："'黄老'之书讲了些什么，让汉朝的窦太后那么喜欢？"

女史说："'黄老'之书把'清静''无为'作为根本。像'绝仁弃义，民复孝慈'，也都是它的教义。"

马皇后想了想，不以为然，说："'孝慈'不就是'仁义'吗？难道有让人一方面弃绝仁义，一方面却去讲究孝顺友爱的吗？"

马皇后看到了经文的前后矛盾之处，提出自己的疑问，比多少专家学者要高明多了。

出土文献证明，这句经文的确有误，原文应该是"绝伪弃诈，民复孝慈"，后人妄改，以致失去经文的内在逻辑。

（7）《老子翼》焦竑注

《老子翼》是《老子》经学中一部很有影响的集注集解式《老子》注文本。

作者焦竑（公元1540年—1620年），是明代后期的杰出学者与藏书家，南京人。他辑录了韩非以下64家对《老子》的注解精华，再加上作者自己的注解（名为《笔乘》），共65家，仿照唐代李鼎祚的《周易集解》，将每一家的注解标举注者姓名，集录于每章之后，供后学者比较研究，对充分理解老子学说的义理有很大帮助。

焦竑在他的《序》中，开宗明义，第一句就是"《老子》，明'道'之书也"，又说"老子非言'无'之'无'也，明'有'之'无'也"，足以证明，焦竑掌握了老子"大一之道"的真谛。

焦竑说："古之圣人可以明'道'，不必皆己出也，况余之于斯，秋毫之端，万分未处一者乎？"

这种兼收并蓄、虚心学习的态度，值得后人效法。

（8）近年出土的六部《老子》经文本

《郭店楚墓竹简·老子》甲、乙、丙本（简甲本、简乙本、简丙本）

郭店《老子》三策与今本《老子》究竟是什么关系？"三策"是否各有所本？

三种版本相互比较，我们发现，简甲本与简丙本都有传世本第六十四章的下半段内容，其中，简丙本的内容与帛书《老子》更接近。

一般来说，文字的演变过程从来都是繁—简—繁—简—的过程。简甲本与简乙本中，所有的"无"都写作"亡"，而简丙本都写作"無"。"闭兑""塞门"两句的顺序不同，可证简甲本与简乙本的区别。简丙本多用虚词"也"字（这也是帛本的特点之一）。"美"字的不同写法，更可证简甲本、简乙本与简丙本的区别。

学界一般有两大观点："摘抄"说与"来源"说。

简甲本涵盖《老子》的主题最全，即论道、治身、治国，所以自有所本。其中有两大主题：道论（道与修道），核心方法就是"损"；治国，核心方法就是"自然""无为"。主题之间，有符号"乙"分隔。

简乙本有一大主题"道论（道与修道）"，或与简甲本同源，作为补充摘抄；或另有所本，两种可能性并存。

简丙本另有所本，较为晚出，但也不会晚于战国中期。有一大主题"治国"。

以传世的《老子》81章本为对应基准，内容相同者，简甲本共十九章，简乙本共八章，简丙本共五章。从简书中的符号判断，简书《老子》未分篇，而是分章或分段的。

相较之下，对《老子》的某些原义，提供了新的认识与理解。

比如，传世本第十九章中的"绝圣弃智"与"绝仁弃义"之说，与帛书本一致，可是，在简甲本中，则写为"绝知弃辨"与"绝伪弃诈"，这一区别，实在是颠覆性的。

《马王堆汉墓帛书·老子》甲、乙本（帛甲本、帛乙本）

湖南长沙马王堆三号汉墓出土的帛书《老子》甲、乙本，帛甲本用篆书抄写，帛乙本用早期的隶书抄写，时代明显不同。

一般推断，帛甲本当在刘邦称帝之前，帛乙本当在刘邦称帝之后。

帛书《老子》甲、乙本，属于经文本，都是分为上、下两篇，分段不分章，段落与传世的《老子》81章本的章次大致相同。上篇内容与"第三十八章至第八十一章"相对应，部分章次整体位移；下篇内容与"第一章至第三十七章"相对应。

经文内容，帛书《老子》甲、乙本与传世的《老子》81章本大致相同，不同之处，应该是《老子》的古貌。

比如，传世本第三十八章中的"夫礼者，忠信之薄而乱之首"一句，在帛乙本中，写作"失礼者，忠信之泊也而乱之首也"，所要表达的意思截然相反。传世本的意思，是对"礼"的批判，而帛乙本则是对"失礼而后乱"的批判。

有关分析，详见《显隐老子》。

帛乙本《老子》在上篇卷尾处，注有"德 三千卌一"；下篇卷尾处，注有"道二千四百廿六"，总计 5 467 字。

称"德"与"道"，证明刘邦称帝之后，《老子》尚未称"经"。

《北京大学藏西汉竹书·老子》（汉竹本）

据北京大学出土文献研究所介绍，2009 年初，北京大学接受捐赠，获得一批从海外回归的西汉竹简，称之为"西汉竹书"。

这批竹书原主人的身份，很可能属于汉代的王侯一级。

竹书含有近 20 种古代文献，内容相当丰富。其中的《老子》古本，篇章结构最为完整，与帛书《老子》一样，也是属于经文本。

这批竹书书写的字体，是已近成熟的汉隶。有关人员推测，这批竹书的抄写年代，应该主要在汉武帝后期，下限不晚于宣帝。

汉竹本《老子》与帛书《老子》一样，也是分为上下篇，分段不分章，段落与传世的《老子》八十一章本的章次，大致相同。上篇内容与"第三十八章至第八十一章"相对应，下篇内容与"第一章至第三十七章"相对应。

文字内容，汉竹本《老子》与《老子》81 章本大致相同，颠覆性的区别不多。

汉竹本《老子》在上篇卷尾处，注有"凡二千九百卌二"；下篇卷尾处，注有"凡二千三百三"，总计 5 245 字。

汉竹本《老子》最引人注目的，就是在上篇之前，名题为"老子上经"；下篇之前，名题为"老子下经"，足以证明，至少至汉武帝时代之前，《老子》已经正式称"经"，成为国家的经典。另据《史记》诸书的相关记载，《老子》被尊为国家经典，应该始于汉文帝与窦皇后时期。

可以想见，随着版本年代稍晚的马王堆帛书《老子》的出土，使得一部分学术研究的原成果完成其使命。随着版本年代稍早的郭店楚墓简书《老子》的出土，又使一部分学术研究的原成果完成其使命。而汉竹本《老子》的出土，也使《老子》称"经"的年代有了非常重要的铁证。

简书《老子》、帛书《老子》与汉竹本《老子》最大的学术贡献，就是为我们提供了货真价实的《老子》古迹，使今人研究老子学说更接近《老子》原貌、更简明，也更贴切。

5. 传承千年的《老子》经学时代

上千年来，有关老子其人其事的文字记载就那么多，掌握这些文献资料，是每一位深入研究老子学说之人的必修功课。

老子、孔子生活的时代，正是历史大变革的时代。

随着新兴势力的崛起，对人才的需求更加迫切，士人群体爆炸性增长，纷纷用其所学，为新旧两股势力服务。

守旧势力以儒者群体为代表，举的是周公与孔子的旗号，执古之道，推崇孔子教授的新"六艺"之书，作为自己的最高经典；宣扬的是"克己复礼"，以维护旧周礼为己任。

等到世代交替的大局已定，儒家中的一些有识之士，也开始顺应"天道"，采用各种手段向老子与老子学说靠拢，努力为儒家在新时代争得一席之地，进而试图恢复旧日的辉煌。

革新势力的成分要复杂得多，他们大多以黄帝为号召，以问世不久的老子学说为其主要理论依据，执今之道，主要推崇《道·德（老子）》作为自己的最高经典，各路出击，声势浩大，在学术与实践上，占有压倒性优势。

由此可知，春秋战国之交，士人群体的"所学"，或来自"老子"，或来自"孔子"；而来自"老子"的，要占多数，成为社会进步的主动力。

《道·德（老子）》的问世，是中华文化发展最重要的里程碑，从此，中华民族开始建立了属于自己的哲学理论体系。

由于《道·德（老子）》的特殊性，从内容高度机密，到一点一滴流传开来，逐渐为世人所知，有一个较长的过程，所以，不少学者理解与运用老子学说，还只是管窥蠡测、一孔之见，甚至是道听途说。

自汉代河上始，部分学老者开始分道扬镳，向修身、养生方向分流，崇尚"实""有"。

自严遵始，部分学老者开始向哲学以至玄学方向分流，崇尚"虚""无"，开启了王弼代表的魏晋"以玄释老"的先河。

自张道陵始，部分学老者开始向长生求仙以至宗教方向分流，崇尚"神明"。

称《老子》为《道德经》，最早见于魏晋·皇甫谧的《高士传·老子李耳》："作《道德经》五千余言，为道家之宗。以其年老，故号其书为《老子》。"

《道德经》的雕版，据目前文献记载，首见于后晋（《旧五代史·晋书·高祖纪》）。雕版《道德经》的问世，丰富了《老子道德经》的传播手段，扩大了《老子道德经》的传播范围。

自魏晋南北朝时起，以《老子道德经》为首的道家"三玄""四经"，正式设馆教授，蔚然成风。

到了唐宋，《老子道德经》更是被定为官学的必读书，刻有《老子道德经》的石碑，遍布全国各地，随处可见。

至于唐代的援"佛"释《老》、以兵"解"《老》、"炼心""炼形"，宋代对"道"之本义的追求，明清的考据等不一而足。

何晏、阮籍、葛洪、韩愈、成玄英、王真、杜光庭、王安石、吕惠卿、苏辙、朱熹、吴澄、薛惠、王一清、王夫之、魏源、段玉裁、王念孙、王引之等人，各个著作等身，不可胜数。

至此，或哲学、或养生、或神学，或兵学，或心学，林林总总，蔚为大观。

后世学者的学术背景，大多都有《老子》的身影，多遵循老子"大一之道"的"道本"思想，所区别的，只是在"道用"上的研究领域，各有侧重而已。

而治国之术，则常以"无为"二字代之，渐变为"养生"的一部分；"帝王之术"渐退幕后，若隐若现。

《系辞》说："圣人以此洗心，退藏于密，吉凶与民同患。神以知来，知以藏往，其孰能与于此哉。"

让民智只知其然，不知其所以然，虽说这也是老子学说所提倡的，但是对现代人来讲，这种隐藏其"所以然"的做法，究竟算是良品，还是劣根？真的说不清楚。

对《老子》经文的理解，似是而非者有之，化用经文者有之，引用经文者有之，不言出处者有之，明言出处者有之，守口如瓶者有之，人云亦云者有之，不一而足。

《汉志》认为，两汉的学术发展，主要有两个流向、两个弊端，其一就是拘泥于章句师说，高谈阔论，以至于烦琐；其二就是多所援引，妄加猜测，以至于荒诞不经。

受其影响，后人对《老子》的经学研究，汗牛充栋，其中也有了太多的篡改与曲解，好在瑕不掩玉，老子学说的精髓始终未受动摇。

本源《老子》、帝王《老子》、治国《老子》、道德《老子》、世俗《老子》、权谋《老子》、养生《老子》、哲学《老子》、宗教《老子》、神学《老子》、兵学《老子》、显隐《老子》……五花八门，在中华社会的思想文化大框架中都能各自找到自己的位置，形成合理的骨干支撑，时至今日结构从未坍塌。

既然古今中外、朝野上下、各门各派对不同传说的老子、不同版本的《老子》，都能说得天花乱坠、头头是道，可见老子的学说，一定是放之四海而皆准的真理，因为它抓住并且说出了一切问题的实质与核心，让每个人从不同角度都能有所得，不会空手而归。

余论　大一之道：中国人的
　　　　文化基因

一、"亡羊"与"补牢"

都说《老子》难读。

《老子》经文的版本之多、差别之大，又有哪部古籍可比呢？

要想真的读懂《老子》，单靠某一种版本是远远不够的。书读错了，学者也就跟着错，一错再错；虽说学的也是古人言，但有些关键之处，早已不是《老子》的原义了。

还记得"歧路亡羊"（《列子·说符》）的故事吗？

杨子的邻居丢失了一只羊，于是率领全族老少，又请杨子多派童仆帮助，一齐分头寻找。

杨子说："嘻！不过丢了一只羊，为什么要这么多人去找呢？"

邻居说："您可不知道，岔路太多了。"

等到寻找的人都返回家，杨子问那位邻居，说："羊找到了吗？"

邻居垂头丧气，回答说："没有，羊跑丢啦！"

杨子问道："去了那么多人，怎么还会找不到一只羊呢？"

邻居叹口气，说："唉，谁知道岔路前面又有岔路，多得不知道该往哪条路去找，所以只好回来了。"

有人说，这则故事，比喻事理复杂多变，没有正确的方向，就会误入歧途。

有人说，这则故事，比喻歧路再多，家却是一座。邻居们无论走多远，始终记得回家的路，那么，那只跑掉的羊，如果对"家"有所留恋的话，说不定也会凭着记忆，像识途的老马一样，自己回来。

也有人说，有必要为了一只羊而兴师动众，不计成本，漫无边际地去寻找吗？应该像遗弓的荆人一样，丢了就丢了，"亡羊而补牢，未为迟也"（《战国策·楚策·庄辛谓楚襄王》）。

有失必有得，共同维护好这个"家"，更重要。

这个"家"，就是中国人的文化基因——"大一之道"。

近百年的中国文化思想理论界，像极了当年春秋战国时期的百家争鸣。

春秋战国时期诸子百家的百家争鸣，始于老子的哲学理论，经过创立、争论、分道、实践，最终又都统合于老子的"大一之道"，总领中华民族几千年，至今不衰。

历史总会重演。重温这段历史，把握历史内涵，正当其时。

二、"知古"与"执今"

纵论古今，离不开"道纪"二字。

"执今之道，以御今之有；以知古始，是谓'道纪'。"

治国、治人、治身，今之人既要遵循"今之道"，又要"知古始"，二者缺一不可。

百年来，中国人熟悉的哲学术语，大多是从西方传过来的，无外乎唯物、唯心、异化、辩证法、对立统一、量变质变、否定之否定，等等，其中，也一定包括"矛盾"二字。

楚国市场上，有位卖矛与盾的人，拿起他的盾，炫耀说："瞧一瞧，看一看，我卖的盾最坚固啦，世上没有什么东西能够刺穿它。"

放下盾，他又拿起他的矛，继续炫耀说："瞧一瞧，看一看，我卖的矛最锐利啦，世上没有什么东西刺不穿的。"

有位旁观者，不慌不忙，冷冷问道："喂，拿你的矛，刺你的盾，会怎么样呢？"

卖矛与盾的人一时语塞，无话可答。

所以说，不能被刺穿的盾与没有什么刺不穿的矛，是不可能同时存在的。
（《韩非子·难一》）

韩非子在这里，讲的是逻辑矛盾。

将对立统一规律概括为矛盾规律，是特定历史时期的中国特色，是为了强调"一分为二"的中国特色，是为了突出斗争性的中国特色。

早在1937年，毛泽东就明确提出过："知一不知二，未为贤者。""这一共性个性、绝对相对的道理，是矛盾学说的精髓，懂得了它，就可以一通百通。古人所谓闻道，以今观之，就是闻这个矛盾之道。"（《辩证法唯物论（讲授提纲）》）

1952年，毛泽东发表《矛盾论》，这段论述改写为："这一共性个性、绝对相对的道理，是关于事物矛盾的问题的精髓，不懂得它，就等于抛弃了辩证法。"

1956年，在中共中央政治局扩大会议上，毛泽东作了《论十大关系》的讲话，最后又解释说："这十种关系，都是矛盾。世界是由矛盾组成的。没有

267

矛盾就没有世界。"《论十大关系》于1976年12月26日在《人民日报》公开发表。

"上士闻道，尽能行于其中；中士闻道，若存若亡；下士闻道，大疑之"（《老子·41》），站在哲学的角度，对"矛盾"这一哲学概念的理解与使用，同样有一个漫长的探索过程。

用"矛盾"来表述"对立统一"，有一个缺陷，就是所谓的"矛盾"，既有逻辑矛盾，又有辩证矛盾；既有"小一"之术的"矛盾"，又有"大一"之道的"矛盾"，两种不同类别的"矛盾"极易混为一谈，理解也容易片面。

有位杨献珍先生，提出"合二而一"的学术观点，在20世纪60年代，引发一场轩然大波，招致非理性的批判。（见1964年5月29日《光明日报》《"一分为二"与"合二而一"》）

杨献珍等学者明白，光有"一分为二"不行，还要同时有"合二而一"，试图对中国现代历史的成功进程，做出哲学理论上的补充与完善。

结果，继之而来的一场惊心动魄、触及灵魂的社会实践大课，让全体学员终于亲身体会与意识到自身哲学理论上的缺欠与不足，对"争"字有了更加深刻的认识。

"天下皆知美之为美，斯恶已；皆知善，此其不善已。有无之相生：……恒也。"（《老子·2》）

这两句经文，是老子"大一之道"的理论核心之一。

马克思曾经说过："有一位思想极其深刻但又怪诞的研究人类发展原理的思辨哲学家，常常把他所说的两极相联规律赞誉为自然界的基本奥秘之一。在他看来，'两极相联'这个朴素的谚语是一个伟大而不可移易地适用于生活一切方面的真理，是哲学家所离不开的定理，就像天文学家离不开开普勒的定律或牛顿的伟大发现一样。'两极相联'是否就是这样一个普遍的原则姑且不论，中国革命对文明世界很可能发生的影响却是这个原则的一个明显例证。"（《中国革命和欧洲革命》）

在这里，这位思辨哲学家指的就是黑格尔，中国革命（太平天国革命）所例证的、研读过《老子》的黑格尔所赞誉的朴素谚语（哲学定理）"Contact of extremes（两极相联）"，就是对《老子》经文"有无相生"的意译。

没有正确的思维模式，何来正确的行为准则？

没有正确的理论指导，何来共和国的长治久安？

始于"一分为二"与"合二而一"的争鸣，以及之后的一系列探索，为改革开放、为中华民族的伟大复兴提供了具有中国特色的坚实的文化理论基础。

于是，思想解放，改革开放，便成了顺理成章的天下大事。

成功有成功的经验，失败有失败的教训。理论的滞后，不等于理论的缺位。

　　"一分为二"与"合二而一"的关系，应该是缺一不可。分与合"二而一"，相辅相成，正契合老子"大一之道"的原理。

　　"一分为二"强调"分"，"合二而一"强调"合"，同属"道数"层面、"道术"层面。

　　"二而一"讲"建之以常'无''有'，主之以'大一'"，是"道本"层面、最高层面。

　　"道用"之术很多，而"道本"只有一个。

　　谁掌握了"道本"，谁就能取得最后胜利。如果各方都能谨守"道本"而"不过欲"（《老子·61》），就不会选择"不得已而用之"（《老子·31》）的战争等激烈手段解决问题。

　　中国革命的成功，"一分为二"的诸道术发挥了不小的作用，"合二而一"的诸道术发挥了更大的作用。

　　"五星出东方利中国"（参见《史记·天官书》），近百年数不胜数的鲜活例证，凝聚成中华人民共和国五星红旗上的五颗星，它所要宣示的，是传承了几千年的中国精神。

　　已经发生的这一切，究竟"知"的是什么"古"，"执"的是什么"今"？众说纷纭。

　　有一个有趣现象是，外国人对"老子"的研究热情一点儿也不比中国人差，有关论述，网络上多有记载。

　　德国哲学家康德（公元1724年—1804年）认为："斯宾诺莎的泛神论和亲近自然的思想，与中国的老子思想有关。"

　　德国哲学大师黑格尔（公元1770年—1831年）在《历史哲学》中说："中国人把认识'道'的各种形式看作是最高的学术……。老子的著作，尤其是他的《道德经》，最受世人崇仰。"在《哲学史演讲录·第一卷》中又说："老子的主要著作我们现在还有，它曾流传到维也纳，我曾亲自在那里看到过。""我曾引证了'三'，因为在那里，我们想要看出别的类似这种形式的发生和起源。"据黑格尔描述，当时研究《道德经》的人很多，有的学者甚至认为，《老子·14》所说的"夷""希""微"三字，就是上帝"耶和华"名字的音译。

　　俄国大文豪托尔斯泰（公元1828年—1910年）曾经说："我的良好精神状态归功于阅读孔子，而主要是《老子》。"

　　德国人尤利斯·噶尔在1910年写了《老子的书——来自最高生命的至善教诲》一书，他说："也许是老子的那个时代没有人真正理解老子，或许真正认识老子的时代至今还没有到来，老子已不再是一个人，不再是一个名字了。老子，他是推动未来的能动力量，他比任何现代的，都更加具有现代意义，他比任何生命，都更具有生命的活力。"

美国科学家威尔杜兰（公元1885年—1981年）在《世界文明历史》中说："老子是孔子之前最伟大的哲学家。《道德经》出自何人手笔，倒是次要的问题，最重要的乃是他所蕴涵的思想，在思想史中，它的确可以称得上是最迷人的一部奇书。"

德国明斯特大学教授赫伯特·曼纽什在《中国哲学对西方美学的重要性》中指出："公正地说，这个世界的精神孕育者应当是柏拉图和老子、亚里士多德和庄子，以及其他一些人。可惜的是，我们这个时代的许多哲学著作总是习惯于仅提欧洲古代的一些哲学家，却忽视了老子的《道德经》，从而很不明智地拒绝了一种对欧洲文化极为重要的源泉。"

英国当代汉学家彭马田认为："《道德经》并非我们所理解的一般意义上的书，它是格言及注疏的集合，前后并无明显的逻辑顺序，这81章犹如一串圆润的珍珠项链：像珍珠一样，各自独立，集合在一起，其效果则更显美奂绝伦。"

这些外国的学者，不约而同，都认识到"道"的重要，认识到老子的崇高地位。

谁说中国古代没有哲学理论？中国古代哲学理论的认知与表述，与西方的截然不同，却更符合科学原理，只不过称谓各异、散而论之而已。

或认为，西方的传统哲学多讲二元，常把道数层面的"一分为二"当做道本；而中国古代的哲学则强调"二而一"之道本，也就是"大一之道"。

《老子》对"二而一"之道有两个形象比喻，并使之成为"道"的代名词，就是"恒"与"玄"（《老子·1·2》）。

"如月之恒"（《诗经·小雅·天保》）的"恒"，意思就是像月亮一样，阴晴圆缺，起起落落，永不停歇；而这圆缺起落的规律，同样永恒不变。"不变"中的"变"，变与不变"二而一"，就是《老子》所说的客观之道。

"玄之为色，黑与赤同乎'一'也"（《老子翼·老子吕惠卿注》），红色与黑色相混，就成为玄色，红与黑的比例不同，就会有褐色、栗色、咖啡色等区别，红与黑"二而一"，就是《老子》所说的客观之道。

站在老子学说的高度，对"矛盾"就会有更深一层的认识。

"一"中之"二"的"争"，究竟是为了打破旧平衡、达到新平衡的主从之争，还是为了消灭对方的唯我之争？

两种"争"，有本质区别，一个属于"道本"层面，一个属于"道数"层面。

"以其不争，故天下莫能与之争。"（《老子·66》）

如何做到"为而不争""不争而善胜"？（《老子·81·73》）

用"道数"层面的"小一思维"处理"矛"与"盾"，往往容易走极端，绝对化我"矛"你"盾"，有我无你，唯我独尊。不知足，不知止，只知得，不知失，只知一味追求自身百分之一百的成果，处处不留余地，往往只会对立斗争，斗得两败俱伤。

用"道本"层面的"大一思维"处理"矛"与"盾"，就会在三对"小一"之中做不同的耦处理，你我一对，自身各有一对，其中，自身的两个"小一"，一手"矛"一手"盾"，俱存俱亡，相辅相成，攻守兼备，有所争有所不争。这就是《老子》所说的"玄之又玄，众妙之门"。

"善胜敌者弗与"（《老子·68》），要想方设法合理运用两支"矛"与两面"盾"，想方设法让对手"自相矛盾"而竭力避免自身"自相矛盾"，从而达到兼容、包容。

总之，从强调阶级斗争到强调和谐社会，就是不同历史条件下的哲学理论，从"小一"之"道数"向"大一"之"道本"的升华与回归。

三、"李约瑟难题"与"中国特色"

英国科学家李约瑟关于近代中国科技停滞的思考，也就是著名的"李约瑟难题"，曾经引发广泛的关注与讨论。

"尽管中国古代对人类科技发展做出了很多重要贡献，但为什么科学和工业革命没有在近代的中国发生？"（《中国科学技术史》）

所谓的"李约瑟难题"，其实并不难解答。

千百年来，中国的历史进程，从"小一"到"大一"，从"大一"到"小一"，再从"小一"到"大一"……慎终若始，反反复复，从来就没有停止过。

老子学说，从"隐"到"显"，从"显"到"隐"，再从"隐"到"显"……慎终若始，反反复复，也从来就没有停止过。

真正要"隐"的，究竟是什么？真正要"显"的，究竟又是什么？

不同的时代、不同的人物，有不同的顾忌、不同的选择。选择错了，就会导致"大一"旁落而"小一"当道。

"明清时期，统治者都是利用宋代理学的思想，统一人们的思想。这一意图，通过国家选拔官吏的科举制度，达到彻底实施的程度。并且通过长时期的实施，使之产生一种不言而教的作用，在人们的心底扎下根来。这是最为有效的思想统一措施，其作用是非常深远的。"（《中国老学史》）

"不贵其师，不爱其资，唯知乎？大迷是谓'眇要'"（《老子·27》），中国的"要"，就是老子的"大一之道"；而近现代的某些中国人，多是处于"大迷"之人。

"物壮、则老，是谓'不道'"（《老子·55》），"物"为"壮"，不以"壮"为其"则"却以"老"为其"则"，这种不合乎"道"的处理方式，就是问题所在。

近百年来，"开眼看世界"的人不知凡几，寻求的治世药方不知凡几，而从一个"小一"走到另一个"小一"的人又不知凡几。

有些人，一叶障目，不见泰山，囿于近代中国的科技落后表象，总认为自己的什么都不行，病笃乱投医，千方百计要从外面找出路，似乎远来的和尚好念经，外国的月亮比中国的圆。

有些人，缺乏自化自治的定力，只会生搬硬套各种外来的理论，却茫然不知"行有不得，反求诸己"（《孟子·离娄上》），正是某些外来的优秀理论恰逢其时，激活了中华文明的自我纠错等"大一"机制，终于使中华民族成功走上复兴之路。

"实质上这是因为，他们总是把后来阶段的普通个人强加于先前阶段的个人，并且以后来的意识强加于先前的个人。由于这种本末倒置的做法，即一开始就撇开现实条件，所以就可以把整个历史变成意识的发展过程了"（《德意志意识形态》），马克思对这种人的批判，入木三分。

如果站在历史的高度来看，那落后保守的百年，是"易"之"穷"，是历史长河前行中的一处险滩，是中华民族革新大潮前的又一次潮讯，是由"大一"之道退化为"小一"之偏的又一次"大迷"与"反动"，对屹立五千年的东方巨人而言，只不过是崴了一下脚，扭了一下腰，静待"复命"（《老子·16》）而已。

李约瑟先生有一句中肯的告诫："科学需要与宗教、哲学、历史和美学经验并存；科学单独存在，就会导致极大的祸害。"（《中国：发明与发现的国度·英文版序言》）

外来好的经验与理论值得借鉴，也为中华文明的包容与发展提供了很大助力。但是，起主要作用的，始终是"大一之道"，始终是"大一之道"的"自"之用。"道法'自'然"（《老子·25》），这才是中国特色，这才是中华民族的灵魂。

"万变不离其宗。"（《荀子·儒效》《庄子·天下》）

几千年来，老子学说的"大一之道"的"道本"精髓，已经完全融化到中国人的血液之中，成为世世代代中国人的文化基因。

蕴含着"大一思维"的俗语、成语、名言、名句，俯拾皆是，熠熠生辉；成功的事例更是数不胜数，信手拈来。

中国人在各种实践中，充满"二而一"耦处理的智慧以及纠错机制，今天依然处处可见。

中国人自知不自知地使用不同时代的语言，讲述同一个理、同一件事，再也没有脱离它的主旋律；它的实质与核心，就是"大一之道"之"道本"，以及"大一之道"下的各种"道用"之术。

老子学说的最大贡献，就在于此。

"大一之道"，体现的是中国人的思维模式。

"大一之道"，体现的是中国人的行为准则。

"大一之道"，体现的是中国人的人文情怀。

"大一之道"，体现的是中国人的家国天下。

"容乃公，公乃王，王乃天，天乃道，道乃久。"（《老子·16》）

"大一之道"一旦成为中华民族的最高价值，就不再是古今任何当权者所能扬弃的。遵循它，则长治久安，政权稳固；背弃它，则昙花一现，过客匆匆。

"道何道也？非恒道也？""'有''无'之相生：恒也。""三者不可至计，故混而为'一'。""字之曰'道'，吾强为之名曰'大'。"（《老子·1·2·14·25》）

"建之以常'无''有'，主之以'大一'。"（《庄子·天下》）

"两者合而成文，以归'大一'。"（《荀子·礼论》）

"'壹'引其纪，万目皆起；'壹'引其纲，万目皆张。"（《吕氏春秋·用民》）

一言以蔽之，中华传统文化的哲学理论核心，就是老子的"大一之道"。

著　者

2019年写于北京万寿园

图书在版编目（CIP）数据

大一之道：老子思想研究 / 文三生著. —北京：
中国农业出版社，2022.6
ISBN 978-7-109-29442-4

Ⅰ.①大… Ⅱ.①文… Ⅲ.①老子—哲学思想—研究
Ⅳ.①B223.15

中国版本图书馆CIP数据核字（2022）第087505号

大一之道：老子思想研究
DAYI ZHIDAO：LAOZI SIXIANG YANJIU

中国农业出版社出版
地址：北京市朝阳区麦子店街18号楼
邮编：100125
责任编辑：张丽四
版式设计：杜　然　责任校对：刘丽香
印刷：北京通州皇家印刷厂
版次：2022年6月第1版
印次：2022年6月北京第1次印刷
发行：新华书店北京发行所
开本：700mm×1000mm　1/16
印张：17.75
字数：340千字
定价：70.00元